ATUALIDADES E TENDÊNCIAS
DO DIREITO E PROCESSO DO TRABALHO

Amanda Barbosa
Andréia Chiquini Bugalho
Luiza de Oliveira Garcia Miessa dos Santos
Organizadoras

Atualidades e Tendências
do Direito e Processo do Trabalho

EDITORA LTDA.
© Todos os direitos reservados

Rua Jaguaribe, 571
CEP 01224-003
São Paulo, SP – Brasil
Fone (11) 2167-1101
www.ltr.com.br
Junho, 2017

Produção Gráfica e Editoração Eletrônica: LINOTEC
Projeto de Capa: FABIO GIGLIO
Ilustração de capa: JÚLIA OCTÁVIO DA SILVA
Impressão: GRÁFICA PAYM

Versão impressa: LTr 5789.5 — ISBN: 978-85-361-9266-6

Versão digital: LTr 9164.5 — ISBN: 978-85-361-9280-2

Dados Internacionais de Catalogação na Publicação (CIP)
(Câmara Brasileira do Livro, SP, Brasil)

Atualidades e tendências do direito e processo do trabalho / Amanda Barbosa, Andréia Chiquini Bugalho, Luiza de Oliveira Garcia Miessa dos Santos, (organizadoras). -- São Paulo : LTr, 2017.

Vários autores.
Bibliografia

1. Direito processual do trabalho - Brasil I. Barbosa, Amanda. II. Bugalho, Andréia Chiquini. III. Santos, Luiza de Oliveira Garcia Miessa dos.

17-04234   CDU-347.9:331(81)

Índice para catálogo sistemático:
1. Brasil : Direito processual do trabalho 347.9:331(81)

AGRADECIMENTOS

Primeiramente, agradecemos aos nossos familiares, filhos e maridos, pela compreensão e apoio a este projeto, o qual é prova da possibilidade de vivermos a completude da condição humana, independentemente de gênero, completude que compreende exatamente aquilo que cada um deseja: amor, família, lar, carreira e trabalho, nenhuma, ou apenas uma dessas opções, desde que seja de fato uma opção.

Em segundo lugar, agradecemos ao amigo Guilherme Guimarães Feliciano, incansável guerreiro da igualdade, nas palavras e nas ações, e nosso "madrinho" no impulso até este momento.

Agradecemos também aos professores Jair Aparecido Cardoso e Fabiana Severi, da Faculdade de Direito da USP Ribeirão Preto. O primeiro, pela constante disponibilidade, incentivo e troca de ideias; a segunda, pela inspiração, mesmo quando sequer percebe que o faz.

Por fim, agradecemos ao Dr. Armando Casimiro Costa Filho, pela confiança neste trabalho, à Aline Oliveira, e toda a equipe do Departamento Editorial da LTr, pela dedicação na editoração deste livro.

SUMÁRIO

APRESENTAÇÃO 9
Delaíde Alves Miranda Arantes

INTRODUÇÃO 11
Amanda Barbosa, Andréia Chiquini Bugalho e Luiza de Oliveira Garcia Miessa dos Santos

TENDÊNCIAS DO DIREITO DO TRABALHO E FLEXIBILIZAÇÃO DE SUAS REGRAS 13
Vólia Bomfim Cassar

DINAMIZAÇÃO DO ÔNUS DA PROVA: APLICAÇÃO SUBSIDIÁRIA DO CPC E DO CDC AO PROCESSO TRABALHISTA 19
Amanda Barbosa

A LEGITIMIDADE DA CUMULAÇÃO DOS ADICIONAIS DE INSALUBRIDADE E PERICULOSIDADE ... 29
Andréia Chiquini Bugalho

NOVO REGIME DE PENHORA DE SALÁRIO E EFETIVIDADE DA EXECUÇÃO TRABALHISTA 37
Luiza de Oliveira Garcia Miessa dos Santos

TRABALHO EXTRAORDINÁRIO HABITUAL: SUBMISSÃO EM DESCOMPASSO COM AS NORMAS QUE LIMITAM O TEMPO DE TRABALHO E SEUS REFLEXOS NA SAÚDE DO TRABALHADOR 47
Cinthia Passari Von Ammon

O PROCESSO ELETRÔNICO E O NOVO CPC – REFLEXOS NO PROCESSO DO TRABALHO 55
Ana Paula Pellegrina Lockmann

A TUTELA JURÍDICA DO TRABALHADOR MIGRANTE NO BRASIL 61
Letícia Ferrão Zapolla, Laís Gonzales de Oliveira e Cynthia Soares Carneiro

AUTORIZAÇÕES PARA TRABALHO INFANTO-JUVENIL: DA COMPETÊNCIA DA JUSTIÇA DO TRABALHO 69
Eliana dos Santos Alves Nogueira

A COLABORAÇÃO NO DIREITO DO TRABALHO: PARA O BEM OU PARA O MAL? 81
Lorena Vasconcelos Porto

PODER DE FISCALIZAÇÃO: PROTEÇÃO DA PROPRIEDADE EM CONFRONTO COM OS DIREITOS DA PERSONALIDADE DO EMPREGADO: PARÂMETROS PARA HARMONIZAÇÃO 91
Cristiane Heredia Sousa

MÉTODOS ADEQUADOS DE SOLUÇÃO DE CONFLITOS: A MEDIAÇÃO E A CONCILIAÇÃO JUDICIAIS NO PROCESSO DO TRABALHO 99
Beatriz Carvalho Nogueira

O MEIO AMBIENTE DE TRABALHO SEGURO COMO DIREITO FUNDAMENTAL DO TRABALHADOR.. 111
Márcia Cristina Sampaio Mendes

DIREITOS DA MULHER TRABALHADORA: CONQUISTAS E DESAFIOS 123
Léa Elisa Silingowschi Calil

DECISÃO SURPRESA E SUA INAPLICABILIDADE NO PROCESSO DO TRABALHO 131
Paula Rodrigues de Araújo Lenza

REMUNERAÇÃO VARIÁVEL, MERITOCRACIA E A SAÚDE FÍSICA E MENTAL DO TRABALHADOR.... 135
Áretha Michelle Casarin

O NOVO CPC, O INCIDENTE DE DESCONSIDERAÇÃO DA PERSONALIDADE JURÍDICA E O PROCESSO DO TRABALHO... 141
Ivani Contini Bramante

RECURSO DE REVISTA NOS DISSÍDIOS INDIVIDUAIS DO TRABALHO. LEI N. 13.015/2014. CABIMENTO E REQUISITOS FORMAIS 149
Joselita Nepomuceno Borba

Apresentação

O juiz Guilherme Guimarães Feliciano, Presidente da Anamatra, apresenta-nos esta obra coletiva feminina, resultado do projeto idealizado pela juíza Amanda Barbosa, com a participação especial de outras dezoito renomadas juristas da atualidade, em uma reflexão sobre temas de alta relevância no âmbito do Direito e Processo do Trabalho.

Colabora com a obra, Vólia Bomfim Cassar.

Só por esta razão, já ganha significado por constituir-se numa iniciativa pioneira de valorização do trabalho intelectual de mulheres que atuam na Justiça do Trabalho e que, por suas experiências e visão de mundo, lançam sobre os temas apresentados um olhar crítico e propositivo essencial, neste momento em que a proposta de flexibilização, precarização e redução de direitos trabalhistas é apresentada como se fosse a solução para a crise estrutural enfrentada pelo sistema capitalista.

Também ganha relevância a apresentação desta obra em razão da necessidade de ampliação do espaço editorial, sobretudo no âmbito jurídico e acadêmico para as mulheres, que no mundo todo se mobilizam em defesa da igualdade na esfera pública e privada, numa luta por reconhecimento que precisa ser intensificada para reduzir os abismos persistentes entre os gêneros.

Por fim, a importância dos temas abordados com profundidade e conhecimento torna esta obra coletiva imprescindível para os estudiosos do Direito do Trabalho, magistrados, advogados, procuradores e estudantes, que com certeza a utilizarão para fundamentar a defesa dos direitos dos trabalhadores, a dignidade da pessoa humana e a promoção do desenvolvimento da sociedade de forma justa e equilibrada, pilares da nossa Constituição Cidadã de 1988.

Os artigos, apoiados em excelente bibliografia e escritos por especialistas, debatem temas relevantes do Direito e Processo do Trabalho na atualidade, como os limites da flexibilização de direitos, o confronto entre direitos fundamentais e o uso de métodos adequados para a solução de conflitos.

Ganha destaque a aplicação do novo Código de Processo Civil na esfera trabalhista e a Lei n. 13.015/2014, com abordagens sobre o ônus da prova no processo do trabalho, o incidente de desconsideração da personalidade jurídica, a vedação da decisão surpresa e seu cabimento no processo trabalhista, o novo regime de penhora de salário e o processo eletrônico.

O livro contém artigos que abordam a garantia a um meio ambiente do trabalho saudável e o direito à saúde do trabalhador de forma inovadora, como estudos sobre a autorização para o trabalho infanto-juvenil, a cumulatividade entre os adicionais de insalubridade e periculosidade, os impactos do trabalho extraordinário habitual, da remuneração variável e da meritocracia para a saúde do trabalhador. Por fim, não poderia faltar um estudo sobre os direitos da mulher trabalhadora nesta obra que, em si, já é um desafio e uma conquista para as mulheres que participaram de sua elaboração.

A necessidade de atualização constante em todos os campos do conhecimento torna a obra coletiva feminina uma ferramenta de trabalho fundamental para o enfrentamento dos grandes desafios diariamente apresentados aos profissionais do direito, reforçando a necessidade da ampliação e aperfeiçoamento da pesquisa jurídica de qualidade.

Como Ministra do Tribunal Superior do Trabalho, uma entre as seis mulheres que, entre 27 ministros, dividem a responsabilidade da representação feminina nesta que é a mais alta Corte da Justiça do Trabalho, parabenizo as organizadoras e as colaboradoras desta valiosa obra pela importante e valorosa iniciativa, e também pelo excelente resultado que com certeza advirá desta contribuição.

Agradeço a grande honra do convite para apresentação desta obra coletiva feminina.

Delaíde Alves Miranda Arantes
Ministra do Tribunal Superior do Trabalho

Introdução

O conceito de Direito, sob viés sociológico, o identifica como fato social. Compreende-o como normas de conduta de caráter universal, abstrato, obrigatório e mutável, direcionadas a um grupo social, que visam regular as relações deste grupo, prevenir e servir de norte para a solução de seus conflitos. Some-se a esses escopos, a finalidade de promoção do bem comum, diretriz estruturante nos modernos Estados Democráticos de Direito.

Simultaneamente, a atual concepção de direitos humanos, de cunho econômico e social, não se satisfaz com a atitude negativa do Estado (abstenção de violação a direitos), requer atuação positiva, traduzida em prestações concretas, tendentes à realização prática da justiça social.

No atual modelo de Estado Social, surgido no pós-guerras, a liberdade deixou de ser suficiente e não mais se resume à liberdade para o proprietário. Passa-se a exigir a intervenção do Estado na equalização das assimetrias da realidade. Nesse sentido, novos papéis são conferidos ao Direito, instrumento vital para o desenvolvimento emancipatório e para a construção de um efetivo Estado Democrático.

Ao Direito do Trabalho, em específico, foram reconhecidos a autonomia e o *status* constitucional, admitindo-se a necessidade de regramento mínimo para harmonização das contradições da relação trabalhista, essencialmente assimétrica. Concomitantemente, no Direito Privado como um todo, proliferaram as normas de ordem pública e as limitações à autonomia da vontade em favor dos interesses coletivos e sociais, o que, inclusive, estremeceu a tradicional dicotomia direito público *versus* direito privado.

Essa contextualização que identifica o Direito (e os direitos trabalhistas, em particular) como um produto histórico, fruto de fatores políticos, econômicos e sociais, é fundamental à sua compreensão e adequado manejo. Importante perquirir sobre a realidade de onde ele nasce e a qual se destina. Essencial refletir sobre os valores que o inspiram e se interessar pelo ser humano cuja condição de vida é por ele afetada.

O discurso da suficiência da validade da norma legislada (adequação procedimental) e da imposição de métodos de interpretação puramente lógico-dedutivos, restritos à subsunção dos fatos à norma, o que nem sempre atende aos imperativos de utilidade, eticidade e justiça do Direito, não mais convencem.

Essas considerações são indissociáveis da reflexão sobre a postura dos operadores do Direito, advogados, juízes, promotores, defensores e juristas em geral, dos quais há de se exigir mais que o simples uso técnico de processos formais; há de se pretender capacidade de enfrentamento dos problemas reais da sociedade, a qual consiste em um permanentemente processo, um fazer e desfazer constantes.

Nesta dinâmica social, concorrem os impulsos das forças políticas, sociais e econômicas, tanto conservadoras quanto reformistas. É dessa força reformista, dessa função inovadora inspirada nas modificações econômicas, humanas, no progresso técnico e no próprio conflito, que emergem as *transformações sociais*.

O Direito se alimenta, concomitantemente, de elementos conservadores e reformistas, os quais se mantém em perene disputa por espaço e preferência. Enquanto isso, o Estado, ao qual se creditou progressivamente o papel de principal controlador social via processo histórico de racionalização e secularização, funciona como um mecanismo de ordenamento e dominação; e como tal, atribui a uma minoria os meios de decisão e orientação da atividade geral da sociedade.

Portanto, não podemos negligenciar que o Direito funciona, também, como instrumento assecuratório do modelo de convivência social adotado pelo poder político que se institucionalizou (daí o efeito conservador supracitado), e que certamente reflete a perspectiva desse grupo dominante nem sempre comprometido com o bem comum.

Da mesma forma, não podemos ignorar que essa relação de dominação subjacente não raro atravanca o terceiro papel do Direito (ao lado da função de prevenção e repressão de conflitos), consistente na sua função de promoção da justiça social, com a qual se relacionam, intimamente, os direitos sociais, entre eles os trabalhistas.

Portanto, se a norma jurídica apresenta-se como uma opção política, não podemos ignorar, todos nós, operadores do Direito ou não, que essa opção política, não raro é fruto de interferência de poderes setorizados, o que pode resultar em validade desacompanhada de legitimidade.

É neste particular que sobreleva o papel renovador da jurisprudência, para a qual concorrem cada um dos atores jurídicos envolvidos na sua criação, tanto do âmbito acadêmico como forense. Para a "oxigenação" do Direito e fôlego ao seu impulso renovador, é crucial a atividade hermenêutica contextualizada de professores, advogados, juízes, procuradores e demais atores judiciais, sobretudo no desenvolvimento de novas teses e interpretações contemporâneas, humanísticas e emancipatórias, bem como a atuação comprometida com a realização do projeto de sociedade, justa, plural e solidária eleito pela Carta Constitucional de 1988.

Movidas por esse propósito, apresentamos esta obra coletiva feminina à comunidade jurídica, confiantes de nossa contribuição, ainda que singela, para o vital pensar e repensar o Direito e Processo do Trabalho.

Aproveitamos para reafirmar, nesses tempos sombrios para os direitos sociais em nosso país, nossa convicção da essencialidade desses direitos para a convivência pacífica e digna dos cidadãos, no Brasil e em todo o mundo.

Por fim, consignamos nosso orgulho pelo êxito na reunião de tantas mulheres valorosas nesse trabalho coletivo feminino, o qual teve, desde sua idealização, a intenção de prestigiar o significativo e imprescindível crescimento das mulheres nas diversas carreiras jurídicas nas últimas décadas, além de incentivar a expansão da atividade feminina também na pesquisa e produção científica.

Agradecemos às colaboradoras pela intensa dedicação e desejamos a todos uma proveitosa leitura.

Amanda Barbosa
Andréia Chiquini Bugalho
Luiza de Oliveira Garcia Miessa dos Santos

TENDÊNCIAS DO DIREITO DO TRABALHO E FLEXIBILIZAÇÃO DE SUAS REGRAS

Vólia Bomfim Cassar[*]

INTRODUÇÃO

O Direito do Trabalho reflete todo o pioneirismo do papel ativo do Estado priorizando o bem-estar social dos trabalhadores, intervindo nas relações privadas para pacificação das lutas de classes, tornando um direito, até então privado e individualista, em um direito voltado para o bem-estar social mínimo garantido aos trabalhadores, já que impõe regras básicas para o contrato de trabalho, dando uma feição de direito público a um direito privado, daí a publicização do direito.

A garantia de direitos mínimos ao trabalhador faz parte de um conjunto de valores humanos civilizatórios (mínimo existencial), que encontra respaldo no princípio da dignidade da pessoa humana previsto constitucionalmente como maior patrimônio da humanidade.

A este respeito, Luiz Edson Fachin,[1] referindo-se ao mínimo existencial, defende:

> (...) a existência de uma garantia patrimonial mínima inerente a toda pessoa humana, integrante da respectiva esfera jurídica individual ao lado dos atributos pertinentes à própria condição humana. Trata-se de um patrimônio mínimo indispensável a uma vida digna do qual, em hipótese alguma, pode ser desapossada, cuja proteção está acima dos interesses dos credores.

A sociedade precisa se conscientizar de seus direitos e exigir a aplicação daquelas regras e princípios estampados expressamente na Constituição, fazendo-se efetivar o bem-estar social e a democracia. Todos nós devemos resistir às manobras aparentemente atrativas da corrente neoliberal, à exploração do homem pelo homem e, impedir o retrocesso de direitos duramente conquistados, dos direitos trabalhistas.

FLEXIBILIZAÇÃO E DESREGULAMENTAÇÃO

Muitos fatores e crises têm transformado a economia mundial, tais como: crise financeira iniciada na década de 1970 e 1980, na Europa Ocidental, decorrente da quebra do polo petrolífero asiático; os problemas de caixa para continuidade do plano de adoção do *Welfare State*; a invenção do *chip*, revolucionando a informática; a telemática; a nanotecnologia; a robotização e demais inventos tecnológicos; a quebra das barreiras alfandegárias com a mundialização da economia. Tudo isso alterou os métodos de produção, os métodos do trabalho, e incrementou a concorrência entre os países, impondo-lhes a necessidade de produzir mais, com menor custo e melhor qualidade para disputar o mercado globalizado. O avanço nos meios de comunicação, a divisão mundial do comércio, a crise imobiliária e econômica da economia americana e, por último, a crise econômica que atravessa o Brasil com gastos excessivos com a previdência, com programas sociais e com a corrupção na Petrobrás e dentro do próprio governo e partidos políticos, tem agravado o cenário de caos econômico.

A partir daí, tem-se buscado um modelo de Direito do Trabalho, com regras um pouco mais flexíveis, aberto a mudanças, adaptável à nova situação econômica mundial e de cada empresa.

(*) Vólia Bomfim Cassar é mestre e doutora em Direito, pós-graduada em Direito e Processo do Trabalho, coordenadora geral do curso de Direito da Unigranrio, professora do LFG e coordenadora da área trabalhista da pós-graduação lato sensu online, autora, desembargadora do Tribunal Regional do Trabalho da 1ª Região.

(1) FACHIN, Luiz Edson. *Estatuto jurídico do patrimônio mínimo*. Rio de Janeiro: Renovar, 2001. Nota prévia.

Flexibilizar pressupõe a manutenção da intervenção estatal nas relações trabalhistas estabelecendo as condições mínimas de trabalho através de leis, sem as quais não se pode conceber a vida do trabalhador com dignidade (mínimo existencial), mas autorizando, em determinados casos, exceções ou regras menos rígidas, de forma a possibilitar a manutenção da empresa e dos empregos. Em outras palavras, flexibilizar significa criar exceções, tornar menos rígida a lei trabalhista e reduzir direitos em determinas situações.

Por meio de uma visão pós-positivista dos princípios, como espécie do gênero norma constitucional, necessário é localizar alguma solução no Direito do Trabalho que sirva de ponto de equilíbrio entre o **princípio de proteção ao trabalhador**, implícito e explícito em diversas normas imperativas de ordem pública, os direitos garantidores da dignidade humana e a necessidade atual de **manutenção da saúde da empresa**. Estes interesses são, ao mesmo tempo, conflitantes e harmônicos.

Conflitantes porque o interesse do empresário não é o mesmo do trabalhador. O empregado quer ganhar mais e ter melhoria de sua condição de trabalho. O patrão quer pagar menos para ter maior lucro ou para manter o negócio saudável.

Haverá harmonia de interesses quando o próprio empregado tiver consciência da situação precária de seu empregador, da dificuldade de nova colocação no mercado e da ameaça de desemprego[2], momento em que seus interesses convergirão com os do empregador, passando a perseguir juntos a recuperação da empresa. Nesta situação, o trabalhador autoriza conscientemente o sacrifício de seus direitos trabalhistas em prol da manutenção de seu emprego.

Em 2015[3], o desemprego no Brasil atingiu taxas assustadoras, próximas a 9%, maior patamar da série histórica iniciada em 2012. O contingente de desocupados chegou a quase 9 milhões de pessoas nesta época. No primeiro trimestre de 2016, a situação ficou ainda pior, com taxa superior a 10% de desemprego e tende a piorar até que o Brasil se recupere.

Portanto, a flexibilização deve ser um mecanismo utilizado apenas quando os reais interesses entre empregados e empregadores, em cada caso concreto, forem convergentes.

O contrato de trabalho, por ser regulamentado por lei, limita a liberdade. Isto se explica diante da desigualdade das partes, em que um dos lados é hipossuficiente em relação ao outro, necessitando da proteção estatal. Diante deste desnivelamento substancial mister a aplicação de uma igualdade jurídica[4] nos contratos de trabalho. O paradigma deste contrato, salvo exceções raríssimas no Brasil, não é mais a vontade, mas a necessidade.

Algumas soluções já foram propostas e/ou adotadas como aumento da carga fiscal, alteração das regras da previdência. No final de 2015, quase foi aprovada a proposta do "negociado sobre o legislado", quando da votação da MP n. 480/2015.

Em meados de 2016, variadas são as propostas dos empresários para minimizar direitos trabalhistas, como se este fosse o grande vilão da crise, muitas encampadas pela CNC (Confederação Nacional do Comércio) e CNI (Confederação Nacional da Indústria), e outras pelo próprio governo, como noticiou o Jornal O Globo de 07.09.2016[5], tais como: autorização de trabalho por hora; criação do conselho de autorregulamentação, com participantes do governo e representantes dos trabalhadores para discutir as mudanças; minirreforma sindical, mas com a manutenção do imposto sindical e mais força dos sindicatos para negociar; proposta de que o direito negociado nas normas coletivas prevaleça sobre o direito legislado; ampliação e regulamentação da terceirização; exclusão do acidente de trabalho de percursos do pagamento do auxílio doença acidentário.

Entre essas propostas, algumas já estão em andamento, como o Projeto de Lei n. 30/2015 do Senado, que regulamenta e amplia as hipóteses de terceirização, autorizando as praticadas nas atividades fim das empresas contratantes-tomadoras.

Expandir as hipóteses de terceirização para atingir também as atividades principais (atividade fim e inerentes), ao argumento de que tal medida cria mais

---

(2) Disponível em: <http://exame.abril.com.br/economia/noticias/taxa-de-desemprego-no-brasil-deve-atingir-10-em-2016>. Acesso em: 05 maio 2017.

(3) Exemplo clássico noticiado em todos os jornais da época foi o caso da Varig (empresa aérea), situação em que os próprios empregados concordaram com a redução ou até supressão de seus direitos, na tentativa de sua recuperação. Várias passeatas, cartazes, movimentos foram retratados pela imprensa acerca do desespero destes aeronautas. Outro exemplo é a Lei n. 13.189/2015, autorizando a redução dos salários dos empregados, como exposto em outra nota.

(4) TEIXEIRA, João Lima; SÜSSEKIND, Arnaldo. *Instituições de Direito do Trabalho*. 21. ed. São Paulo: LTr, 2003. v. 1, p. 239.

(5) O Globo, dia 07.09.2016, Caderno de Economia, fl. 25.

empregos[6] e reduz a informalidade é a tese daqueles que apoiam o projeto. Para nós, o objetivo do projeto é a redução do custo da mão de obra com a diminuição do valor do salário e vantagens, e permitir a supressão de antigas conquistas da categoria como os benefícios previstos nas convenções e acordos coletivos.

Imagine-se um caixa empregado de banco que hoje tem, por força do art. 224 da CLT, a jornada de 6 horas diárias e 30 semanais e, por aplicação da convenção coletiva, direito ao piso salarial muito superior ao piso estadual, direito à gratificação de quebra de caixa, à gratificação de função, à estabilidade pré-aposentadoria, ao auxílio alimentação, plano de saúde e ao repouso semanal remunerado também aos sábados, além de muitos outros benefícios normativos. Se for aprovado o PL 30, poderão ser contratados caixas bancários pela empresa X, cuja única atividade é a de terceirizar caixas bancários. Este empregado da empresa X irá trabalhar sob a subordinação estrutural do banco tomador dos serviços, em sua atividade fim, acessando os dados confidenciais dos clientes do banco, mas sua jornada será de 8 horas diárias e 44h semanais. Além disso, receberá o salário mínimo ou o piso estadual e nenhum outro benefício previsto na norma coletiva dos bancários. Ora, quem está lucrando com isto? Os empresários e não a sociedade trabalhadora e os consumidores do serviço.

O projeto de Lei n. 30 também é injusto sob o ponto de vista da isonomia. Como uma empresa terá ao mesmo tempo empregados enquadrados numa lei (art. 224, CLT, por exemplo) e numa categoria profissional (sindicato dos bancários, por exemplo) e trabalhadores terceirizados executando idênticas funções, no mesmo ambiente de trabalho, trabalhando lado a lado, sem os mesmos direitos? A medida é discriminatória, pois viola o princípio do tratamento isonômico, e o entendimento atual do TST (OJ n. 383 da SDI-1 do TST), além disso, retira dos trabalhadores direitos sociais arduamente conquistados.

A terceirização de atividades relacionadas à atividade fim também coisifica (novamente) o trabalho humano, porque permitirá a subcontratação de serviços e não mais a contratação de pessoas. As pessoas não mais interessam, mas tão somente os serviços executados. Retornaremos à antiga locação de serviços?

Outra nefasta consequência será a pulverização dos sindicatos profissionais. Serão criados diversos sindicatos profissionais, cada um para representar os interesses de uma determinada função profissional de determinado ramo empresarial. Assim, serão criados milhares de sindicatos, o que poderia ser visto como medida salutar sob o enfoque da liberdade sindical. Entretanto, teremos tantos sindicatos que será reduzido, senão eliminado, o poder de negociação coletiva. Logo, poderão ser criados: o sindicato de intermediação de mão de obra dos caixas bancários; o sindicato de intermediação de mão de obra dos tesoureiros bancários; o sindicato de intermediação de mão de obra dos compensistas (compensação) bancários; o sindicato de intermediação de mão de obra os gerentes e subgerentes bancários, etc.

Esta múltipla divisão da categoria em funções viola o art. 511 e seguintes da CLT. A quem interessa desmembrar a categoria profissional em tantas fatias quantas forem as funções inerentes à atividade fim da empresa? Aos empresários, pois, numa greve, numa reivindicação coletiva, os trabalhadores não terão a mesma força, pois serão menos numerosos e, por isso, serão incapazes de exercer a mesma pressão na negociação coletiva.

A liberdade sindical é preconizada pela Convenção 87 da OIT e é salutar a todos e, principalmente aos trabalhadores, pois prega a liberdade e autonomia do grupo. Mas, adotar parcialmente esta liberdade para legitimar a terceirização em atividade fim é usar o instituto para prejudicar os direitos sociais dos trabalhadores, contrariando o *caput* do art. 7º da CRFB que prestigia a criação de norma mais favorável ao trabalhador.

Proposta perigosa é a de prevalência do "negociado sobre o legislado", que constitui antiga reivindicação dos empresários e pretende, na verdade, retirar ou reduzir direitos trabalhistas por meio de acordos coletivos ou convenções coletivas. Em outras palavras, significa revogar direitos de característica pública, garantidos e impostos por lei, pela norma coletiva. Isso significa a inversão da hierarquia das normas; o abandono do princípio da aplicação da norma mais favorável ao trabalhador e da proteção ao trabalhador; o esquecimento do comando constitucional contido

---

(6) De acordo com Rodrigo Carelli, procurador do trabalho: "Segundo os estudos empíricos realizados em diversos países (por todos, Relatório de Giuseppe Bertola para a OIT – Organização Internacional do Trabalho de 2009; e da OCDE – Organização para a Cooperação e Desenvolvimento Econômico de 2006 e 2013), não há qualquer relação determinante entre a proteção trabalhista e a geração de empregos, no sentido que a proteção trabalhista impediria a contratação de trabalhadores ou que a flexibilização incentivaria a criação de novos postos de trabalho." Texto retirado do artigo "5 mitos do Direito do Trabalho", publicado no dia 07.09.2016. Disponível em: <http://jota.uol.com.br/os-5-mitos-da-justica-trabalho>. Acesso em: 08 set. 2016.

no art. 7º *caput* da CF que determina a recepção de direitos que visem a melhoria da condição social do trabalhador. Permitir, por norma infraconstitucional, a supressão ou redução de direitos sociais constitucionais é inconstitucional, seja porque viola frontalmente um dos incisos do art. 7º da CF, seja porque constitui retrocesso social e revogação de direitos fundamentais, protegidos constitucionalmente pelo art. 7º *caput* da CF.

Sem liberdade sindical, que está espelhada, entre outros, na pluralidade sindical, não é possível dar mais poderes aos sindicatos, pois não há monopólio de poder ileso de corrupção ou de negociatas. Há notícias, mesmo nos dias atuais, de sindicatos com puro cunho político; sindicatos que cobram para homologar rescisões (ato proibido por lei) ou cobram previamente do trabalhador pelo ajuizamento da reclamação trabalhista pelo sindicato que o representa (a gratuidade decorre da lei) e outros que, apesar de representarem os interesses da categoria profissional, cobram numerário do patrão para negociar e "vender" cláusulas sociais dos trabalhadores nas negociações coletivas, dando vantagens ao empresário. Manter a unicidade sindical e a contribuição sindical compulsória é ferir de morte a liberdade sindical.

A proposta de contrato de trabalho por hora é inútil, pois já é possível fazê-lo. Aliás, a própria lei do salário mínimo ao fixá-lo o faz por hora, por dia e por mês. O fato do art. 58-A da CLT tratar do contrato por tempo parcial não impede de a contratação por 40 horas, com salário proporcional ou a contratação por 6 horas semanais, também com o salário proporcional. O pagamento do salário proporcional à jornada é ratificado pelo entendimento majoritário dos tribunais, como se percebe da OJ 358, I da SDI-1 do TST.

A flexibilização não pode servir ao empregador como desculpa para ter lucro superior, para aumentar seus rendimentos ou manter a rentabilidade da empresa. A flexibilização é um direito do patrão, mas deve ser utilizada com cautela e apenas em caso de real e comprovada necessidade de recuperação da empresa, como aliás, exige a atual Lei n. 13.189/2015[7], sob pena de abuso do direito. Daí porque os princípios da razoabilidade, da lealdade, da transparência, da necessidade, devem permear todo o processo, sob a tutela sindical (art. 50, III, da Lei n. 11.101/2000).

Atualmente, o Brasil e o mundo passam por uma crise nas relações de trabalho, crise provocada pelas mudanças geradas pelo processo de globalização, a robótica, a mundialização da economia e a necessidade de maior concorrência. Associado a isso, temos a crise que o Brasil enfrenta pelo excesso de gastos públicos, programas sociais e corrupção no governo e na Petrobras.

Nossa Constituição de 1988 é uma Constituição social, preocupada com o combate da exploração do homem pelo homem e defende a aplicação direta dos princípios nela contidos como meio de reforçar a proteção aos hipossuficientes.

Por isso, deve haver ponderação entre a flexibilização das relações de trabalho e a realização dos valores sociais preservadores da dignidade do ser humano que trabalha, através da aplicação da teoria pós-positivista dos princípios constitucionais, priorizando o homem, o trabalhador e sua dignidade, sempre à luz das necessidades brasileiras.

Há forte tendência[8] a se reduzir o mínimo existencial garantido ao trabalhador, daí a necessidade ainda maior de ponderação entre a flexibilização da legislação, que preconiza a redução de direitos traba-

---

(7) De acordo com a Lei n. 13.189/2015:
   Art. 1º Fica instituído o Programa de Proteção ao Emprego – PPE, com os seguintes objetivos:
   I – possibilitar a preservação dos empregos em momentos de retração da atividade econômica;
   II – favorecer a recuperação econômico – financeira das empresas;
   III – sustentar a demanda agregada durante momentos de adversidade, para facilitar a recuperação da economia;
   IV – estimular a produtividade do trabalho por meio do aumento da duração do vínculo empregatício; e
   V – fomentar a negociação coletiva e aperfeiçoar as relações de emprego.
   Parágrafo único. O PPE consiste em ação para auxiliar os trabalhadores na preservação do emprego, nos termos do inciso II do *caput* do art. 2º da Lei n. 7.998, de 11 de janeiro de 1990.
   Art. 2º Podem aderir ao PPE as empresas de todos os setores em situação de dificuldade econômico-financeira que celebrarem acordo coletivo de trabalho específico de redução de jornada e de salário.
   § 1º A adesão ao PPE pode ser feita até 31 de dezembro de 2016, e o prazo máximo de permanência no programa é de vinte e quatro meses, respeitada a data de extinção do programa.

(8) Em 2015, houve mudança na legislação previdenciária e trabalhista, reduzindo direitos e benefícios previdenciários e limitando o acesso ao seguro desemprego.

lhistas para a manutenção da saúde da empresa,[9] e a preservação de direitos absolutos e universais que são: o direito à dignidade humana, os direitos fundamentais do trabalho e a preservação de direitos para proteção do trabalhador.

Os defensores da corrente neoliberalista[10], sob o argumento de que é o excesso de encargos trabalhistas que dificulta a gestão empresarial e o crescimento econômico do país, têm insistido na tese de que a negociação coletiva deve prevalecer sobre as correspondentes leis, mesmo quando a empresa não estiver em crise, vulnerando a hierarquia dinâmica das fontes formais de direito do trabalho, em que prevalece a norma mais favorável ao trabalhador, e revogando ou reduzindo, pela vontade coletiva dos sindicatos, direitos arduamente conquistados e constitucionalmente garantidos aos trabalhadores.

Somos a favor da flexibilização dos direitos trabalhistas nos casos de necessidade, isto é, para manutenção da saúde da empresa.

A modernização da lei trabalhista também é necessária, mas não a revogação de direitos ou o retrocesso de direitos sociais.

CONCLUSÃO

Sob a máscara de se estar defendendo um modelo de bem-estar social, é clara a tentativa de rearranjo das relações intersubjetivas que está fundamentada no argumento da necessidade de sair da crise econômica que enfrenta o país.

Diante desta crise, afirmam os neoliberais que poderá haver uma revisão das garantias mínimas, devendo o Estado se abster de proteger os direitos dos trabalhadores e enxugar os existentes. Todavia, as consequências da minimização do Estado em que de fato foi aplicado o *welfare* são incomparáveis com aquelas de Estados em que nunca houve um Estado Social, como é o caso do Brasil. Em nosso país as promessas de modernidade e de reintegração da atividade econômica na vida social nunca foram cumpridas.

Com base nesses argumentos, os patrões tiram "proveito do enfraquecimento do poder sindical e da grande quantidade de mão de obra excedente (desempregados e subempregados) para impor regimes e contratos de trabalho mais flexíveis".[11]

Propostas de redução de direitos trabalhistas são recorrentes e são apontadas como a solução da crise econômica do país, quando, na verdade, não mudará nada.

Primeiramente, deve-se diminuir ou até eliminar a corrupção, principalmente no governo e nas estatais, depois reduzir gastos públicos; eliminar os encargos trabalhistas indiretos, que oneram a folha de pagamento e não revertem para o trabalhador (Sesi, Sesc, Senai, Incra, Sebrae, PIS/Pasep) e, por último, rever as regras da aposentadoria.

Os direitos trabalhistas não devem ser reduzidos, mas atualizados e revistos.

REFERÊNCIAS

CARELLI, Rodrigo. *5 Mitos do Direito do Trabalho*. Disponível em: <http://jota.uol.com.br/os-5-mitos-da-justica-trabalho>. Acesso em: 8 set. 2016.

CASSAR, Vólia Bomfim. *Direito do Trabalho*. São Paulo: Gen, 2016.

FACHIN, Luiz Edson. *Estatuto jurídico do patrimônio mínimo*. Rio de Janeiro: Renovar, 2001.

IANNI, Octavio. *A era do globalismo*. Rio de Janeiro: Civilização Brasileira, 1996.

O Globo, dia 07.09.2016, Caderno de Economia. Disponível em: <http://exame.abril.com.br/economia/noticias/taxa-de-desemprego-no-brasil-deve-atingir-10-em-2016>.

TEIXEIRA, João Lima; SÜSSEKIND, Arnaldo. *Instituições de Direito do Trabalho*. 21. ed. São Paulo: LTr, 2003. v. 1.

---

(9) Convém ressaltar que nos dias atuais a flexibilização tem sido utilizada pelas empresas como forma de realizar ganhos através da diminuição dos direitos dos trabalhadores. Não há a preocupação de limitar as hipóteses de flexibilização àquelas efetivamente previstas no Texto Maior e apenas em casos de comprovada dificuldade econômica da empresa. Encontramos na jurisprudência absurdos posicionamentos no sentido de que "se a Constituição possibilitou o mais (redução de salário através de normas coletivas) os convênios coletivos podem o menos, isto é, renunciar, reduzir, suprimir qualquer outro direito, pois de menor importância frente ao salário".

(10) Neoliberalismo é o ressurgimento de pensadores e ideias relacionadas ao liberalismo econômico, à liberdade e livre autonomia da vontade das partes no ajuste, sujeitas às regras do mercado.

(11) IANNI, Octavio. *A era do globalismo*. Rio de Janeiro: Civilização Brasileira, 1996. p. 162.

Dinamização do Ônus da Prova: Aplicação Subsidiária do CPC e do CDC ao Processo Trabalhista

Amanda Barbosa[*]

1. INTRODUÇÃO

A prova processual é atualmente compreendida por uma tríplice concepção: a ideia de atividade (prova como ato jurídico processual); de meio (conquanto fato produtor da convicção); e de fim (o convencimento do julgador)[1].

No atual sistema da livre convicção motivada, cabe apontar um quarto escopo ou dimensão da prova, a de mecanismo de controle. Controle tanto das afirmações das partes como do próprio juiz, pois lhe impõe um dever de coerência externa, entre a decisão e o "mundo dos fatos" ou o mais próximo que dele se consiga chegar, via verdade processual estabelecida.

Pode-se dizer que a verdade judicial é a verdade possível, estabelecida no termo de um processo minuciosamente regulado por lei; enquanto que a verdade da própria decisão é a sua correspondência com a convicção do julgador, a lei e provas invocadas.

Portanto, além da coerência interna do julgado, evidenciada pela exposição dos argumentos, do raciocínio utilizado e seu percurso de construção, a legitimidade da decisão exige fidelidade à prova, ou, na sua ausência, às regras sobre seu ônus, dado o inafastável dever de decidir (vedação do *non liquet*).

Reconhecer as limitações do sistema judicial de "reconstituição dos fatos" e das decisões que se pautam tão somente nas afirmações sobre eles, na verdade formalmente constituída e impregnada da subjetividade dos diversos intervenientes (partes, advogados, testemunhas, peritos, juiz, promotores etc.), reforça a necessidade de instrumentos de "racionalização jurídica da convicção judicial"[2].

Nesse sentido, pondera Danilo Knijnik[3]:

> Especificamente quanto ao controle do juízo de fato, a idéia de fundamentação como processo de racionalização jurídica se estende para a formação de uma dogmática jurídico-probatória, exigindo um conjunto de categorias e processos técnicos que auxiliem no controle, o quanto possível, dos subjetivismos que incidem na formação do juízo de fato. Mais do que isso, tal perspectiva demonstra que uma ideia de livre convencimento do juiz como convencimento alheio a regras não pode ser metodológica ou cientificamente aceita, por inibir o aparelhamento teórico capaz de fazer rente às delicadas contingências do juízo de fato.

É neste contexto, e por esta razão, que é ampla a atenção normativa e dogmática para os mecanismos de produção e valoração da prova, requisitos da decisão judicial e institutos para sua estabilização.

Ainda assim, a consciência sobre o processo como produto humano impede que se ignore a sua fragilida-

---

(*) Amanda Barbosa é juíza do Trabalho da 15ª Região. Professora da Pós-graduação em Direito e Processo do Trabalho da Fundação Armando Álvares Penteado e da Escola Superior de Direito. Mestranda em Direito pela Faculdade de Direito de Ribeirão Preto – USP. Especialista em Direito e Processo do Trabalho pela Universidade Cândido Mendes.

(1) LEONARDO, Rodrigo Xavier. *Imposição e inversão do ônus da prova*. Rio de Janeiro: Renovar, 2004. p. 17.

(2) KNIJNIK, Danilo (Coord.). Ceticismo Fático e fundamentação teórica de um direito probatório. In: *Prova Judiciária. Estudos sobre o novo Direito Probatório*. Porto Alegre: Livraria do Advogado, 2007. p. 25.

(3) Idem.

de. No tema da interpretação das provas, por exemplo, revela o quanto é artificial (e manipulável) a afirmativa pela qual "o que não está no processo não está no mundo". Lado outro, e igualmente pertinente para este estudo, pode ocorrer de se "construir" nos autos (como verdade processual) aquilo que não está no mundo, risco cujo grau oscila conforme o modelo dogmático probatório.

Eis o ponto a partir do qual as reflexões sobre os poderes instrutórios do juiz e os critérios para a distribuição do ônus da prova ganham relevância: o imperativo de um processo de resultados justos, apto a concretizar os direitos fundamentais reconhecidos.

Movidos por este ideal, propomos o presente estudo.

2. PODERES INSTRUTÓRIOS DO JUIZ NO ESTADO DEMOCRÁTICO DE DIREITO

O processo também deve ser compreendido como experiência histórica, um retrato (tempo e espaço) da relação entre Estado e sociedade, e considerando que a atividade judicial é a exteriorização de um dos poderes estatais, inegável que no bojo da técnica se identifiquem opções políticas.

Isso é facilmente verificado pela observação dos mecanismos que dimensionaram os poderes das partes e do juiz no processo ao longo da história. Quanto à gestão da prova, em particular, interessante perquirir sobre a variação dos limites desses poderes à luz dos princípios denominados dispositivo e inquisitivo.

No primeiro, predomina a noção de liberdade das partes, as quais compete o protagonismo no desenvolvimento processual, restringindo-se o magistrado à coordenação dos atos, diretriz que tem por substrato axiológico os valores do liberalismo (período de sua estruturação), não se restringindo, portanto, a uma opção técnico jurídica como já esboçamos.

Ao princípio dispositivo se contrapõe o inquisitivo, diretriz que amplia o poder jurisdicional, sobrepondo-o aos poderes das partes. Possibilidade que decorre da superação da ideia de processo como "coisa das partes", reconhecendo-lhe caráter e interesse público. Segundo tal diretriz, é legítima a proatividade do órgão judicial, inclusive para a geração da prova.

São bastante divergentes os posicionamentos sobre as vantagens e desvantagens de um e outro sistema, ponderando-se que, na atualidade, já não persistem modelos puros ou absolutos.

Apesar de ter prevalecido, por um longo período, a reprodução de suposta correspondência entre inquisitoriedade e modelos políticos autoritários, isso não mais se sustenta. Neste sentido, José Roberto Bedaque registra com propriedade:

> A concepção de que o reforço da autoridade do juiz, que dá origem ao chamado processo inquisitivo, corresponde a regimes não democráticos de governo, é absolutamente equivocada. Aquilo que se convencionou chamar de processo acusatório, onde os poderes de iniciativa das partes são levados a extremos, resulta de um individualismo político e filosófico já ultrapassado, pois não atende à realidade sócio-econômica do Estado moderno, cuja atividade do Estado é toda voltado para o social[4].

De fato, um processo efetivamente democrático, que cumpra o papel de instrumental para a efetivação de direitos, submete-se aos imperativos da isonomia material. Impõe, portanto, a proatividade do órgão jurisdicional, o que inclui medidas de correção de eventuais abusos ou desequilíbrio entre as partes, tanto técnicos quanto financeiros.

Em um verdadeiro Estado Democrático de Direito, além dos poderes instrutórios clássicos reconhecidos ao juiz (decisão sobre quais as provas são relevantes e indeferimento de diligências inúteis), é imperiosa a iniciativa em diligências instrutórias e o poder de dinamizar o ônus da prova *in concreto*, como à frente exporemos.

Não mais se sustenta a concepção do juiz expectador do desenvolvimento do processo, exigindo-se, ao contrário, sua participação ativa, protagonismo que em nada macula o seu dever de imparcialidade. A imparcialidade se estabelece na condução objetiva do processo, na ausência de interesse particular do juiz e no respeito ao contraditório, e não na apatia ou na indiferença com relação ao resultado justo.

A tradicional divisão entre verdade real e verdade formal (aquela imperativa no processo penal, cujos interesses seriam indisponíveis e a última relacionada ao processo civil e trabalhista, pautados em interesses patrimoniais e, *a priori*, disponíveis), não persiste. Muito mais importa aos juristas de hoje o conceito de verdade processual, a compreensão sobre o seu processo de formação e a construção de uma cultura cooperativa e ética de processo.

---

(4) BEDAQUE, José Roberto. *Poderes Instrutórios do Juiz*. São Paulo: RT, 1994. p. 71.

Demonstração disso é o fato de que em todos os ramos, indistintamente, existem normas conferindo poderes instrutórios aos magistrados (arts. 156 e 404 do Código de Processo Penal, art. 370 do Código de Processo Civil e 765 da Consolidação das Leis do Trabalho).

A justacomposição da *lide* é direito fundamental em qualquer natureza de conflito, penal, civil ou trabalhista. Logo, o empenho para que a verdade judiciária adotada se aproxime ao máximo da efetiva verdade é exigência a todos dirigida. Nesse sentido, os poderes instrutórios do juiz, inclusive de dinamização do ônus probatório, afiguram-se verdadeiros deveres.

Corroborando essa afirmação, tem destaque a norma do art. 7 do CPC de 2015, segundo a qual: *É assegurada às partes paridade de tratamento em relação ao exercício de direitos e faculdades processuais, aos meios de defesa, aos ônus, aos deveres e à aplicação de sanções processuais, competindo ao juiz zelar pelo efetivo contraditório* (grifos nossos).

3. *STANDARD* DO ÔNUS DA PROVA E O CÓDIGO DE PROCESSO CIVIL DE 2015

O art. 373 do atual diploma processual civil manteve o arquétipo tradicional da distribuição do ônus da prova, vinculando-o à espécie de fato. Reproduziu a norma do art. 333 da lei processual de 1973 que fixava, como norma geral, incumbir ao autor o ônus da prova quanto ao fato constitutivo de seu direito, e ao réu o ônus relativo "à existência de fato impeditivo, modificativo ou extintivo do direito do autor".

Cuida-se da tipologia clássica, fundada na posição das partes e na natureza do suporte fático suscitado por cada uma delas, cujo domínio é fundamental como norte da atuação instrutória das partes e do juiz, assim como diretriz para o julgamento.

Resumidamente, o fato constitutivo caracteriza-se como o suporte de fato necessário à caracterização da situação jurídica cuja titularidade é invocada à inicial. Por exemplo, se há arguição da titularidade do direito ao recebimento de horas extras, o fato constitutivo (realização de trabalho extraordinário) deverá ser demonstrado pelo autor.

Por sua vez, considera-se fato impeditivo aquele que obsta os efeitos naturais da situação jurídica nascida do fato constitutivo. Portanto, não nega tal fato, do contrário, o pressupõe. Porém, tem aptidão para neutralizar os efeitos ordinariamente previstos. No mesmo exemplo, realização de horas extras, tem-se como possível fato impeditivo do direito pleiteado (recebimento adicional) a ocupação de um cargo de confiança (art. 62 CLT).

Da mesma forma o fato modificativo, definido como "aquele apto a promover a incidência de regras jurídicas ou cláusulas negociais que determinam a modificação, objetiva ou subjetiva, da situação jurídica cuja titularidade é pleiteada pelo autor no processo."[5] Seguindo a hipótese de ilustração, a existência de banco de horas, "modificaria" a situação jurídica deduzida na inicial, obstando igualmente os seus efeitos.

Particularmente, em que pese essa distinção ser sistematicamente reproduzida na doutrina (e na própria lei), não a vislumbro. A nosso ver, cuida-se invariavelmente de um fato modificativo, um fato adicional que se integra ao conjunto fático inicial, revelando uma situação jurídica distinta da relatada.

Ou seja, o fato original (no exemplo, a realização de horas extras) é incorporado a um contexto fático mais amplo (realização de horas extras por ocupante de cargo de confiança, em regime de compensação etc.), resultando em uma situação jurídica distinta, a qual não corresponde o efeito pretendido pelo autor. Enfim, são fatos modificativos com efeitos impeditivos.

Por fim, tem-se o fato extintivo, definido como aquele que é apto a eliminar a obrigação decorrente da relação jurídica ou tornar inexigível a pretensão respectiva, dele sendo exemplos: o pagamento, o perdão da dívida, a prescrição ou a decadência.

Como se percebe, há neste sistema clássico um pressuposto temporal lógico que, em regra, impõe o encargo probatório aprioristicamente ao demandante. Numa interessante historiografia do processo levada a efeito por Rodrigo Xavier Leonardo, o autor concluiu que a regra do Direito Romano pela qual caberia um ônus primário de provar o afirmado pelo autor, e apenas posteriormente um ônus de prova da contestação pelo réu, teria se sobreposto ao processo germânico, atravessado a Idade Média e voltado a encontrar solo fértil no direito liberal, pois neste:

> ... se todos são iguais, para surtir efeito qualquer afirmação de um sujeito perante outro, primeiramente este tem que provar a veracidade de sua afirmação, sendo que apenas a partir

---

(5) LEONARDO, Rodrigo Xavier. *Imposição e inversão do ônus da prova*. Rio de Janeiro: Renovar, 2004. p. 159.

dessa prova surgiria a necessidade de contraprova da outra parte[6]

Consoante já observamos, essa lógica permaneceu reproduzida no atual Código de Processo Civil. Porém, não mais exclusivamente. É o que se exporá no tópico seguinte.

4. DINAMIZAÇÃO DO ÔNUS DA PROVA NO CÓDIGO DE DEFESA DO CONSUMIDOR E NO CÓDIGO DE PROCESSO CIVIL DE 2015

Atribui-se ao jurista argentino, Jorge Walter Peryano, a sistematização da teoria da carga probatória dinâmica[7] ou, como aqui preferimos, distribuição dinâmica do ônus probatório, a qual, em síntese, propõe que tal ônus recaia sobre quem esteja em melhores condições de produzir a prova, sendo irrelevante a posição processual da parte ou a natureza do fato em discussão.

Ivana María Airasca esclarece que:

> Chama-se doutrina das cargas probatórias dinâmicas porque o *onus probandi* se separa de enfoques apriorísticos, isto é, se liberta do papel de autor ou demandado das partes no processo, e dos tipos de fatos a provar, para limitar-se a indicar que o ônus da prova pesa sobre quem está em melhores condições técnicas, de fato ou profissionais para produzir a prova respectiva[8]

Apesar de não referida expressamente, essa concepção não apriorística de fixação do ônus probatório foi primeiramente agasalhada, na legislação brasileira, pelo Código de Defesa do Consumidor (CDC), especificamente no art. 6º, inc. VIII, ao prever que:

> Art. 6º São direitos básicos do consumidor: (...) VIII – a facilitação da defesa de seus direitos, inclusive com a inversão do ônus da prova, a seu favor, no processo civil, quando, a critério do juiz, for verossímil a alegação ou quando for ele hipossuficiente, segundo as regras ordinárias de experiências.

Cabe notar, desde já, que a hipossuficiência autorizadora da distribuição do *onus probandi* fora do padrão ordinário é do tipo técnica e não econômica. Sobre a questão, Luiz Antônio Rizzato Nunes[9] esclarece:

> ... hipossuficiência para fins da possibilidade de inversão do ônus da prova, tem sentido de desconhecimento técnico e informativo do produto e do serviço, de suas propriedades, de seu funcionamento vital e/ou intrínseco, de sua distribuição, dos modos especiais de controle, dos aspectos que podem ter gerado o acidente de consumo e o dano, das características do vício etc.

Observe-que além do requisito referido (desvantagem ou maior dificuldade probatória), a norma brasileira igualmente autoriza a fixação alternativa de ônus probatório em razão da verossimilhança da alegação do consumidor. Consoante prevê, a inversão do ônus da prova, como direito do consumidor, deve ter espaço, alternativamente, quando *a critério do juiz, for verossímil a alegação ou quando for ele hipossuficiente, segundo as regras ordinárias de experiência*.

Nesta segunda circunstância, a mobilidade do ônus se relaciona com o instituto das presunções. Ou seja, diante da probabilidade, da significativa *aparência de verdade*, presume-se verídica a alegação autoral, presunção que, no entanto, é meramente relativa, passível de prova de desconstituição.

O uso de juízos de verossimilhança não é uma particularidade do sistema brasileiro, pelo contrário. No processo civil alemão, por exemplo, a técnica se chama *Anscheinsbeweis*, sendo amplamente reconhecida na doutrina e jurisprudência, apesar de não integrar o texto legal.

---

(6) LEONARDO, Rodrigo Xavier. Obra citada, p. 91.

(7) Paulo Rogério Zaneti, porém, adverte que os fundamentos da teoria de Peryano se encontram presentes na obra do italiano Jerémie Bentham, denominada *Tratado de las Pruebas Judiciales*, de 1971, na qual o autor responde a indagação sobre quem deve suportar o ônus da prova da seguinte forma: "deve ser imposto, em cada caso concreto, àquela das partes que puder satisfazê-lo com menores inconvenientes, quer dizer, menor demora, vexames e despesas." A diferença entre a proposta de Bentham em relação a de Peryano é que para este o modelo de atribuição clássico deve permanecer como regra, sendo a distribuição dinâmica uma exceção instituída em razão das peculiaridades do caso concreto.

(8) "Se llama doctrina de las cargas probatórias dinámicas porque el *onus probandi* se independiza de enfoques apriorísticos, es decir que se independiza del rol de actor o demandado de la parte en el proceso, y de los tipos de hechos a probar, para limitarse a indicar que la carga probatoria pesa sobre quien está en mejores condiciones técnicas, de hecho o profesionales para producir la prueba respectiva". AIRASCA, Ivana María. Reflexiones sobre la doctrina de las cargas probatórias dinámicas. In: PERYANO, Jorge W. (Dir.); WHITE, Inés Lépori (Coord.). Cargas Probatorias Dinámicas. Santa Fe: Rubinzal-Culzoni, 2004. p. 136.

(9) NUNES, Luiz Antônio Rizzato. *Curso de Direito do Consumidor – com exercícios*. 3. ed. São Paulo: Saraiva, 2008. p. 775.

Sobre seu uso, Michelle Taruffo, jurista italiano, esclarece[10]:

> Trata-se de uma noção, criada pela jurisprudência e inexistente no direito escrito, mas amplamente analisada pela doutrina, que cataloga hipóteses, especialmente frequentes nos casos de prova do nexo causal e da responsabilidade para fins de reparação dos danos, mas também presente em outros setores, nos quais se admite que uma parte prove apenas a aparência ou a verossimilhança do fato, deixando para a outra parte o ônus de provar que o fato não se verificou.

Em ambas as hipóteses (verossimilhança e hipossuficiência técnica), a fixação alternativa do ônus da prova se dá por ato *ope iudice*. Há, porém, uma terceira hipótese de dinamização do ônus nos conflitos consumeristas, desta feita por ato *ope legis*. Cuidam-se das normas dos parágrafos terceiro dos arts. 12 e 14 do CDC[11], cuja aplicação não está no âmbito da discricionariedade do juiz, mas decorre de lei.

Portanto, são três as hipóteses do estabelecimento extraordinário do ônus de prova (alternativo ao *standard* do art. 373 do CPC) no contexto das demandas consumeristas: hipossuficiência técnica do consumidor, verossimilhança da alegação e previsões legais.

Apesar da referência legal à expressão "inversão" do ônus da prova, reiterada também na doutrina e jurisprudência, entendemos que inexiste uma efetiva inversão, ou seja, não se transfere do autor para o réu (ou vice-versa) o encargo de provar o mesmo fato.

Em regra, na dinamização, caberá a um ou outro uma prova diametralmente oposta (ocorrência *versus* não ocorrência do fato ou do dano, ocorrência *versus* não ocorrência da culpa etc.). Melhor esclarecendo, não se transfere ao réu, por exemplo, o ônus de provar o fato constitutivo, ocorrendo apenas que, em determinadas circunstâncias, poderá o autor ser dispensado dessa prova, ou "relaxada" a exigência quantitativa dela, ao menos provisoriamente.

Passando à análise do tema no recém-inaugurado Código de Processo Civil, a norma que atualmente dispõe sobre a fixação do encargo da prova, art. 373, contém dois parágrafos (sem correspondentes no CPC de 1973), os quais preveem:

> Art. 373, § 1º: Nos casos previstos em lei ou diante de peculiaridades da causa relacionadas à impossibilidade ou à excessiva dificuldade de cumprir o encargo nos termos do *caput* ou à maior facilidade de obtenção da prova do fato contrário, poderá o juiz atribuir o ônus da prova de modo diverso, desde que o faça por decisão fundamentada, caso em que deverá dar à parte a oportunidade de se desincumbir do ônus que lhe foi atribuído.
>
> § 2º A decisão prevista no § 1º deste artigo não pode gerar situação em que a desincumbência do encargo pela parte seja impossível ou excessivamente difícil.

Como se depreende dos dispositivos, o CPC de 2015 acolheu a possibilidade de flexibilização da regra sobre o ônus da prova, permitindo o "remanejamento" do encargo, por decisão fundamentada, de acordo com condições concretamente aferidas, a exemplo do que já ocorria no âmbito das relações consumeristas.

De se notar, no entanto, que a norma se limitou aos requisitos da previsão legal e da hipossuficiência técnica, descrita *in casu* como debilidade para a produção da prova, ou, ainda, maior aptidão da outra parte para a produção da prova contrária.

A nosso sentir, no campo da relação processual civil, não se encontra autorizada a fixação alternativa do ônus probatório em razão da verossimilhança da alegação, o que não afasta a possibilidade de utilização de outros mecanismos instrutórios para a adequada apuração dos fatos.

5. DISTRIBUIÇÃO DINÂMICA DO ÔNUS DE PROVA NO PROCESSO TRABALHISTA: POSSIBILIDADE?

O art. 769 da Consolidação das Leis do Trabalho (CLT) prevê que nos casos omissos, *o direito processual comum será fonte subsidiária do direito processual do trabalho, exceto naquilo em que for incompatível com suas normas*. São dois os requisitos para a aplicação integra-

---

(10) TARUFO, Michele. *La prova dei fatti giuridicci*. Milano: Giuffrè, 1992. *Apud Rodrigo Xavier Leonardo,* op. cit. p. 208.

(11) Art. 12: (...)§ 3º O fabricante, o construtor, o produtor ou importador só não será responsabilizado quando provar: I – que não colocou o produto no mercado; II – que, embora haja colocado o produto no mercado, o defeito inexiste; III – a culpa exclusiva do consumidor ou de terceiro. Art. 14. (...)§ 3º O fornecedor de serviços só não será responsabilizado quando provar: I – que, tendo prestado o serviço, o defeito inexiste; II – a culpa exclusiva do consumidor ou de terceiro.

tiva da norma processual comum: omissão e compatibilidade principiológica[12]. A CLT, por sua vez, se limita a prever que "a prova das alegações incumbe à parte que as fizer" (art. 818).

Salta aos olhos a insuficiência da previsão celetista para o eficaz regramento da matéria no contexto processual trabalhista, cujas particularidades, sobretudo a natural assimetria entre as partes (não diluída pela mera condição de sujeitos processuais), exige o tratamento flexível, apto à consideração das características concretas da causa.

Portanto, não só existe omissão permissiva da aplicação subsidiária das novas normas comuns ao processo trabalhista, como absoluta compatibilidade com os princípios e finalidades desse ramo. Afinal, o processo trabalhista inegavelmente reflete o conteúdo tuitivo do direito material que instrumentaliza, pois dele extrai sua forma.

Ademais, considerando que o art. 8º da CLT permite ao Judiciário trabalhista a decisão com base em fundamentos amplos, inclusive a equidade e o direito comparado, desde que de modo compatível com os princípios trabalhistas fundamentais e o interesse público, e considerando, ainda, a afinidade entre o Direito Consumerista e o Trabalhista, ambos marcados pela comum hipossuficiência de uma das partes, entendemos igualmente aplicável ao processo laboral a norma do art. 6º, inciso VIII, da Lei n. 8078/1990 (CDC).

Assim, compatível e aconselhável a incorporação da análise casuística do ônus probatório na prática processual trabalhista, em regime de coexistência com o modelo padrão, como medida de maximização da sua efetividade, sendo que a aplicação da técnica deve albergar não apenas as hipóteses previstas pelo diploma civil, mas também o fundamento da verossimilhança das alegações destacado pelo CDC.

Exemplo de possível aplicação desse último no campo trabalhista tem-se nas ações que denunciam discriminação. Nessa hipótese, estando as alegações acompanhadas de indícios, considerando a comum dificuldade da demonstração cabal da prática discriminatória (não raro velada), o ônus de demonstrar as razões do tratamento diferenciado deve ser atribuído, por decisão fundamentada do juiz, ao indicado como autor do ilícito.

Neste particular, para ilustrar o tratamento do tema no direito comparado, vale compartilhar a norma específica do Código do Trabalho de Portugal, constante do seu art. 25, item 5, pela qual: "Cabe a quem alega discriminação indicar o trabalhador ou trabalhadores em relação a quem se considera discriminado, incumbindo ao empregador provar que a diferença de tratamento não assenta em qualquer factor de discriminação."[13]

Essa, aliás, a ideia presente na Súmula n. 443 do Tribunal Superior do Trabalho (TST), pela qual se presume discriminatória a dispensa de portador do vírus HIV ou outra doença grave que suscite estigma ou preconceito, incidindo o direito à reintegração do empregado, se não provada, pelo empregador, que outra foi a causa da rescisão guerreada.

Muitas outras aplicações da teoria da distribuição dinâmica do ônus probatório podem ser cogitadas no universo laboral. A título de mais um exemplo, cite-se o ônus de demonstração dos requisitos para responsabilização (ou não responsabilização) da Administração Pública por danos gerados aos trabalhadores pelas terceirizadas que contrata.

Como sabido, apesar do Plenário do Supremo Tribunal Federal ter declarado a constitucionalidade do art. 71, § 1º, da Lei n. 8.666/1993, considerando lícita a terceirização, isso não afasta a imposição de responsabilidade patrimonial subsidiária ao ente público, conforme sedimentado no Enunciado n. 331 do TST.

No entanto, tal responsabilização, segundo interpretação conferida ao tema até então, requer a perquirição sobre a culpa do ente administrativo. Assim sendo, de se indagar quem detém a melhor condição para essa prova. A nosso entender, a questão atrai a aplicação da teoria da distribuição dinâmica para afastar o modelo de fixação apriorística do encargo, o qual culminaria na sua atribuição ao reclamante (culpa como fato constitutivo do direito).

Ora, é patente neste caso que a Administração Pública detém não apenas a maior aptidão para a prova, mas a total aptidão para ela. Afinal, além de ser o ente coletivo dotado de capacidade administrativa, comporta diversas prerrogativas diante de seus contratados, sendo-lhe franqueado requerer toda a documentação pertinente aos contratos que firma.

---

(12) Cabe observar que o art. 15 do CPC de 2015 ("Na ausência de normas que regulem processos eleitorais, trabalhistas ou administrativos, as disposições deste Código lhes serão aplicadas supletiva e subsidiariamente") não revogou o art. 769 celetista, seja em razão do critério da especialidade, seja em razão do disposto na Lei Complementar n. 95/1998, art. 9, segundo o qual "A cláusula de revogação deverá enumerar, expressamente, as leis ou disposições legais revogadas". Logo, subsiste a necessidade de compatibilidade para aplicação subsidiária da norma processual comum ao processo trabalhista, sendo insuficiente a mera omissão.

(13) Disponível em: <http://www.cite.gov.pt/pt/legis/CodTrab_LR1_002.html#L002S4>. Acesso em: 8 out. 2016.

Portanto, muito mais razoável exigir dela a demonstração da eventual diligência, representada, sobretudo em efetivas condutas fiscalizatórias, como exigido pela própria lei de licitações[14], do que exigir do trabalhador a evidência da omissão, do que deixou de ser feito, o que, ademais, pode ser até presumido da circunstância de dano já comprovada.

Logo, a exigência dessa prova ao trabalhador, em regra, inviabilizaria a satisfação do direito material, ao que o processo hodierno, definitivamente, não pode servir.

Vale notar que a jurisprudência trabalhista é rica em reconhecimento de "inversão" do ônus por identificação da verossimilhança. Hipótese evidente da utilização desta concepção se encontra retratada também na Súmula n. 338 do TST, pela qual a não-apresentação injustificada dos controles de frequência, ou a apresentação de cartões de ponto com registros invariáveis, gera presunção relativa de veracidade da jornada de trabalho alegada pelo autor, a qual pode ser elidida por prova em contrário.

Lado outro, tem-se como exemplo da aplicação do requisito da maior aptidão para a prova o entendimento retratado na recente Súmula n. 460 do mesmo órgão, pelo qual "é do empregador o ônus de comprovar que o empregado não satisfaz os requisitos indispensáveis para a concessão do vale-transporte ou não pretenda fazer uso do benefício."

Registre-se que, até maio de 2011, prevaleceu o entendimento diametralmente oposto, que fixava com o empregado o ônus de comprovar o preenchimento dos requisitos para obtenção do benefício, conforme a Orientação Jurisprudencial n. 215, daquela Corte. Sobre a evolução da interpretação, confira-se o seguinte julgado:

> VALE-TRANSPORTE. ÔNUS DA PROVA DA RECLAMADA. ORIENTAÇÃO JURISPRUDENCIAL N. 215 DA SBDI-1, CANCELADA NA SESSÃO DO TRIBUNAL PLENO DE 24.05.2011.
>
> Muito embora o art. 7º, incisos I e II, do Decreto n. 95.247/1987 estabeleça como condição de exercício do vale-transporte que o empregado informe por escrito a seu empregador seu endereço residencial e a linha de transporte utilizada em seu trajeto de ida e volta do trabalho (exigência, aliás, não prevista na própria Lei n. 7.418/1987, ao instituir esse benefício), isso não autoriza o empregador a alegar em Juízo que seus empregados não se interessaram pelo recebimento daquela vantagem, sem nada precisar provar. Não há dúvida de que o empregador é a parte que tem melhores condições de produzir prova documental, em qualquer relação de emprego. Por outro lado, não se pode atribuir à parte hipossuficiente o *onus probandi* do cumprimento de requisito meramente formal para a fruição de direito cogente, de incidência genérica e imperativa a toda relação empregatícia, sendo razoável presumir que seu exercício é, em princípio, do interesse de todo e qualquer trabalhador. Desse modo, cabe ao empregador comprovar que o reclamante não tinha interesse no recebimento do vale-transporte ou que este não preenchia os requisitos legais para a sua percepção. Nesse sentido, o Tribunal Superior do Trabalho, na sessão do Tribunal Pleno realizada em 24.05.2011, cancelou a citada orientação jurisprudencial, por passar a entender que o ônus da prova de que o reclamante não preencheu os requisitos para a obtenção do vale-transporte é do empregador. Recurso de embargos conhecido e desprovido. (PROCESSO N. TST-E-RR-250000-70.2006.5.09.0022. Relator: José Roberto Freire Pimenta. Julgamento em 05.03.2015)[15]

Enfim, a técnica ora analisada vai ao encontro dos ideais do processo contemporâneo. Processo voltado para resultados justos e úteis, tendo no campo trabalhista um campo fértil de aplicação para a concretização de direitos fundamentais.

6. ÔNUS DA PROVA: REGRA DE PROCEDIMENTO E DE JULGAMENTO

Conforme pontuamos, o processo contemporâneo contém feição pública, caracterizando-se como um espaço de reciprocidade, no qual todos os sujeitos processuais (partes e juiz) bem como terceiros atuantes (interessados, auxiliares etc.) têm o dever de colaborar na construção da verdade processual, conduzindo-a à maior coincidência possível com a verdade real.

Esse dever, reitere-se, dirige-se também ao órgão judicial, o qual deve zelar pelo contraditório substancial (efetiva garantia de influência), orientando e comunicando as partes sobre os rumos do procedimento, efetivando o direito à informação e incitando-as à colaboração.

---

(14) O art. 67 da Lei n. 8.666/1993. Impõe que a execução do contrato seja acompanhada e fiscalizada por um representante da Administração, especialmente designado, permitida a contratação de terceiros para a assistência nessa atribuição.

(15) Disponível em: <http://www3.tst.jus.br/jurisprudencia/Sumulas_com_indice/Sumulas_Ind_451_600.html#SUM-460>. Acesso em: 8 out. 2016.

Tal premissa, aliás, foi elevada à norma fundamental do processo, estando retratada nos arts. 9º e 10 da atual lei processual civil nos seguintes termos:

> Art. 9º Não se proferirá decisão contra uma das partes sem que ela seja previamente ouvida. (...)
>
> Art. 10. O juiz não pode decidir, em grau algum de jurisdição, com base em fundamento a respeito do qual não se tenha dado às partes oportunidade de se manifestar, ainda que se trate de matéria sobre a qual deva decidir de ofício.

Sem embargo da complexa discussão sobre a incidência da "vedação da decisão surpresa" no processo trabalhista, ao menos de modo absoluto (toda e qualquer decisão, a exceção das concessivas de tutelas de urgência e evidência ressalvadas pelo art. 9º), em razão dos princípios da celeridade e simplicidade que o regem, não se pode afastar sua incidência na atividade em análise, qual seja, fixação do ônus probatório.

No particular, a prévia cientificação das partes quanto às respectivas incumbências probatórias, na hipótese de modificação do *standard* legal, é exigência insuperável. O contrário significaria a frustração da oportunidade de desincumbência, e uma evidente afronta ao contraditório efetivo e ao devido processo legal.

A questão tem sido palco de considerável divergência, dividindo-se a doutrina entre aqueles que advogam se cuidar de regra de julgamento (manifestação judicial por ocasião da sentença) e os que defendem consistir em regra de procedimento (manifestação por ocasião do saneamento do processo).

Tendo em vista a dialeticidade estrutural do processo, temos que a oportunidade propícia para a aplicação da técnica de dinamização do ônus é o momento do saneamento, quando se fixam as matérias e provas remanescentes, à luz das já produzidas com a inicial e a defesa.

Ora, a inovação em relação ao padrão ordinário de ônus probatório não pode ser comunicada às partes apenas por ocasião da decisão, por evidente afronta ao princípio da não surpresa e, sobretudo, do contraditório.

Assim, temos que sob pena de vício insanável, a dinamização de ônus aqui proposta deve funcionar, primeiramente (e como condição de validade do processo), como regra de procedimento, sem prejuízo de ser, em um segundo momento, critério para a tomada de decisão.

Essa, felizmente, a concepção agasalhada pelo CPC 2015, pois o parágrafo primeiro, do art. 373, *in fine*, é expresso ao determinar que o juiz, ao atribuir o ônus da prova de modo diverso, por decisão fundamentada, "deverá dar à parte a oportunidade de se desincumbir do ônus que lhe foi atribuído".

Considerando que no processo trabalhista o saneamento é feito de modo concentrado, na própria audiência, sem o burocrático procedimento do art. 357 do CPC, na hipótese de modificação do *standard* do *caput* do 373, o juiz deverá perquirir sobre a eventual necessidade de fracionamento da audiência (caso una) ou redesignação, (caso instrutória), quando tal dinamização apenas se imponha naquela oportunidade. Tal necessidade decorre da possibilidade da parte a qual a inovação se dirigiu não ter se preparado para a prova do fato cujo ônus foi-lhe imposto doravante.

7. INVERSÃO CONVENCIONADA DO ÔNUS DA PROVA. APLICAÇÃO AO PROCESSO TRABALHISTA?

Por fim, cumpre uma breve menção à previsão de alteração convencional do ônus constante nos parágrafos 3º e 4º do art. 373 do CPC 2015, *in verbis*:

> § 3º A distribuição diversa do ônus da prova também pode ocorrer por convenção das partes, salvo quando:
>
> I – recair sobre direito indisponível da parte;
>
> II – tornar excessivamente difícil a uma parte o exercício do direito.
>
> § 4º A convenção de que trata o § 3º pode ser celebrada antes ou durante o processo.

No particular, entendemos ser inaplicável ao processo do trabalho essa transação de ordem processual, tanto antes quanto durante o processo. Conforme mencionado, o caráter protetivo e indisponível do direito material trabalhista se projeta no processo respectivo, pois a vulnerabilidade do trabalhador, presente na relação material é perpetuada na relação processual. Logo, deve se concentrar no órgão judicial a análise da conveniência da modificação do padrão de distribuição do ônus, por decisão fundamentada que tenha por fim um processo de resultados justos.

8. CONSIDERAÇÕES FINAIS

O processo deve ser compreendido como uma experiência histórica e, na contemporaneidade, assumiu feição pública, caracterizando-se como um espaço de reciprocidade, no qual todos os sujeitos processuais têm o dever de colaborar na construção da verdade processual, conduzindo-a à maior coincidência possível com a verdade real.

A justacomposição da *lide* é direito fundamental em qualquer natureza de conflito, penal, civil ou trabalhista. Logo, o empenho para que a verdade judiciária adotada se aproxime ao máximo da efetiva verdade é exigência a todos dirigida, inclusive ao órgão judicial, sujeito protagonista e não mero espectador do processor.

Nesse contexto, ganham relevância as técnicas modernas de distribuição dinâmica do ônus da prova, as quais propõe um modelo paralelo de fixação do encargo de prova, o qual passa a coexistir com o modelo tradicional dos arts. 818 da CLT e 373, *caput* do diploma processual civil.

São três as hipóteses de estabelecimento extraordinário do ônus de prova (alternativo ao *standard* do art. 373 do CPC) extraídas da conjugação entre CPC de 2015 e Código de Defesa do Consumidor (primeira norma brasileira a acolher o método dinâmico de atribuição do ônus). São elas: hipossuficiência técnica do consumidor, verossimilhança da alegação e previsões legais.

À luz do disposto nos arts. 769 e 8º da CLT e considerada a compatibilidade do método em questão com a principiologia do direito processual trabalhista, revela-se legítima e aconselhável a sua aplicação nesta seara.

A adesão à técnica de dinamização, porém, não pode funcionar como critério de julgamento, sendo comunicada às partes apenas por ocasião da decisão, por evidente afronta ao princípio da não surpresa e, sobretudo, do contraditório.

Assim, temos que sob pena de vício insanável, a dinamização de ônus aqui proposta deve funcionar, primeiramente (e como condição de validade do processo), como regra de procedimento, sem prejuízo de ser, posteriormente, critério para a decisão judicial.

9. REFERÊNCIAS

BEDAQUE, José Roberto. *Poderes Instrutórios do Juiz*. São Paulo: RT, 1994.

KNIJNIK, Danilo (Coord.). Ceticismo Fático e fundamentação teórica de um direito probatório. In: *Prova Judiciária. Estudos sobre o novo Direito Probatório*. Porto Alegre: Livraria do Advogado, 2007.

LEONARDO, Rodrigo Xavier. *Imposição e inversão do ônus da prova*. Rio de Janeiro: Renovar, 2004.

MARINONI, Luiz Guilherme; ARENHART, Sérgio Cruz. *Manual do Processo de Conhecimento*. 5. ed. São Paulo: Revista dos Tribunais, 2006.

NUNES, Luiz Antônio Rizzato. *Curso de Direito do Consumidor – com exercícios*. 3. ed. São Paulo: Saraiva, 2008.

ZANETI, Paulo Rogério. *Flexibilização das regras sobre o ônus da prova*. São Paulo: Malheiros, 2011.

ZOLANDECK, João Carlos Adalberto. *Ônus da Prova no Direito processual Constitucional e no Direito do Consumidor*. 2. ed. Curitiba: Juruá Editora, 2009.

A Legitimidade da Cumulação dos Adicionais de Insalubridade e Periculosidade

Andréia Chiquini Bugalho[*]

1. INTRODUÇÃO

A República Federativa do Brasil elegeu o valor social do trabalho – em isonomia com a livre iniciativa – como um de seus fundamentos (art. 1º, inc. IV, da Constituição Federal de 1988), o que impõe, entre outras obrigações, harmonização entre atividade econômica e medidas de preservação da saúde do trabalhador. O texto constitucional preconiza a valorização do trabalho como condição de garantia da dignidade humana, valor central da sociedade contemporânea. Nesse contexto, a preservação da saúde do trabalhador revela-se um dever inafastável, razão pela qual o art. 7º da Constituição Federal de 1988 (CF/1988) assegura, como direito dos trabalhadores urbanos e rurais –"além de outros que visem à melhoria de sua condição social"–, a redução de riscos inerentes ao trabalho, por meio de normas de saúde, higiene e segurança e adicionais de remuneração para atividades penosas, insalubres ou perigosas (incisos XXII e XXIII, respectivamente). Na mesma esteira, o art. 225 do referido diploma assegura a eles o direito ao ambiente equilibrado, inclusive o do trabalho. A Consolidação das Leis do Trabalho (CLT) dedica todo o seu Capítulo V ao mesmo objetivo.

Ademais, observa-se preocupação de normas internacionais com o tema, em específico nas Convenções da OIT (Organização Internacional do Trabalho), cuja criação foi motivada pelos excessos do modelo capitalista liberal. Tais Convenções são motivadas na convicção sobre a necessidade de uma regulação mínima da relação capital e trabalho como condição para a paz universal permanente.

Enfim, a firmação das normas sociais de proteção laboral são frutos de uma realidade histórica, visam tutelar o mínimo existencial do trabalhador (requisito de concretização da sua dignidade), e disponibilizar os mecanismos de proteção da integridade física e psíquica dos que trabalham.

No assunto em análise, destacam-se as Convenções 155 e 148 da Organização Internacional do Trabalho (OIT), cujo principal intuito é proteger a vida e a saúde dos trabalhadores, via promoção da segurança. Para isso, são necessárias medidas concretas de prevenção e redução dos riscos inerentes ao ambiente laboral, cuja responsabilidade é compartilhada entre empregadores e empregados.

Ainda que aparentemente paradoxal, é nesse conjunto que se encontram as normas que conferem ao trabalhador o direito aos adicionais de insalubridade, periculosidade e por trabalho penoso. Essas normas, no entanto, têm por fim apenas compensá-lo dos danos à saúde e exposição aos riscos. Em que pese a absoluta prioridade que deve ser dada à eliminação de tais riscos, ou a colocação deles em "limites toleráveis", ou seja, empiricamente não prejudiciais à saúde.

Esse é o objetivo primeiro de todo regramento sobre a temática, de forma que todas as normas secundárias de monetização do risco são meramente residuais; e têm espaço somente como compensação imperfeita, nas hipóteses em que o próprio risco à saúde não é eliminado.

Assim, cumpre investigar a limitação imposta pelo art. 193, § 2º, da CLT, segundo o qual "o empregado poderá optar pelo adicional de insalubridade que porventura lhe seja devido", na hipótese de configuração, concomitante de periculosidade (art. 193, § 1º,

---

(*) Andréia Chiquini Bugalho é advogada e Especialista em Direito do Trabalho e Processo do Trabalho pela Faculdade de Direito USP – Ribeirão Preto.

da CLT). Este é o objetivo da presente análise: refletir sobre o alcance desse preceito celetista (de monetização do risco), em cotejo com normas e princípios incidentes, sobretudo da Constituição Federal de 1988 e Convenções da OIT, anteriormente referidos.

2. ADICIONAL DE INSALUBRIDADE

Atividades insalubres são aquelas que expõem os trabalhadores a agentes nocivos à saúde, acima dos limites legais permitidos, afetando e causando-lhes danos.

A CLT, no seu art. 189, "*caput*", prescreve que "serão consideradas atividades ou operações insalubres aquelas que, por sua natureza, condições ou métodos de trabalho, exponham os empregados a agentes nocivos à saúde, acima dos limites de tolerância fixados em razão da natureza e da intensidade do agente e do tempo de exposição aos seus efeitos".

A CF/1988, em seu art. 7º, inciso XXII, assegurou a "redução dos riscos inerentes ao trabalho, por meio de normas de saúde, higiene e segurança" e, no inciso XXIII do mesmo artigo, prevê o direito ao adicional de remuneração para as atividades penosas, insalubres e perigosas, negligenciando a chance de registrar que o empregador deve implementar as medidas e meios necessários para reduzir, eliminar ou neutralizar os riscos inerentes ao trabalho, sendo a paga, uma exceção.

Relacionados à questão, os arts. 5º, V, e 225, § 3º, todos da Carta Magna, asseguram o direito à indenização proporcional ao dano material ou moral ou à imagem, não permitindo, pois, que ele fique sem reparação. Tais normas estão alinhadas ao princípio da restituição integral, legalmente incorporado ao ordenamento brasileiro pelo art. 404 do Código Civil[1].

Ademais, encontramos previsão do adicional de insalubridade nos arts. 189 e seguintes da CLT, sendo que o art. 192 prevê o percentual máximo, o médio e o mínimo, e refere-se ao salário mínimo como base de incidência para a aplicação.

Cabe recordar que a utilização do salário mínimo como base de cálculo do adicional de insalubridade foi objeto de análise do Supremo Tribunal Federal à luz do disposto no art. 7º, inc. IV, da CF/1988, o qual veda a vinculação ao salário mínimo para qualquer fim. Nessa oportunidade, o STF editou a edição da Súmula Vinculante n. 04 – *Salvo nos casos previstos na constituição, o salário mínimo não pode ser usado como indexador de base de cálculo de vantagem de servidor público ou de empregado, nem ser substituído por decisão judicial* – e que representa o uso da técnica alemã de *pronúncia de inconstitucionalidade sem nulidade*, devendo permanecer a utilização do salário mínimo como base de cálculo do adicional de insalubridade (recepcionado pela atual Constituição) até que outro critério seja estabelecido pelo legislativo. Assim procedeu-se sob o fundamento de não ser autorizado ao Judiciário substituir o legislativo na regulação da matéria. Reitere-se: embora reconhecida a inconstitucionalidade, até que seja editada lei especifica adotando outra base de cálculo, e quando não existente norma coletiva substitutiva, deve ser observado o critério celetista.[2]

Por sua vez, para a aplicação do percentual respectivo, deve ser analisado o grau de concentração e intensidade, dos agentes físicos, químicos e biológicos, de forma conjunta ou isoladamente, e a suscetibilidade e o tempo de exposição do trabalhador. Vale expressar que os agentes nocivos (físicos, químicos e biológicos) quando não eliminados ou neutralizados, atuam de forma agressiva, provocam danos à saúde, doenças e riscos ambientais, além de tornar hostil o ambiente de trabalho. Sobre as espécies de agentes, Guilherme Guimarães Feliciano sintetiza:

> É oportuno lembrar, no aspecto, algumas definições contidas na NR-9 a respeito das espécies de ricos ambientais e agentes causadores: físicos (diversas formas de energia a que possam estar expostos os trabalhadores, por exemplo: ruídos, vibrações, pressões anormais, temperaturas extremas, radiações, infrassom e ultrassom); químicos (substancias compostos ou produtos capazes de penetrar no organismo pela via respiratória, como: poeira, fumos, névoas, neblinas, gases, vapores – ou por contato, absorção pelo organismo através da pele ou ingestão); biológicos (fungos, bactérias, bacilos, parasitas, protozoários, vírus, dentre outros; a par dos riscos ergonômicos (mobiliário inadequado) e psíquico (assédio moral), inerentes às atividades penosas e carentes de

---

(1) Art. 404. As perdas e danos, nas obrigações de pagamento em dinheiro, serão pagas com atualização monetária segundo índices oficiais regularmente estabelecidos, abrangendo juros, custas e honorários de advogado, sem prejuízo da pena convencional. Parágrafo único. Provado que os juros da mora não cobrem o prejuízo, e não havendo pena convencional, pode o juiz conceder ao credor indenização suplementar.

(2) STF. RE 565.714/SP, e TST. RR.145000-73.2007.5.04.05121. DEJT 11.03.2011.

regulamentação adequada, que hoje podem complementar o rol de perigos aos quais o trabalhador pode estar exposto no seu dia a dia laboral. [3]

Sobre a constância à exposição, merece esclarecer que a intermitência no contato com os agentes causadores de riscos à saúde não afasta o direito ao adicional de insalubridade, conforme pacificado pelo Tribunal Superior do Trabalho (Súmula n. 47)[4]. É importante salientar ainda que, para ensejar o adicional de insalubridade, além de constatada a condição por perícia, é necessário que o "agente nocivo à saúde" esteja previsto na legislação, como estabelece o art. 190 da CLT[5].

A propósito, consoante entendimento do TST (Súmula n. 248), se o quadro elaborado pelo Ministério do Trabalho não referir o agente nocivo, se ele for retirado da relação ou se ocorrer uma reclassificação do conjunto, isso repercute na satisfação do respectivo adicional, sem ofensa à direito adquirido ou ao princípio da irredutibilidade salarial. A partir da eliminação de insalubridade, neutralização do risco à saúde ou à integridade física, o empregador pode deixar de pagar o respectivo adicional (art. 191 da CLT), o que evidencia o caráter substitutivo e residual do pagamento. O que deveria ser incentivo para o investimento preventivo, no entanto, tem se revelado letra morta, como se verifica da recorrência da matéria no Judiciário trabalhista.

Merece destacar existirem agentes que requerem uma avaliação quantitativa da exposição, a fim de que seja comprovada a observância ou não da tolerância, expressa na NR 15. A mesma norma apregoa que a insalubridade desponta de agentes nocivos – ruído, radiações ionizantes, vibrações, frio, calor, umidade, elementos químicos e biológicos, esgoto e lixos urbanos – e fixa os limites e as condições toleráveis de exposição a eles.

Ressalte-se que, via de regra, é factível ocorrer a adoção de medidas que amenizem e até eliminem a insalubridade no local de trabalho, como o melhoramento de condições físicas, materiais e imateriais e o fornecimento de equipamentos de proteção individual e coletiva, com orientações de uso e fiscalização (Súmula n. 289 TST).

3. ADICIONAL DE PERICULOSIDADE

Perigosos são os métodos de trabalho e atividades que põem em risco diferenciado a vida dos trabalhadores. São as situações de perigo acentuado ou iminente, como explosões, choques elétricos ou roubo. As causas dos riscos são inerentes ao ambiente de trabalho, levando-se em conta a atividade exercida.

A CLT, na redação determinada pelas Leis n. 12.740/2012 e n. 12.997/2014 que ampliaram o reconhecimento de atividades perigosas, prescreve que:

> São consideradas atividades ou operações perigosas na forma da regulamentação aprovada pelo Ministério do Trabalho, aquelas que, por sua natureza ou métodos de trabalho, impliquem risco acentuado em virtude de exposição permanente do trabalhador a: I– inflamáveis, explosivos ou energia elétrica; II – roubos ou outras espécies de violência física nas atividades profissionais de segurança pessoal ou patrimonial; § 1º o trabalho em condições de periculosidade assegura ao empregado um adicional de 30% (trinta por cento) sobre o salário sem os acréscimos resultantes de gratificações, prêmios ou participações no lucros da empresa (...) § 4º São também consideradas perigosas as atividades de trabalhador em motocicleta.

Relativamente às atividades de risco, esclarece Raimundo Simão de Melo:

> A atividade de risco é aquela que tem, pela sua característica e natureza, uma peculiaridade que desde já pressupõe a ocorrência de danos para as pessoas. É a atividade que tem, intrinsecamente ao seu conteúdo, um perigo potencialmente causador de dano, O exercício de atividade que possa oferecer algum perigo representa um risco, que o agente assume, de ser obrigado a ressarcir os danos que venham a resultar a terceiros.[6]

Em tais atividades, os riscos que implicam perigo acentuado e iminente não são eliminados com o uso de equipamentos de segurança. Portanto, enquanto eles perdurarem, impõe-se o pagamento do adicional para

---

(3) FELICIANO, Guilherme Guimarães. *Teoria da Imputação Objetiva no Direito Penal Ambiental Brasileiro*. São Paulo: LTr, 2005. p. 361.

(4) O trabalho executado em condições insalubres, em caráter intermitente, não afasta, só por essa circunstância, o direito à percepção do respectivo adicional.

(5) Art. 190 – O Ministério do Trabalho aprovará o quadro das atividades e operações insalubres e adotará normas sobre os critérios de caracterização da insalubridade, os limites de tolerância aos agentes agressivos, meios de proteção e o tempo máximo de exposição do empregado a esses agentes.

(6) MELO, Raimundo Simão. *Direito Ambiental do Trabalho. Apontamentos para uma Teoria Geral*. 2. ed. São Paulo: LTr, 2015. v. 2, p. 458.

compensar a insegurança instalada no ambiente laboral, de trinta por cento (30%).

Quanto à base de cálculo, a Súmula n. 191 do TST dispõe que: *O adicional de periculosidade incide apenas sobre o salário básico e não sobre este acrescido de outros adicionais.*

Em relação ao empregado eletricitário, merece destacar, no que tange à periculosidade elétrica que, em 08 de dezembro de 2012, a Lei n. 12.740, em seu art. 3º, revogou a Lei n. 7.369/1985 que instituía o salário adicional para os empregados no setor de energia elétrica, em condições de periculosidade; desse artigo, consta, expressamente, a energia elétrica como agente perigoso. Assim, com a revogação da lei n. 7.365/1985, o adicional de periculosidade dos eletricitários deve ser calculado em 30% sobre o salário básico, sem qualquer acréscimo, conforme o § 1º do art. 193 da CLT, salvo se houver convenção coletiva prevendo nova base de cálculo com outros adicionais. A Súmula n. 191 do TST, na parte em que trata de maneira diferenciada os eletricitários, não mais deverá ser aplicada; fazendo-se necessária sua revisão por aquela Corte.

É oportuno consignar duas coisas: a) assim como o adicional de insalubridade, o de periculosidade não adere, em definitivo, ao patrimônio jurídico do trabalhador, é espécie de salário-condição, devido somente enquanto perdurar a exposição aos riscos; b) não é válida cláusula de acordo ou convenção coletiva de trabalho que fixar o adicional de periculosidade em percentual inferior ao estabelecido em lei e proporcional ao tempo de exposição (Súmula n. 364 do TST).

Em resumo, na análise do ambiente laboral (seja *intra* ou extramuros da empresa), se forem identificadas situações de risco provocadas por agentes diversos, produtos, substâncias, operações perigosas especificadas em linhas pretéritas, integrantes do cotidiano laboral do trabalhador, o adicional de periculosidade será devido.

Feita a exposição geral sobre os adicionais em comento, passamos à análise da possibilidade de cumulação propriamente dita.

4. CUMULATIVIDADE DOS ADICIONAIS DE INSALUBRIDADE E PERICULOSIDADE

A sociedade contemporânea é marcada pelo capitalismo e por crescimento acelerado dos meios tecnológicos e científicos, dos métodos de produção e de trabalho. Por isso, torna-se necessário apreciar, minuciosamente, o meio ambiente laboral e os equipamentos para proteção individual e coletiva, para certificar e assegurar um espaço salubre e conseguir uma efetiva proteção da saúde do trabalhador contra os impactos e interações de ordem química, física, biológica e mecânica, que incidem diretamente sobre ele.

Como adverte José Antônio Ribeiro de Oliveira Silva:

> Com efeito, o direito à saúde como gênero, e o direito à saúde do trabalhador em particular trata-se de um direito humano fundamental. Assim sendo, é um direito inalienável, imprescritível e irrenunciável. E é um direto de todos os trabalhadores, em todos os tempos e lugares, ainda que sua positivação tenha ocorrido tardiamente. Se a saúde do trabalhador é algo a ele inerente, imanente, em respeito à sua dignidade essencial e inclusive para uma boa prestação de serviços ao empregador, trata se de um direito intrínseco à conformação de sua personalidade e de seu desenvolvimento enquanto pessoa. É um direito imprescindível para o trabalhador. De modo que assim se insere no continente maior dos direitos humanos, como conteúdo destes, vale dizer, como um dos valores fundamentais do sistema jurídico, sem o qual a dignidade da pessoa humana estará seriamente ameaçada.[7]

Infelizmente, ainda é comum que o empresariado brasileiro ignore esses preceitos fundamentais para a harmonia entre capital e trabalho e imprescindíveis para a justiça social e a paz. Exemplo disso é a atual movimentação da Agência Brasileira de Desenvolvimento Industrial – com o apoio da Federação da Indústria do Estado de São Paulo e de outras entidades de representação empresarial – pelo afrouxamento e suspensão das normas de segurança do trabalho com máquinas (NR12)[8], um evidente atentado ao direito fundamental à saúde física e mental dos trabalhadores.

Esse fato evidencia como em pleno século XXI ainda não há consciência da importância de medidas

---

(7) SILVA, José Antônio Ribeiro de Oliveira Silva. *A Flexibilização da Jornada de Trabalho e a Violação do Direito à Saúde do Trabalhador*. 1. ed. São Paulo: LTr, 2013. p. 62.

(8) Disponível em: <http://www12.senado.leg.br/noticias/materias/2015/09/08/acidentes-com-maquinas-causam-12-amputacoes-por-dia-e-601-mortes-por-ano>. Acesso em: 27 set. 2016.

protetivas e preventivas no âmbito laboral, não só para o trabalhador, mas para a sociedade como um todo, na medida em que voltadas à redução do impacto social e econômico decorrentes de acidentes e dos adoecimentos no trabalho.

Parece-nos que a única análise levada a efeito pela livre iniciativa brasileira ainda é a de redução de custos imediatos, motivo expresso na proposta de revisão legal encampada, mesmo em um país que segue sendo o quarto colocado no *ranking* de países com maior número de acidentes de trabalho no mundo, com 700 mil ocorrências por ano[9], o que representa um custo remoto muito superior ao preventivo.

Nesse quadro, forçoso reiterar que o trabalhador tem direito a um ambiente sadio e livre de ameaças, princípio consagrado na legislação e obrigatoriedade de todo empregador (art. 225, "*caput*", c/c, art. 5º, § 2º). Na análise da literalidade dos arts. 7º, XXII e XXIII, da CF/1988, denota-se o direito à "redução dos riscos inerentes ao trabalho, por meio de normas de saúde, higiene e segurança" e, "o adicional de remuneração para as atividades penosas, insalubres ou perigosas, na forma da lei". Contudo, quando o comando normativo possibilita uma compensação financeira ao trabalhador – caso não seja possível a eliminação dos agentes nocivos e prejudiciais à saúde e à vida – o fato não significa uma alternativa de conduta. Se assim considerarmos, estaríamos validando uma violência à higidez da saúde mental, orgânica e corporal, ou seja, compactuando com a violação de direitos fundamentais.

Porém, quando a prevenção falha, a compensação é o mínimo inevitável a se esperar, devendo ser a mais ampla possível, por desdobramento dos princípios da restituição integral e da dignidade humana.

Isso posto, cabe analisar o § 2º, do art. 193, da CLT que veda a possibilidade de percepção cumulativa dos adicionais de insalubridade e periculosidade, ao "garantir" o direito de escolha. Ora, ao trabalhador que labora sob condições nocivas à sua saúde, decorrentes de exposições simultâneas a diversas substâncias e a agentes prejudiciais e agressivos, deve-se garantir a totalidade das compensações legais.

Como dito, a monetização dos riscos está longe de ser o ideal. No entanto, a chancela à compensação parcial apenas intensifica o desinteresse patronal de buscar as medidas de eliminação dos agentes agressivos.

Gabriela Neves Delgado enfatiza:

> Como os diversos jurídicos de proteção devem interagir em benefício dos indivíduos protegidos, e o que importa é o grau de eficácia dessa proteção, deve-se aplicar, em cada caso concreto, a norma que ofereça melhor proteção à vítima, adotando-se o valor humano, orientado pelo postulado da dignidade da pessoa humana, como referência maior para o cotejo da norma.[10]

É importante reforçar que o ideal é a eliminação completa de todos os fatores de risco à saúde e à segurança e impedir qualquer possibilidade de paga como forma de permitir a agressão à própria vida. Contudo, caso isso não seja possível ou efetivado, deve haver uma interpretação que vai ao encontro do avanço social e da otimização da dignidade.

A literalidade do art. 193 celetista monetiza e mercantiliza a saúde do trabalhador. Ademais, esbarra no princípio da isonomia substancial, pois o trabalhador exposto a apenas um agente receberá a mesma indenização daquele exposto a dois ou mais.

O reconhecimento da legitimidade da cumulação dos adicionais constituiria um ônus a mais ao empregador que, para evitá-lo, motivar-se-ia à adequação das condições para um ambiente de trabalho equilibrado.

Esse é o objetivo da Convenção n. 148 da OIT. Tal norma consagra o ideal da eliminação dos riscos e sistematiza a adoção de medidas técnicas necessárias à proteção dos trabalhadores contra perigos inerentes ao ambiente de trabalho; priorizando, também, caso impossibilitada a eliminação total deles, as informações ao trabalhador sobre todas as probabilidades de dano à que está exposto.

Na mesma linha, a Convenção n. 155 da OIT e o texto constitucional (art. 7º, XX da CF/1988), são firmes quanto ao direito laboral à redução de riscos inerentes à atividade laborativa e ao dever de que sejam levados em conta os perigos para a saúde decorrentes da exposição simultânea a diversas substâncias ou agentes.

Aline Moreira da Costa esclarece:

> A OIT visou, pois, elevar o nível de vida dos trabalhadores, a partir da tutela adequada da saú-

---

(9) Disponível em: <http://www.tst.jus.br/noticias?p_p_id=15&p_p_lifecycle=0&p_p_state=maximized&p_p_mode=view&_15_struts_action=%2Fjournal%2Fview_article&_15_groupId=10157&_15_articleId=20709355&_15_version=1.0>. Acesso em: 24 out. 2016.

(10) DELGADO, Gabriela Neves. Direitos Humanos dos Trabalhadores: Perspectiva de Análise a partir dos Princípio Internacionais do Direito do Trabalho e do Direito Previdenciário. *Revista do TST*, v. 77, n. 3. Brasília: julho/setembro, 2011. p. 65.

de e da segurança em todas as ocupações. Essa intenção, aliás, é percebida pela própria missão principal da entidade, que consiste justamente em promover a melhoria nas condições e no meio ambiente do trabalho, de forma a assegurar o bem-estar de todos os trabalhadores. Para atingir esses propósitos, a OIT orienta a uniformização internacional do Direito do Trabalho, até a atualidade, harmonizando normas com vistas ao alcance da universalização da justiça social e do trabalho digno para todos. (...)

Ressalta-se que as convenções da OIT, quando ratificadas pelo Brasil, tem eficácia jurídica em território nacional. Incorporam-se ao ordenamento jurídico interno, podendo criar, alterar, complementar ou revogar as normas em vigor, no caminho de melhoria da condição do trabalhador brasileiro.[11]

As Convenções n. 148 e 155 são tratados internacionais de direitos humanos, com *status* de norma materialmente constitucional ou supralegal, conforme declarado pelo Supremo Tribunal Federal (STF). Elas foram incorporadas ao direito nacional com cumprimento de todas as formalidades exigíveis (ratificação, decreto legislativo e decreto presidencial). Ao incorporá-las ao ordenamento interno, o Brasil assumiu o compromisso de levar em conta os riscos para a saúde resultantes de exposições simultâneas a vários agentes nocivos o que, em uma análise conjunto com a Constituição e com os princípios de direito, alimentam a tese da legitimidade de cumulação de adicionais.

Essa é a tese configurada nos autos do recurso de revista n. 1072-72.2011.5.02.0384, de relatoria do Ministro Cláudio Brandão, julgado em 24.09.2014, data que acena para a mudança de paradigma na compreensão do tema. Nessa decisão, o relator do voto vencedor invocou a Convenção 148 da OIT, pelo disposto no art. 8, item 3, que prevê:

> Os critérios e limites de exposição deverão ser fixados, completados e revisados a intervalos regulares, de conformidade com os novos conhecimentos e dados nacionais e internacionais, e tendo em conta, na medida do possível, qualquer aumento dos riscos profissionais resultante da exposição simultânea a vários fatores nocivos no local de trabalho.[12]

Da mesma forma, a Convenção n. 155, pelo disposto no art. 11, item b, prevê que: "deverão ser levados em consideração os riscos para a saúde decorrentes da exposição simultânea a diversas substâncias ou agentes."[13]

Entende-se que essas normas *derrogam a regra prevista no art. 193, § 2º, da CLT e o item 12.2.1 da NR-16*, no que se alude à percepção de apenas um adicional, quando constatado o trabalho em condições perigosas e insalubres, concomitantemente.[14]

No entanto, a matéria ainda não é pacífica. Parte dos julgadores daquela Corte, recorrendo à interpretação literal em prejuízo da interpretação sistêmica e teleológica, defende o fato de que não há previsão expressa (literal) da cumulação dos adicionais nas Convenções referidas.

É necessário pontuar, contudo, que a CF/1988 não previu os adicionais de modo alternado, embora remeta sua regulamentação à legislação ordinária. Essa regulamentação, todavia, deve se ater à forma de concessão e classificação dos agentes nocivos ou atividades perigosas e não estabelecer critérios excludentes não previstos pelo legislador constituinte.

Com efeito, não se pode admitir que uma norma infralegal contrarie a essência da Constituição Federal e dos tratados internacionais. Logo, não se pode chegar a outro arremate que não seja o de ampliação da tutela à saúde do trabalhador, que impulsione o empregador a melhorar as condições existentes no ambiente laboral ou que, ao menos, possibilite a reparação integral dos danos.

Reiterando o indicativo de evolução da jurisprudência trabalhista neste caminho, a 7ª Turma do TST, em maio de 2015, decidiu admitir a cumulatividade dos adicionais, partindo da premissa: "se o trabalhador que labora em ambientes insalubres e em atividades perigosas, corre mais riscos que aqueles que trabalham em

---

(11) COSTA, Aline Moreira da. *et al. Direito Ambiental do Trabalho*. 1. ed. Apontamentos para uma Teoria Geral. São Paulo: LTr, 2013. v. 1, p. 124.

(12) Disponível em: <http://www.tst.jus.br/web/guest/processos-do-tst>. Acesso em: 22 set. 2016. Processo n. TST-RR-1072.2011.5.02.0384. Fls. 09. Acordão 7ª Turma. CMB/dsv/cmb

(13) Disponível em: <http://www.tst.jus.br/web/guest/processos-do-tst>. Acesso em: 22 set. 2016. Processo n. TST-RR-1072.2011.5.02.0384. Fls. 09. Acordão 7ª Turma. CMB/dsv/cmb

(14) Disponível em: <http://www.tst.jus.br/web/guest/processos-do-tst>. Acesso em: 22 set. 2016. Processo n. TST-RR-1072.2011.5.02.0384. Fls. 22. Acordão 7ª Turma. CMB/dsv/cmb

um local só insalubre ou em uma só atividade perigosa, a cumulatividade se impõe. [15]

Novamente, o Ministro Cláudio Brandão, relator do acórdão, materializa sua interpretação de que a CF/1988, em seu art. 7º, inc. XXIII, garantiu o direito dos trabalhadores ao percebimento dos adicionais de insalubridade e de periculosidade, sem ressalva acerca da "opção" por um deles em caso de concomitância. A possibilidade de recebimento cumulado dos mencionados adicionais justificar-se-ia em face da diversidade dos fatos geradores[16].

Assim, segundo interpretação conferida à matéria, o art. 193, § 2º, da CLT não fora recepcionado pela CF/1988, pois essa não fez nenhuma ressalva à cumulação dos adicionais, e com a inclusão no nosso sistema jurídico das convenções internacionais 148 e 155, torna-se imperiosa a atualização do tratamento do tema.

Em que pese comungarmos dessa interpretação e visualizarmos nela uma concreta tendência, cabe-nos pontuar a divergência persistente no âmbito do TST. Ilustrando:

> Adicional de insalubridade e de periculosidade. Cumulação. Impossibilidade. Prevalência do art. 193, § 2º, da CLT ante as Convenções n.s 148 e 155 da OIT. É vedada a percepção cumulativa dos adicionais de insalubridade e de periculosidade ante a expressa dicção do art. 193, § 2º, da CLT. Ademais, não obstante as Convenções n.s 148 e 155 da Organização Internacional do Trabalho (OIT) tenham sido incorporadas ao ordenamento jurídico brasileiro, elas não se sobrepõem à norma interna que consagra entendimento diametralmente oposto, aplicando-se tão somente às situações ainda não reguladas por lei. TST E-ARR-1081-60.2012.5.03.0064, SBDI-I, rel. Min. Cláudio Mascarenhas Brandão, red. p/ acórdão Min. João Oreste Dalazen, 28.04.2016.

Todavia, recentemente, em junho de 2016, novamente a 7ª Turma do TST voltou a analisar o assunto da cumulatividade, ficou estabelecido que não há conflito entre os arts. 7ª, XXIII da CF/1988 e o 193 § 2º da CLT, o que é possível a cumulação dos adicionais, se fundada em fatos geradores distintos, em causa de pedir diversa.[17]

Nesse sentido, a cumulatividade será possível desde que o trabalhador esteja submetido a dois ou mais agentes nocivos, díspares e autônomos, cada qual pautado em uma causa de pedir suficiente para gerar os adicionais de insalubridade e de periculosidade. Não há nessa hipótese, a configuração de *bis in idem* (dupla penalidade pelo mesmo fato).

Vedar a percepção cumulativa beneficia e premia o infrator, ao forçar o trabalhador a escolher qual prejuízo à saúde e à sua vida será desprezada em prol dos cofres do empregador, que enriquecerá com a renúncia. Ainda, o fato alimenta baixos investimentos em medidas de segurança e na eliminação de risco à saúde e contribui para perpetuação deles. A maior oneração é uma forma pedagógica de conduzir o empregador a investir na prevenção de danos.

Reproduzir a interpretação extraída do art. 193 da CLT, isoladamente, representa, ao nosso sentir, afronta os princípios constitucionais de isonomia, de proteção à vida e de segurança. O tratamento de forma igual a trabalhadores em condições fáticas desiguais não se coaduna com o princípio de igualdade consagrado no art. 5º da CF/1988.

Assim, cumpre superar a limitação imposta pelo art. 193, § 2º, da CLT, segundo o qual "o empregado poderá optar pelo adicional de insalubridade que porventura lhe seja devido", na hipótese de configuração, concomitante de periculosidade (art. 193, § 1º, da CLT).

Sem embargo das considerações feitas, em nova e mais recente decisão sobre o tema (13.10.2016), a Subseção 1 Especializada em Dissídios Individuais (SDI) 1 do TST afastou o entendimento da 7ª Turma daquele Tribunal, reforçando a interpretação literal restritiva do art. 193, § 2º, da CLT, por maioria, entendendo que a opção prevista no artigo em comento veda a possibilidade de cumulação, independentemente da causa de pedir[18].

5. CONSIDERAÇÕES FINAIS

Por todo o exposto, consideramos que a solidificação da interpretação que apregoa a legitimidade da cumulação dos adicionais de insalubridade e periculosidade promoverá a dignidade do trabalhador. Indireta-

---

(15) RR n. 776-12.2011.5.04.0411. Disponível em: <http://www.tst.jus.br/processos-do-tst. Acordão 7ª Turma VMF/db/drs>. Acesso em: 26 set. 2016.

(16) RR n. 776-12.2011.5.04.0411. Disponível em: <http://www.tst.jus.br/processos-do-tst. Acordão 7ª Turma VMF/db/drs>. Acesso em: 26 set. 2016.

(17) ARR 1081-60.2012.5.03.0064. Disponível no site: <http://www.tst.jus.br/processos-do-tst>. Acordão SbDII-1. JOD/vm/jv>. Acesso em: 27 set. 2016.

(18) Recuso de Revista n. 1072-72.2011.5.02.0384. Disponível no site: <http://www.tst.jus.br/processosdo-tst>. Acesso em: 21 out. 2016.

mente, impelirá o empregador a implementar medidas de neutralização dos riscos, nos moldes preconizados pelas normas nacionais e também internacionais às quais adstrito o Estado brasileiro.

Afigura-se inaceitável que o trabalhador seja agredido e exposto a um duplo risco (atividades perigosas e insalubres, ou mesmo à dupla insalubridade ou periculosidade), e receba o mesmo tratamento daquele exposto a apenas um dos agentes. Por certo, estariam sendo violados os princípios de igualdade material, impessoalidade, razoabilidade, restituição integral e, sobretudo, o da dignidade.

Não sendo eliminados, banidos ou neutralizados tais riscos, deve ser feita uma interpretação favorável ao trabalhador, na medida em que o objetivo primordial da legislação é desestimular as agressões à saúde dele. Por isso mesmo, o reconhecimento da cumulatividade dos adicionais fomentaria a busca pela eliminação ou neutralização dos perigos, afastando, a longo prazo, a monetização.

Consoante pontuamos, a possibilidade de cumulação justifica-se em virtude de os fatos geradores do adicional de insalubridade e periculosidade serem díspares, não havendo configuração de bis in idem. O bem tutelado na insalubridade é a saúde do trabalhador diante um ambiente laboral agressivo, que causa implicações à saúde e acaba, paulatinamente, com a vida. No que diz respeito à periculosidade, o bem tutelado é a própria vida, haja vista que o perigo é iminente. O trabalhador exposto a agentes nocivos à saúde, à integridade física e à própria vida, deve ser compensado de maneira o mais integral o possível.

Essa é uma interpretação conforme à Constituição e às normas internacionais ratificadas pelo Brasil. Ademais, é a que contém o maior potencial de desestímulo da perpetuação do risco e que compensa o trabalhador de modo mais justo, ainda que imperfeito, pois não recompõe os seus maiores bens jurídicos: a vida e a capacidade produtiva.

Atentos ao art. 7º, XXIII, da CF/1988, observamos que o projeto constitucional brasileiro é a melhoria da condição social do trabalhador, elemento de promoção da dignidade humana.

No entanto, verifica-se a persistência de altos índices de adoecimento, incapacitação e morte de trabalhadores[19]. Dados obtidos pelo Ministério do Trabalho e Emprego[20], pelo Fundacentro[21] e pelo Anuário estatístico da Previdência Social do Ministério da Previdência[22] revelam o elevado número de doenças, acidentes, incapacidades e mortes ocasionadas pelo ambiente laboral.

Urge, portanto, o definitivo avanço da jurisprudência nos moldes aqui defendidos.

6. REFERÊNCIAS

BATISTA, Geovane de Assis. *Opção insalubre e perigosa*. Revista Trabalhista, Rio de Janeiro, v. 10, n. 37, jan./mar., 2011.

COZER, Ricardo Araújo. *O adicional de Periculosidade e a Nova Normatização estabelecida pela Lei n. 12.740/2012*, abril de 2013. Disponível em: <http//www.prt7.mptgov.br/images/artigos/2013/adicional_periculosidade_e_Normatização-Ricardo_Cozer:2013.pdf>. Acesso em: 11 jul. 2016.

DELGADO, Gabriela Neves. Direitos Humanos dos Trabalhadores: Perspectiva de Análise a partir dos Princípio Internacionais do Direito do Trabalho e do Direito Previdenciário. *Revista do TST*, v. 77, n. 3. Brasília: jul./set., 2011.

FELICIANO, Guilherme Guimarães. *Direito Ambiental do Trabalho*. Apontamentos para uma teoria Geral. São Paulo: LTr, 2013. v. I; São Paulo: LTr, 2015. v. II.

_____. *Teoria da Imputação Objetiva no Direito Penal Ambiental Brasileiro*. São Paulo: LTr, 2005.

MAZZUOLLI, Valério. *Curso de Direito Internacional Público*. 4. ed. São Paulo: Revistas dos Tribunais, 2009.

OLIVEIRA SILVA, José Antônio Ribeiro de. *A Flexibilização da Jornada de Trabalho e a Violação do Direito à Saúde do Trabalhador*. 1. ed. São Paulo: LTr, 201.

---

(19) Disponível em: <http://www.segurancanotrabalho.eng.br/artigos/acid_brasil.html>. Acesso em: 10 set. 2016.
(20) Disponível em: <http://acesso.mte.gov.br/seg_sau/2014-7.htm>. Acesso em: 10 set. 2016.
(21) Disponível em: <http://www.fundacentro.gov.br/arquivos/projetos/estatistica/boletins/boletimfundacentro1vfinal.pdf>. Acesso em: 10 set. 2016.
(22) Disponível em: <ftp://ftp.mtps.gov.br/portal/acesso-a-informacao/AEAT201418.05.pdf>. Acesso em: 10 set. 2016.

Novo regime de penhora de salário e efetividade da execução trabalhista

Luiza de Oliveira Garcia Miessa dos Santos[*]

1. INTRODUÇÃO

O presente artigo visa ao estudo da almejada efetividade nas execuções trabalhistas, diante de alterações trazidas pelo atual CPC aparentemente tênues, mas que, na realidade, são significativas. Nota-se que essas alterações do regime de impenhorabilidade implementadas pelo atual CPC são aplicadas ao processo do trabalho em razão da omissão de regramento correspondente na Consolidação das Leis Trabalhistas (CLT) e da compatibilidade com o sistema processual trabalhista – conjunto de regras e princípios norteadores do processo do trabalho – fundamentando-se nos arts. 769 e 889, CLT e Instrução Normativa (IN) 39/16 do Tribunal Superior do Trabalho (TST).

Primeiramente, analisou-se a penhora, consignando características, efeitos e finalidade dela. O fato é importante porque ela é o instrumento capaz de forçar o executado a cumprir sua obrigação de pagar a quantia certa, já que não efetuou o pagamento espontâneo em momento oportuno anterior.

Assim, é mediante a penhora que o executado poderá sofrer a constrição de determinado bem de seu patrimônio, o qual, em regra, será o garantidor do pagamento do débito. Diante da possibilidade de constrição de eventuais bens pertencentes ao patrimônio do executado é que se justifica a análise da ordem dos bens objeto de penhora, haja vista ser imperioso o respeito aos princípios da utilidade da execução e do menor sacrifício do executado.

Em seguida, foi investigado se, ao eliminar a palavra absolutamente do *caput* da norma que relaciona os bens impenhoráveis no ordenamento pátrio (art. 833 do CPC de 2015), o Legislador teria possibilitado a relativização de todas as hipóteses tradicionais de impenhorabilidade, ou se, ao contrário, estaria mantida a mesma ideologia do CPC/1973.

Na sequência, buscou-se demonstrar a importância do regramento da impenhorabilidade e apresentar a inovação da norma processual, especialmente a ampliação das hipóteses de constrição do salário do executado, nos casos de execução de crédito alimentar.

Almejou-se apresentar, no contexto desse artigo, a análise da penhora de salário do executado através da busca pela efetividade da execução *versus* dignidade do devedor. Demonstrar, ainda, que por meio de uma decisão judicial pautada pela ponderação de valores constitucionais é possível percorrer o trajeto de satisfação do exequente sem negligência da humanização da execução.

Afinal, revela-se adequado e conveniente examinar as novas regras trazidas pelo atual CPC, em especial as relacionadas à penhora de salário, as quais necessitam ser aplicadas ao processo do trabalho, sendo que a decisão, em cada caso concreto, deve ser fundamentada nos princípios da razoabilidade, da ponderação e na dignidade da pessoa humana.

2. PENHORA

2.1. Definição, efeitos e finalidade da penhora

Primeiramente, cabível mencionar que "toda a construção conceitual da penhora cível pode ser assimilada integralmente pela sistemática laboral"[1], o que se justifica pela semelhança procedimental.

(*) Luiza de Oliveira Garcia Miessa dos Santos é advogada especialista em Direito do Trabalho e Processo do Trabalho pela UCAM e pela UNIDERP e especialista em Direito Público pela UNISUL.
(1) CORDEIRO, Wolney de Macedo. *Execução no processo do trabalho*. 2. ed. rev. e atual. Salvador: JusPodivm, 2016. p. 252.

A penhora é considerada um "procedimento de segregação dos bens que efetivamente se sujeitarão à execução, respondendo pela dívida inadimplida."[2]. Em outros termos, é "um ato de afetação de determinados bens do devedor que provoca o gravame de vinculá-los ao processo em que se realiza a execução"[3]. Assim, entende-se que, por meio da penhora, há a individualização de bem do patrimônio do executado, que será objeto de expropriação – através de adjudicação ou alienação – para satisfazer o crédito do exequente.

A partir da definição da penhora, extrai-se seus efeitos. A doutrina é divergente acerca do reconhecimento desses efeitos. Entretanto, parte da doutrina – com que se compartilha entendimento – elenca cinco efeitos da penhora, sendo os dois primeiros, materiais e os três últimos, processuais: a) retirada do executado da posse direta do bem; b) ineficácia dos atos de alienação ou oneração dos bens penhorados; c) garantia do juízo (bens penhorados são suficientes para o pagamento do crédito do exequente e das despesas processuais); d) individualização dos bens que serão objetos da atividade executiva; e) produção do direito de preferência do exequente[4].

Quanto à finalidade (ou propósito) da penhora – satisfação do crédito do exequente – a doutrina processualista informa que essa satisfação pode ser direta ou indireta. É direta quando o próprio bem penhorado é entregue ao exequente por meio de adjudicação e indireta, quando o bem é alienado por iniciativa particular ou por meio de arrematação, mesmo quando o exequente for satisfeito com usufruto de bem móvel ou imóvel[5].

A penhora, portanto, é instituto colaborador para a satisfação do crédito do exequente, porque o executado – ao não cumprir espontaneamente o dever de pagar quantia certa ao exequente – poderá sofrer a constrição de determinado bem de seu patrimônio, que, em regra, será o garantidor de pagamento do débito.

2.2. Ordem legal de bens penhoráveis

A constrição de bem do patrimônio do executado para satisfação do crédito do exequente, em regra, deve obedecer uma ordem legal. Assim, na execução trabalhista, deve ser observado o rol disposto no *caput* art. 835, do atual CPC (art. 882, CLT), a seguir transcrito.

> Art. 835. A penhora observará, preferencialmente, a seguinte ordem:
>
> I – dinheiro, em espécie ou em depósito ou aplicação em instituição financeira;
>
> II – títulos da dívida pública da União, dos Estados e do Distrito Federal com cotação em mercado;
>
> III – títulos e valores mobiliários com cotação em mercado;
>
> IV – veículos de via terrestre;
>
> V – bens imóveis;
>
> VI – bens móveis em geral;
>
> VII – semoventes;
>
> VIII – navios e aeronaves;
>
> IX – ações e quotas de sociedades simples e empresárias;
>
> X – percentual do faturamento de empresa devedora;
>
> XI – pedras e metais preciosos;
>
> XII – direitos aquisitivos derivados de promessa de compra e venda e de alienação fiduciária em garantia;
>
> XIII – outros direitos.

É importante observar que a legislação possibilita ao juiz alterar a ordem supramencionada conforme as circunstâncias do caso concreto (§ 1º, art. 835, CPC), exceto nas hipóteses que sejam equivalentes a dinheiro. Tal regra denota que a finalidade do legislador foi consignar que a penhora em dinheiro é prioridade absoluta, já que foi permitida modificação da ordem legal somente nos casos que não correspondem a dinheiro, independentemente das circunstâncias do caso concreto[6].

Ademais, mantendo a ordem prioritária e absoluta da penhora em dinheiro, o legislador permitiu que ela fosse substituída pela fiança bancária ou seguro-garantia judicial, desde que o valor deles não seja inferior ao do débito constante da inicial, acrescido de 30% (art. 835, § 2º, CPC; OJ 59, da SBDI-2).

Além disso, quando a execução é referente a crédito com garantia real, a penhora será realizada em face da coisa dada em garantia; caso ela pertença ao terceiro

---

(2) MARINONI, Luiz Guilherme. *Novo curso de processo civil:* tutela dos direitos mediante procedimento comum. São Paulo: Revista dos Tribunais, 2015. v. II, p. 899.

(3) SCHIAVI, Mauro. *Execução no processo do trabalho* 7. ed. São Paulo: LTr, 2015. p. 291.

(4) NEVES, Daniel Amorim Assumpção. *Manual de direito processual civil.* 8. ed. Salvador: JusPodivm, 2016. v. único, p. 1.160.

(5) *Ibidem*, p. 1.160.

(6) *Ibidem*, p. 1.164.

garantidor, este também será intimado do ato de penhora (art. 835, § 3º, CPC).

Essa ordem preferencial para eleger os bens que serão objeto da penhora existe para respeitar dois princípios, aparentemente antagônicos: o da utilidade (do resultado, da maior efetividade), da execução e o do menor sacrifício (ou onerosidade) do executado, este disposto no art. 805 do atual CPC. O primeiro denota que a execução deve ocorrer da forma mais proveitosa para o credor e o segundo, que ela não deve ir além do estritamente necessário para satisfação do crédito[7] do exequente. Nesse sentido,

> Significa dizer que a alteração da ordem legal se justifica sempre que se mostrar no caso concreto mais eficaz para os fins buscados pela execução – satisfação do direito do exequente – a penhora de bem que legalmente só deveria ser constrito depois de outros bens do executado sem com que essa alteração se crie uma excepcional oneração ao executado. O juiz não pode se esquecer de que a penhora é apenas um ato intermediário no procedimento executivo, sendo que o bem penhorado deve ter alguma liquidez, porque, caso contrário, o exequente, não irá adjudicá-lo e tampouco alguém se interessará em adquiri-lo (Informativo 360/STJ, 2.ª Turma, REsp 976.357/RJ, rel. Min. Carlos Fernando Mathias, j. 19.06.2008, DJe 07.08.2008).[8]

Diante do exposto, cabe mencionar que a ordem dos bens penhoráveis será modificada quando se apresentar, no caso concreto, mais eficaz para a satisfação do crédito do exequente, pois "o CPC de 2015 adota a técnica da *execução por graus ou por ordem*, em favor da efetividade da atividade executiva e, com isto, da mais rápida satisfação do credor"[9].

3. IMPENHORABILIDADE

O ordenamento jurídico dispõe, como regra geral, que o devedor responderá com todos os seus bens presentes e futuros para o cumprimento de suas obrigações, sem qualquer limitação temporal ou material, salvo as restrições estabelecidas em lei (art. 789, CPC).

Na sequência, O CPC apresenta o rol dos bens impenhoráveis, o que funciona como uma limitação material, ou seja, uma exceção à referida regra.

Igualmente, observa-se que a regra da impenhorabilidade de determinados bens (art. 833, CPC e Lei n. 8.009/1990) limita a busca pela satisfação do exequente na execução, e resguarda o patrimônio mínimo do executado, capaz de suprir as necessidades essenciais dele e de seus familiares. Essa tutela fundamenta-se no princípio da dignidade da pessoa humana (art. 1º, III, CF). Nesse sentido, segue o entendimento da doutrina:

> Como se nota, a impenhorabilidade de bens é a última das medidas no trajeto percorrido pela "humanização da execução". A garantia de que alguns bens jamais sejam objeto de expropriação judicial é a tentativa mais moderna do legislador de preservar a pessoa do devedor, colocando-se nesses casos sua dignidade humana em patamar superior à satisfação do direito do exequente. É corrente na doutrina a afirmação de que as razões de cunho humanitário levaram o legislador à criação da regra da impenhorabilidade de determinados bens. A preocupação em preservar o executado – e quando existente também sua família – fez com que o legislador passasse a prever formas de dispensar o mínimo necessário à sua sobrevivência digna.[10]

Dito isso, segue a análise do rol de bens impenhoráveis, em especial, as novidades introduzidas pelo atual CPC.

Sobre a impenhorabilidade, prevê o art. 833 do CPC:

> Art. 833. São impenhoráveis:
>
> I – os bens inalienáveis e os declarados, por ato voluntário, não sujeitos à execução;
>
> II – os móveis, os pertences e as utilidades domésticas que guarnecem a residência do executado, salvo os de elevado valor ou os que ultrapassem as necessidades comuns correspondentes a um médio padrão de vida;
>
> III – os vestuários, bem como os pertences de uso pessoal do executado, salvo se de elevado valor;

---

(7) MARINONI, Luiz Guilherme. *Novo curso de processo civil*: tutela dos direitos mediante procedimento comum. São Paulo: Revista dos Tribunais, 2015. v. II, p. 914.

(8) NEVES, Daniel Amorim Assumpção. *Novo código de processo civil comentado*. Salvador: JusPodivm, 2016. p. 1.330.

(9) ALMEIDA, Cleber Lúcio de. *Direito processual do trabalho*. 6. ed. São Paulo: LTr, 2016. p. 801.

(10) NEVES, Daniel Amorim Assumpção. *Novo código de processo civil comentado*. Salvador: JusPodivm, 2016. p. 1.315.

IV – os vencimentos, os subsídios, os soldos, os salários, as remunerações, os proventos de aposentadoria, as pensões, os pecúlios e os montepios, bem como as quantias recebidas por liberalidade de terceiro e destinadas ao sustento do devedor e de sua família, os ganhos de trabalhador autônomo e os honorários de profissional liberal, ressalvado o § 2º;

V – os livros, as máquinas, as ferramentas, os utensílios, os instrumentos ou outros bens móveis necessários ou úteis ao exercício da profissão do executado;

VI – o seguro de vida;

VII – os materiais necessários para obras em andamento, salvo se essas forem penhoradas;

VIII – a pequena propriedade rural, assim definida em lei, desde que trabalhada pela família;

IX – os recursos públicos recebidos por instituições privadas para aplicação compulsória em educação, saúde ou assistência social;

X – a quantia depositada em caderneta de poupança, até o limite de 40 (quarenta) salários-mínimos;

XI – os recursos públicos do fundo partidário recebidos por partido político, nos termos da lei;

XII – os créditos oriundos de alienação de unidades imobiliárias, sob regime de incorporação imobiliária, vinculados à execução da obra. (grifo nosso)

Observa-se que, em comparação com a norma correspondente do Código anterior (art. 649), o atual dispositivo suprimiu a palavra absolutamente do rol dos bens impenhoráveis. Disso, iniciaram-se discussões acerca da referida supressão caracterizar ou não um aceno do legislador no sentido de serem relativas todas as impenhorabilidades.

Parte da doutrina defende que o mais adequado é interpretar que o rol dos bens impenhoráveis se tornou, em sua integralidade, relativo, cabendo ao magistrado, em cada caso concreto, aferir a possibilidade de penhora através do juízo de ponderação. Nesse sentido, "as hipóteses de impenhorabilidade relativa se tornaram regra no campo do benefício de competência. Em tal matéria, as generalizações pouco auxiliam, sobrelevando-se ao casuísmo."[11]

Entretanto, parte da doutrina – com que se compartilha entendimento – possui visão contrária, ou seja, a de que o legislador, ao eliminar a palavra absolutamente do rol dos bens impenhoráveis, não possibilitou a relativização de todas as regras de impenhorabilidade e manteve, nesse contexto, a mesma ideologia do CPC/1973.

É o que se entende respaldado nos arts. 833 e 834 do atual CPC, haja vista que esses artigos tratam de bens impenhoráveis e de bens que somente serão objeto de penhora na ausência de outros bens, referindo-se, respectivamente, à impenhorabilidade absoluta e relativa. Nesse sentido, José Miguel Garcia Medina explica:

> No caso que se costuma denominar de impenhorabilidade relativa não se está, rigorosamente, diante de um nível de impenhorabilidade que se poderia colocar abaixo do da absoluta, já que naqueles casos os bens são penhoráveis, desde que não se encontre outro bem que se sujeite à execução.[12]

Acrescenta Humberto Theodoro Júnior:

> Consideram-se bens relativamente impenhoráveis aqueles cuja penhora a lei só permite quando inexistirem outros bens no patrimônio do devedor que possam garantir a execução.
>
> Nesse sentido, o art. 834 do NCPC qualifica como relativamente impenhorável os frutos e rendimentos dos bens inalienáveis. Assim, seguem eles, em princípio, o destino do principal, ou seja, são também impenhoráveis. Os credores comuns do titular do bem inalienável, por isso, não podem penhorar seus frutos e rendimentos. A imunidade, contudo, não é total. Prevalece enquanto seja possível o gravame executivo recair sobre outros bens livres do executado. Faltando os bens livres, cessará a impenhorabilidade, e os frutos e rendimentos a que alude o art. 834 terão de se submeter-se à penhora. Daí falar-se, na espécie de impenhorabilidade relativa.[13]

Diante do exposto, entende-se que não houve a relativização de todas as regras de impenhorabilidade diante da supressão da palavra absolutamente. Isso porque o rol de bens impenhoráveis existe para impor limi-

---

(11) ASSIS, Araken de. *Manual da execução*. 18. ed. rev., atual. e ampl. São Paulo: Revista dos Tribunais, 2016. p. 338.

(12) MEDINA, José Miguel Garcia. *Novo código de processo civil comentado*: com remissões e notas comparativas ao CPC/1973. 3. ed. São Paulo: Revista dos Tribunais, 2015. p. 1.120.

(13) THEODORO JÚNIOR, Humberto. *Curso de direito processual civil* – execução forçada, processo nos tribunais, recursos e direito intertemporal. 48 ed. rev., atual. e ampl. Rio de Janeiro: Forense, 2016. v. III, p. 467.

tes ao processo de execução e assegurar ao executado um patrimônio mínimo, garantidor de uma vida digna a si próprio e a seus familiares.

Mantém-se, assim, nessa ótica, a impenhorabilidade absoluta, como é o caso da hipótese descrita no inciso I, do art. 833 do atual CPC, viabilizando a relativização – ou afastamento da impenhorabilidade – tão-somente nos casos e parâmetros permitidos pelo legislador, como por exemplo, o disposto no art. 833, § 2º do atual CPC.

A legislação, aliás, dispõe que a impenhorabilidade não será impedimento para execução de dívida relativa ao próprio bem, inclusive a contraída para aquisição dele (art. 833, § 1º, CPC).

Existe também previsão de que os elementos relacionados nos incisos IV e X do *caput* do art. 833 não se aplicam à hipótese de penhora para pagamento de prestação alimentícia – independentemente da origem dela – bem como as importâncias excedentes a 50 (cinquenta) salários-mínimos mensais. Ainda, cabe mencionar que o legislador inovou ao fixar que a constrição deve observar o disposto no art. 528, § 8º, e no art. 529, § 3º (art. 833, § 2º, CPC).

É cabível, ainda, mencionar que estão incluídos na impenhorabilidade prevista no inciso V do *caput* do art. 833, equipamentos, implementos e máquinas agrícolas pertencentes somente a pessoa física ou a empresa individual produtora rural. Haverá ressalva, entretanto, quando tais bens tenham sido objeto de financiamento, estejam vinculados em garantia a negócio jurídico ou quando respondam por dívida de natureza alimentar, trabalhista ou previdenciária (art. 833, § 3º, CPC).

Por fim, a Lei n. 8.009/1990 assegura a impenhorabilidade do bem de família, "inclusive quanto aos créditos dos domésticos, diante da revogação expressa do art. 3º, I, da referida lei, que permitia a penhora, nestes casos; a revogação se deu pela atual regulamentação do empregado doméstico (art. 46 da LC n. 150/2015)"[14]. Essa regra visa a proteger o direito fundamental à moradia (art. 6º, CF/1988), caminhando ao encontro da humanização da execução e, por consequência, da dignidade da pessoa humana (art. 1º, III, CF/1988).

3.1. Penhora de salário do devedor

Neste tópico pretende-se demonstrar que o novo diploma processual civil implementou modificações que poderão implicar em alteração do atual entendimento do Tribunal Superior do Trabalho (TST) no que diz respeito à penhora de salários.

Isso porque o CPC/1973, em seu art. 649, consubstanciava o sentido de que o rol dos bens era absolutamente impenhorável e permitia somente penhora de salários no caso de pagamento de prestação alimentícia (art. 649, § 2º, CPC/1973). A corrente doutrinária e jurisprudencial dominante entendia que a citada exceção se aplicava à pensão alimentícia *stricto sensu*, ou seja, exclusivamente das pensões decorrentes da lei de alimentos.

Resultou desses fatos o entendimento do TST descrito na Orientação Jurisprudencial n. 153, da Subseção II, Especializada em Dissídios Individuais (OJ n. 153, SBDI-2), de não admitir penhora de salários para a satisfação de crédito trabalhista, por ele englobar o gênero e não a espécie tipificada na lei de alimentos. Eis seu teor[15]:

> MANDADO DE SEGURANÇA. EXECUÇÃO. ORDEM DE PENHORA SOBRE VALORES EXISTENTES EM CONTA SALÁRIO. ART. 649, IV, DO CPC. ILEGALIDADE (DEJT divulgado em 03,04 e 05.12.2008)
>
> Ofende direito líquido e certo decisão que determina o bloqueio de numerário existente em conta salário, para satisfação de crédito trabalhista, ainda que seja limitado a determinado percentual dos valores recebidos ou a valor revertido para fundo de aplicação ou poupança, visto que o art. 649, IV, do CPC contém norma imperativa que não admite interpretação ampliativa, sendo a exceção prevista no art. 649, § 2º, do CPC espécie e não gênero de crédito de natureza alimentícia, não englobando o crédito trabalhista.

O legislador, no entanto, inovou na redação do art. 833, § 2º, do CPC atual, ao prever a possibilidade de penhora de salário e de quantia depositada em caderneta de poupança, quando se tratar de execução para pagamento de prestação alimentícia. Ele destacou que mencionadas penhoras ocorrerão em qualquer prestação de alimentos, independentemente da origem deles.

Dessa forma, parte da doutrina da seara processual trabalhista defende que o entendimento do C. TST, descrito na referida OJ 153, da SBDI-2, "teve seus fundamentos determinantes (*ratio decidendi*)

---

(14) MOURA, Marcelo. *Consolidação das Leis do Trabalho para concursos*. 6. ed. rev. ampl. e atual. Salvador: JusPodivm, 2016. p. 1080.
(15) Disponível em: <http://www3.tst.jus.br/jurisprudencia/OJ_SDI_2/n_S6_141.htm#tema153>. Acesso em: 01 mar. 2017.

frontalmente atingidos pelo Novo CPC, impondo seu cancelamento"[16]. Igualmente, segue entendimento:

> (...) penhora de salário, merece urgente cancelamento a OJ 153, pois olvida a interpretação sistemática do próprio CPC, em evidente prejuízo para a efetividade da execução no processo do trabalho e, em derradeira análise, dos direitos fundamentais sociais dos trabalhadores.[17]

Entende-se, pois, que o legislador, ao dispor que as referidas penhoras podem ocorrer em créditos alimentares, independentes de sua origem, abrangeu incontestavelmente a seara trabalhista e autorizou a penhora de salário do executado, assegurando os créditos trabalhistas. Nesse sentido, defende-se que a supracitada "ressalva do § 2º, do art. 833 abrange todas as classes de alimentos."[18] Assim, a partir da entrada em vigor do atual CPC, entende-se que deixa de ser defensável interpretação restritiva quanto à penhora de salários e de quantias depositadas em cadernetas de poupança para pagamento de crédito decorrente de prestação alimentícia[19].

Interessante observar que a CF/1988, em seu art. 100, § 1º, conceitua dívida de natureza alimentar – o que subsidia o entendimento ampliativo trazido pelo atual CPC referente à possibilidade de penhorar salários e quantias depositadas em cadernetas de poupança por ser alimentares os créditos trabalhistas – conforme transcrição que segue:

> § 1º Os débitos de natureza alimentícia compreendem aqueles decorrentes de salários, vencimentos, proventos, pensões e suas complementações, benefícios previdenciários e indenizações por morte ou por invalidez, fundadas em responsabilidade civil, em virtude de sentença judicial transitada em julgado, e serão pagos com preferência sobre todos os demais débitos, exceto sobre aqueles referidos no § 2º deste artigo.

É cabível mencionar, ainda, que a partir do Decreto n. 41.721/1957, a Convenção n. 95 da Organização Internacional do Trabalho (OIT) – que trata da proteção ao salário – já integrava o ordenamento jurídico brasileiro e desde essa época admite a penhora de salários à medida que assegurem ao executado condições para uma vida com dignidade, conforme se observa do enunciado que segue.

> Art. 10 – 1. O salário não poderá ser objeto de penhora ou cessão, a não ser segundo as modalidades e nos limites prescritos pela legislação nacional. 2. O salário deve ser protegido contra a penhora ou a cessão, na medida julgada necessária para assegurar a manutenção do trabalhador e de sua família.

Defende-se, assim, que o art. 833, § 2º, do atual CPC deve ser interpretado em consonância com o art. 100, § 1º da CF/1988 e com a Convenção n. 95 da OIT, viabilizando a penhora de salários e resguardando a dignidade do executado, em regra, o empregador. Noutras palavras, busca-se compatibilizar os princípios da utilidade da execução e do menor sacrifício do executado, permitindo-se a penhora de salário até o montante necessário para resguardar a dignidade do executado.

Por outro lado, caso haja interpretação restritiva no sentido de não incluir os créditos trabalhistas na exceção do § 2º do art. 833 do atual CPC e, desse modo, acarretar confronto da norma internacional (art. 10, Convenção n.º 95, OIT) com o disposto no atual CPC, entende-se que aquela prevalecerá. Nesse caminho, Cleber Lucio de Almeida:

> A Convenção n. 95 da OIT deve prevalecer no confronto com o CPC, por estabelecer condição que favorece a condição social do trabalhador credor, o que está em sintonia com o art. 7º, *caput*, da Constituição, valendo lembrar ainda, que, em eventual conflito de normas, deve prevalecer aquela que seja mais favorável ao trabalhador (*princípio da aplicação da norma mais favorável*). Acrescente-se que a Convenção exa-

---

(16) MIESSA, Élisson; CORREIA, Henrique. *Súmulas e OJS do TST comentadas e organizadas por assunto*. 7. ed. rev. e atual. Salvador: JusPodivm, 2016. p. 1536.

(17) LEITE, Carlos Henrique Bezerra. *Curso de direito processual do trabalho*. 14. ed. De acordo com o novo CPC – Lei n. 13.105, de 16.03.2015. São Paulo: Saraiva, 2016. p. 1.363.

(18) ASSIS, Araken de. *Manual da execução*. 18. ed. rev., atual. e ampl. São Paulo: Revista dos Tribunais, 2016. p. 345.

(19) Nesse sentido, já decidiu o TRT da 4ª Região, em acórdão proferido em 22.11.2016, nos autos sob o n. 0001419-27.2012.5.04.0025 AP, pela Seção Especializada em Execução, tendo como Relatora a Desembargadora Ana Rosa Pereira Zago Sagrilo. Ementa: AGRAVO DE PETIÇÃO DE SÓCIA EXECUTADA. PENHORA DE SALÁRIOS/APOSENTADORIA. Há expressa previsão legal no Novo Código de Processo Civil quanto à possibilidade de penhora de salário (ou créditos equiparados) para satisfação de obrigações trabalhistas reconhecidas em decisão judicial, observado o limite máximo de 50% (cinquenta por cento) do salário mensal. Agravo parcialmente provido para limitar a penhora a 20% do valor líquido da remuneração mensal.

minada integra a ordem jurídica brasileira com status de supralegalidade, o que também faz com que prevaleça sobre o CPC (art. 5º, § 3º, da Constituição).[20]

Nessa linha, extrai-se que o mais adequado e equânime é a realização de penhora de salários e de quantias depositadas em cadernetas de poupança através da ponderação de direitos de igual proteção jurídica, estando de um lado o salário do executado – em regra, o empregador – e de outro, o próprio salário do exequente – verbas salariais não recebidas pelo trabalhador no curso do pacto laboral, como forma de se concretizar os preceitos fundamentais da valorização do trabalho e da dignidade da pessoa humana (art. 1º, III e IV, CF/1988).

3.2. Penhora de salário superior a 50 (cinquenta) salários mínimos

O legislador, ainda, inseriu outra inovação no art. 833, § 2º, do CPC atual, ao permitir a penhora de salário de devedor que receba mais de 50 (cinquenta) salários-mínimos mensais. Nesse caso o critério é objetivo e não envolve a análise da dívida ser ou não decorrente de prestação alimentícia, já que a penhora incidirá sobre o valor excedente ao referido limite salarial.

Quanto ao valor de 50 (cinquenta) salários mínimos, já surgiram críticas de parte da doutrina pelo fato de ser pequena a quantidade de devedores que percebem valores superiores ao limite fixado pelo legislador, questionando-se se a inovadora regra contribuirá ou não com a efetividade da execução.

A doutrina, no entanto, salienta que é o primeiro passo e diante do transcurso do tempo poderá ser aprimorado referido regramento. Elogia, ainda, o avanço do dispositivo legal e o fato da criação dessa regra ter incluído o Brasil entre os países civilizados, seja de tradição *commow law* (por exemplo, Estados Unidos e Inglaterra) como da *civil law* (por exemplo, Alemanha, Portugal, Espanha, Itália, Argentina, Uruguai e Chile).[21]

É cabível, ainda, mencionar a discussão acerca do limite de 50 (cinquenta) salários-mínimos incidir sobre o salário líquido ou bruto. Nesse particular, compartilha-se de entendimento da doutrina defensora de que o limite deve ser considerado como o valor bruto de 50 (cinquenta) salários mínimos, sem quaisquer descontos ou abatimentos. Isso porque caso fosse a intenção do legislador limitar a penhora sobre o salário líquido teria inserido de forma expressa, como o fez, por exemplo, no art. 529, § 3º, do atual CPC[22].

Diante da ausência de clareza no limite fixado pelo legislador, defende-se que "seja como for, a pessoa investida na função judicante saberá ponderar os valores constitucionais e, se for este o caso, dilatar o piso do excesso penhorável no caso concreto"[23]. Essa ponderação dos valores constitucionais se justifica para a conciliação entre efetividade da execução e sua humanização.

3.3. Ponderação do juiz no caso concreto

Outra questão para debate é a do limite da penhora. Quanto a isso, tem-se que as mencionadas penhoras, em nenhuma hipótese, poderão ser superiores à metade da quantia líquida percebida à título de remuneração pelo executado, conforme se extrai de transcrição do art. 529, § 3º, do CPC que segue:

> Art. 529. Quando o executado for funcionário público, militar, diretor ou gerente de empresa ou empregado sujeito à legislação do trabalho, o exequente poderá requerer o desconto em folha de pagamento da importância da prestação alimentícia.
>
> (...)
>
> § 3º Sem prejuízo do pagamento dos alimentos vincendos, o débito objeto de execução pode ser descontado dos rendimentos ou rendas do executado, de forma parcelada, nos termos do *caput* deste artigo, contanto que, somado à parcela devida, **não ultrapasse cinquenta por cento de seus ganhos líquidos**. (grifo nosso)

O legislador ao limitar o desconto dos rendimentos ou rendas do executado em até 50% (cinquenta por cento) dos seus ganhos líquidos visou à proteção do patrimônio mínimo do executado para que lhe seja ofertada oportunidade de uma vida digna.

É importante consignar que "a regra é interessante porque geralmente se estabelece como teto de descon-

---

(20) ALMEIDA, Cleber Lúcio de. *Direito processual do trabalho*. 6. ed. São Paulo: LTr, 2016. p. 809.
(21) NEVES, Daniel Amorim Assumpção. *Novo código de processo civil comentado*. Salvador: JusPodivm, 2016. p. 1.322.
(22) "CPC, Art. 529, § 3º. Sem prejuízo do pagamento dos alimentos vincendos, o débito objeto de execução pode ser descontado dos rendimentos ou rendas do executado, de forma parcelada, nos termos do *caput* deste artigo, contanto que, somado à parcela devida, **não ultrapasse cinquenta por cento de seus ganhos líquidos**." (grifo nosso)
(23) ASSIS, Araken de. *Manual da execução*. 18. ed. rev., atual. e ampl. São Paulo: Revista dos Tribunais, 2016. p. 343.

to o valor de 30% da remuneração, e no caso de cumulação de prestações vencidas e vincendas o valor será superior a esse por expressa autorização legal."(24)

Observa-se, ainda, que "o mencionado dispositivo legal insere-se no modelo de execução da prestação alimentícia *stricto sensu*, todavia, por força de disposição legal expressa aplica-se ao procedimento de execução de **qualquer crédito de natureza alimentar**."(25).

Nesse sentido, defende-se que as penhoras supramencionadas devem ser determinadas através de um juízo de ponderação e razoabilidade com a finalidade de obter a almejada efetividade da execução trabalhista – ao satisfazer o credor trabalhista – e assegurar dignidade ao executado e seus familiares, limitado a 50% (cinquenta por cento) dos ganhos líquidos do executado.

Percebe-se, pois, a criação de uma impenhorabilidade absoluta de salário até o montante de 50% (cinquenta por cento) dos ganhos líquidos do executado e acima desse percentual viabiliza-se a penhora por meio de um juízo de ponderação, de modo que, o magistrado definirá qual a percentagem adequada de penhora de salário em cada caso concreto.

A técnica de ponderação de interesses se justifica diante de conflitos de normas constitucionais de mesma natureza jurídica – caráter alimentar – em que ambas coexistem no ordenamento jurídico, cabendo ao juiz fundamentar sua decisão no princípio hermenêutico da proporcionalidade e seus metacritérios: necessidade, adequação e proporcionalidade em sentido estrito.

Assim, o legislador ao assegurar a limitação, pelo juiz, de um percentual mínimo dos ganhos líquidos do executado possibilita que a dívida seja quitada gradativamente, isso porque o executado efetua o pagamento da dívida de forma que não prejudique o próprio sustento e o de seus familiares.

Defende-se, portanto, a possibilidade e necessidade de deferir a penhora de salários do devedor para haver a efetividade de decisões judiciais, pois

> negar efetividade a uma decisão judicial, que reconheceu ao credor o direito a receber verbas de natureza alimentícia, deixando de proceder à penhora sobre um percentual dos salários do devedor, seu ex-empregador, se revela insustentável pois retira a efetividade da jurisdição, além de colidir com o princípio da isonomia, por reconhecer ao devedor uma condição mais benéfica (integralidade dos salários), que ele próprio negou ao seu ex-empregado, deixando de pagar-lhe os salários a que fazia jus.(26)

Acredita-se, por fim, que diante do inovador limite de penhora de salário em até 50% (cinquenta por cento) dos ganhos líquidos do executado, a ser aplicado e ponderado, em cada caso concreto, pelo juiz, será obtida a efetividade na execução trabalhista e assegurada a dignidade do executado como forma de se concretizar os preceitos fundamentais da valorização do trabalho e da dignidade da pessoa humana (art. 1º, III e IV, CF/1988).

4. CONCLUSÃO

O presente artigo expôs as alterações do regime de impenhorabilidade implementadas pelo atual CPC e a aplicabilidade ao processo do trabalho, ponderando que a penhora permite a constrição do patrimônio do executado até onde seja necessário para satisfazer o direito do exequente com algumas exceções.

Considerando que a penhora é um instrumento capaz de forçar o executado a cumprir obrigação de pagar a quantia certa, já que não efetuou o pagamento espontâneo em momento oportuno anterior, defendeu-se a possibilidade de determinação de penhora de salário do executado na execução trabalhista, fazendo-se necessária a revisão da OJ n. 153 da SDI 2 do TST.

Demonstrou-se que a inovação da norma processual, especialmente a ampliação das hipóteses de constrição do salário do executado, nos casos de crédito alimentar vai ao encontro da Convenção n. 95 da OIT. Ainda, a partir do novo regramento, defendeu-se que a jurisprudência trabalhista evolua para dar efetividade aos créditos do exequente, aderindo a possibilidade de penhora dos salários em percentuais que não comprometam a sobrevivência digna do executado.

Não obstante, compartilha-se do entendimento de que ao eliminar a palavra absolutamente do *caput* da norma que sintetiza o rol dos bens impenhoráveis, o Legislador pátrio não possibilitou, com isso, a relativização de todas as regras de impenhorabilidade e manteve,

---

(24) NEVES, Daniel Amorim Assumpção. *Manual de direito processual civil*. Volume único. 8. ed. Salvador: JusPodivm, 2016. p. 1.227.
(25) CORDEIRO, Wolney de Macedo. *Execução no processo do trabalho*. 2. ed. rev. e atual. Salvador: JusPodivm, 2016. p. 277.
(26) GEMIGNANI, Tereza Aparecida Asta. *Penhora sobre salários, proventos da aposentadoria e poupança: o princípio da legalidade e a utilidade da jurisdição*. Revista do Tribunal Regional do Trabalho da 15ª Região, n. 30, p. 19-36, 2007. p. 32. Acessado em: setembro/2016. Disponível em: <http://portal.trt15.jus.br/documents/124965/125439/Rev30_art1.pdf/a89f2c06-551f-4914-87e5-609c2076b30d>.

nesse contexto, a ideologia do CPC anterior, o que está retratado nos arts. 833 e 834 do atual CPC.

Diante da aplicação das novas regras trazidas pelo atual CPC, em especial as relacionadas à penhora de salário, elas necessitam ser aplicadas ao processo do trabalho e a decisão, em cada caso concreto, deve ser fundamentada nos princípios da razoabilidade, da ponderação e na dignidade humana.

Por via dessa breve reflexão, conclui-se que o mais equânime e efetivo para a sociedade, no campo das execuções trabalhistas, é possibilitar a penhora de parte da remuneração do executado e permitir ao exequente – em regra o trabalhador – receber as verbas trabalhistas que já deveriam ter sido satisfeitas durante o pacto laboral.

Almeja-se, diante do exposto, dissipar o entendimento de que o crédito trabalhista tem também natureza alimentar e, consequentemente, o executado poderá sofrer penhora parcial em seu salário ou em eventuais quantias depositadas em caderneta de poupança. Tal interpretação, agora respaldada expressamente pela lei, funcionará como expediente de concretização da justiça social, conciliando os princípios da razoabilidade, menor onerosidade, efetividade da execução e dignidade da pessoa humana que permeiam o embate.

5. REFERÊNCIAS

ALMEIDA, Cleber Lúcio de. *Direito processual do trabalho*. 6. ed. São Paulo: LTr, 2016.

ASSIS, Araken de. *Manual da execução*. 18. ed. rev., atual. e ampl. São Paulo: Revista dos Tribunais, 2016.

CORDEIRO, Wolney de Macedo. *Execução no processo do trabalho*. 2. ed. rev. e atual. Salvador: JusPodivm, 2016.

GARCIA, Gustavo Filipe Barbosa. *Curso de direito processual do trabalho*. 4. ed. rev., atual. e ampl. Rio de Janeiro: Forense, 2015.

LEITE, Carlos Henrique Bezerra. *Curso de direito processual do trabalho*. 14. ed. de acordo com o novo CPC – Lei n. 13.105, de 16.03.2015. São Paulo: Saraiva, 2016.

MARINONI, Luiz Guilherme. *Novo curso de processo civil*: tutela dos direitos mediante procedimento comum. São Paulo: Revista dos Tribunais, 2015. v. II.

MEDINA, José Miguel Garcia. *Novo código de processo civil comentado*: com remissões e notas comparativas ao CPC/1973. 3. ed. São Paulo: Revista dos Tribunais, 2015.

MIESSA, Élisson; CORREIA, Henrique. *Súmulas e OJS do TST comentadas e organizadas por assunto*. 7. ed. rev. e atual. Salvador: JusPodivm, 2016.

MIESSA, Élisson. *Processo do trabalho para concursos públicos*. 3. ed. rev., ampl. e atual. Salvador: JusPodivm, 2016.

MOURA, Marcelo. *Consolidação das Leis do Trabalho para concursos*. 6. ed. rev. ampl. e atual. Salvador: JusPodivm, 2016.

NEVES, Daniel Amorim Assumpção. *Manual de direito processual civil*. 8. ed. Salvador: JusPodivm, 2016. v. único.

_____. *Novo código de processo civil comentado*. Salvador: JusPodivm, 2016.

SCHIAVI, Mauro. *Execução no processo do trabalho*. 7. ed. São Paulo: LTr, 2015.

SILVA, Homero Batista Mateus da. *Curso de direito do trabalho aplicado*. Execução trabalhista. 2. ed. rev., atual. e ampl. São Paulo: Revista dos Tribunais, 2015. v. 10.

THEODORO JÚNIOR, Humberto. *Curso de direito processual civil* – execução forçada, processo nos tribunais, recursos e direito intertemporal. 48. ed. rev., atual. e ampl. Rio de Janeiro: Forense, 2016. v. III.

Trabalho Extraordinário Habitual: Submissão em Descompasso com as Normas que Limitam o Tempo de Trabalho e seus Reflexos na Saúde do Trabalhador

Cinthia Passari Von Ammon[*]

1. INTRODUÇÃO

Há muito tem se observado que a prestação de trabalho extraordinário se tornou prática comum no ambiente de trabalho dos mais variados setores da atividade econômica, de modo que as razões que levaram à limitação do tempo de trabalho têm sido deixadas em um plano inferior, em total discrepância exegética às diretrizes normativas de proteção à saúde física, psíquica e social do trabalhador.

A quantidade de horas de trabalho, sem sombra de dúvidas, influi diretamente no tempo livre disponível do trabalhador para o desenvolvimento de suas atividades pessoais, familiares e sociais. Daí a importância de se observar os limites do tempo de trabalho por se traduzir em um direito humano básico. Não à toa que a Declaração Universal dos Direitos Humanos, em seu art. XXIV, descreve a *limitação razoável das horas de trabalho*, como um direito fundamental.

Entre nós, assim como nos ordenamentos jurídicos de todo o mundo, os direitos à saúde, ao trabalho e ao lazer (art. 6º, CF/1988), enquanto corolários do direito à dignidade humana (art. 1º, III, CF/1988), são tutelados constitucionalmente, fazendo-se concretos, no campo do Direito do Trabalho, por meio da limitação da jornada de trabalho (art. 7º, XIII, CF/1988).

Nesse contexto, o presente artigo visa apresentar uma breve análise jurídica, acompanhada de supedâneo científico, para embasar o entendimento de que o trabalho em sobrejornada, e principalmente aquele realizado com habitualidade, retira todo o efeito de proteção à saúde do trabalhador, não se mostrando viável a invocação isolada do art. 59 da CLT como permissivo legal para a prorrogação da jornada de trabalho rotineiramente, ainda que limitada ao número de duas horas extras diárias.

2. BREVE ASPECTO HISTÓRICO DA LIMITAÇÃO DA JORNADA DE TRABALHO

A partir da Revolução Industrial, iniciada na Inglaterra em meados do século XVIII, surgiram profundas mudanças nos meios de produção e no modo de vida da sociedade. Nesse novo modelo, há registros de que a jornada de trabalho chegava a atingir períodos de 12 a 16 horas diárias, mesmo entre os menores e as mulheres.

Diante das extenuantes jornadas de trabalho, aliada à precariedade das condições de trabalho, a organização dos trabalhadores começou a se estruturar tendo como uma de suas reivindicações a redução do tempo de trabalho, de modo que iniciou-se uma intensa luta pela diminuição da jornada, que foi considerada *a luta humana pela vida e a luta por uma vida humana*[1].

Aos poucos, a organização da classe trabalhadora foi conquistando as primeiras vitórias, sendo promulgadas as primeiras leis que limitavam o tempo de trabalho. Em 1847, na Inglaterra, surgiu a primeira lei limitadora da jornada de trabalho, fixada em 10 horas diárias.

Depois dessa conquista, movimentos operários passaram a lutar pela fixação da jornada em oito horas diárias. Essa luta se intensificou a partir de 1866, na Grã-Bretanha e nos Estados Unidos. E um dos marcos das lutas por melhorias nas condições de trabalho e na redução da jornada deu origem à comemoração do Dia

---

(*) Cinthia Passari Von Ammon é Procuradora do Trabalho na Procuradoria do Trabalho no Município de Ribeirão Preto.
(1) GOMES, Orlando; GOTTSCHALK, Elson. *Curso de Direito do Trabalho*. 14. ed. Rio de Janeiro: Forense, 1997. p. 302.

do Trabalhador, conhecido mundialmente. Em 1º de maio de 1866 realizou-se uma manifestação de trabalhadores nas ruas de Chicago, com a finalidade de reivindicar a redução da jornada de trabalho para oito horas diárias, dando início a uma greve geral nos EUA[2].

Com efeito, as lutas pela redução da jornada de trabalho continuaram mundialmente e, em 1919, a Convenção n. 1 da OIT limitou a jornada diária de trabalho no setor industrial para oito horas, e a semanal para 48 horas. Essa convenção foi ratificada por 52 países, entre eles Argentina, Bélgica, Canadá, Chile, Bolívia, França[3].

Assim, com o advento da Organização Internacional do Trabalho, é possível afirmar que a limitação à duração da jornada de trabalho surgiu como uma conquista social de caráter mundial, tendo, posteriormente, sido instituído também pela OIT, em 1935, um novo instrumento internacional – a Convenção n. 47, que limitou a jornada de trabalho em 40 (quarenta) horas semanais. *Vale salientar que o debate em torno da redução da jornada de trabalho, ao longo do tempo, não foi motivado pelas mudanças na legislação, mas sim pela melhoria da qualidade de vida e pelo direito humano.*

No Brasil, a questão da limitação da jornada de trabalho também foi palco de lutas desde o início do processo de industrialização, no final do século XIX e começo do século XX, quando as primeiras greves de trabalhadores já apresentavam a necessidade da redução das longas jornadas de 10 a 12 horas diárias, as quais eram acrescidas, muitas vezes, de horas extras sem qualquer limitação.

Até o advento da Constituição Federal de 1988, a jornada normal de trabalho no Brasil era, após inúmeras conquistas, de 8 horas diárias e 48 horas era a duração semanal, trabalhando-se durante seis dias por semana. A partir de então, a jornada de trabalho sofreu novas alterações, tendo havido redução de 48 para 44 horas semanais, critério este que prevalece até os dias atuais.

Como se vê, a redução progressista da jornada de trabalho foi um dos alicerces nos quais se apoiou a própria história do Direito do Trabalho.

Destarte, esse apertado esboço histórico serve apenas para mostrar e justificar, cada vez mais, a necessidade de regramento das relações laborais, especialmente no que tange à limitação do trabalho, a fim de se promover, de modo concreto, a conciliação da vida laboral, familiar e social, além de resguardar a saúde do trabalhador.

3. RAZÕES DA LIMITAÇÃO DO TEMPO DE TRABALHO

A limitação do tempo de trabalho consubstancia-se como uma das grandes conquistas dos trabalhadores, a qual impulsionou, inclusive, a própria criação de regramentos que deram origem ao Direito do Trabalho.

Com efeito, a quantidade de horas de trabalho influencia diretamente na saúde do trabalhador, bem como no seu tempo livre disponível para desfrutar tudo o que não esteja relacionado ao trabalho produtivo, como o convívio familiar, o relacionamento com outras pessoas, a prática de atividades físicas, intelectuais, culturais, bem como toda e qualquer atividade que possibilite interação e convivência social e política.

Para Noemia Porto, a questão do limite à jornada de trabalho conecta-se, necessariamente, à proposta internacional de promoção do trabalho decente – aquele desenvolvido em liberdade, igualdade, segurança e dignidade – e ambienta uma normatividade de princípios fundamentais, não só em razão da luta histórica pela afirmação de direitos relacionados a dignas condições de trabalho, mas também porque precisa ser associada, cotidianamente, a uma consistente política de saúde no trabalho[4].

Outro aspecto que igualmente fundamenta a delimitação da duração da jornada de trabalho é o econômico. Nesse ponto, mostra-se como meio de combater o desemprego por possibilitar a distribuição de vagas de trabalho entre maior número de pessoas, na medida em que o tempo preenchido em horas extras por um empregado pode servir à ocupação de outro.

Por todas essas repercussões, Arnaldo Süssekind[5] pontifica que *os fundamentos para a limitação do tempo de trabalho* são os seguintes:

---

(2) SÜSSEKIND, Arnaldo. *Direito internacional do trabalho*. 3. ed. atual. São Paulo: LTr, 2000. p. 87.

(3) FURLAN JUNIOR, Paulo Fernando. *A redução da jornada de trabalho e seus benefícios*. Revista Eletrônica do CEMOP – n. 02 – setembro de 2012. Disponível em: <http://www.memoriaoperaria.org.br/revistaeletronica/paulo_furlan.pdf>. Acesso em: 24 de mar. 2016.

(4) PORTO, Noemia. A garantia fundamental da limitação da jornada: entre a Constituição e o art. 62 da CLT. *Revista do Tribunal Superior do Trabalho*, Brasília, v. 75, n. 2, p. 73. abr./jun. 2009.

(5) SÜSSEKIND, Arnaldo et al. *Instituições de Direito do Trabalho*. 16. ed. atual. São Paulo: LTr, 1996. v. 2, p. 774.

a) *de natureza biológica*, pois que visa combater os problemas psicofisiológicos oriundos da fadiga e da excessiva racionalização do serviço;

b) *de caráter social*, pois que possibilita ao trabalhador viver, como ser humano, na coletividade a qual pertence gozando dos prazeres materiais e espirituais criados pela civilização, entregando-se à pratica de atividades recreativas, culturais ou físicas, aprimorando seus conhecimentos e convivendo, enfim, com sua família;

c) *de índole econômica*, pois que restringe o desemprego e acarreta, pelo combate à fadiga, um rendimento superior na execução do trabalho.

Como se vê, várias são as razões que motivam a limitação do tempo de trabalho. Entretanto, o primeiro fundamento – *de natureza biológica* – representa uma preocupação apoiada em estudos científicos os quais apontam, como será melhor apreciado no tópico seguinte, que a sobrecarga de trabalho causa sérios prejuízos à saúde do trabalhador, agravando-se ainda mais quando o trabalho é realizado em horário extraordinário.

4. EFEITOS DA SOBRECARGA DE TRABALHO NA SAÚDE DO TRABALHADOR

Como visto até agora, a imposição de limites diários à jornada de trabalho é, ao mesmo tempo, um modo de preservar a saúde do trabalhador e proteger a sociedade, mormente porque a sobrecarga de trabalho causa prejuízos à integridade psicofisiológica do trabalhador e o afasta do convício familiar e social.

A atual Constituição, sem prejuízo de outros direitos que possam melhorar a condição social dos trabalhadores, estabeleceu um limite máximo normal diário em oito horas e semanal de quarenta e quatro horas (art. 7º, XIII). E, não apenas isso. Também definiu que o empregado tem direito à redução dos riscos inerentes ao trabalho, como forma de preservação de sua saúde (art. 7º, XXII). Observa-se, assim, a interligação entre a definição de limites do trabalho diário e a fixação de regras de proteção à saúde do trabalhador.

Portanto, quando a Carta Magna prevê a redução dos riscos inerentes ao trabalho, por meio de normas de saúde, higiene e segurança (art. 7º, XXII), está a emprestar maior projeção ao tema da jornada de trabalho, deixando evidente que o caráter de saúde pública sobrepõe as questões estritamente econômicas.

Sobre o assunto, Maurício Godinho Delgado leciona que as normas jurídicas concernentes à duração do trabalho já não são mais consideradas, necessariamente, normas estritamente econômicas, uma vez que podem alcançar, em certos casos, a função determinante de normas de saúde e de segurança laborais, assumindo o caráter de normas de saúde pública[6].

Nessa trilha, a limitação do tempo de trabalho reclama a máxima atenção e tutela do Estado, de modo que a fixação máxima diária em 08 horas de trabalho, estabelecida no inciso XIII, do art. 7º, da CF/1988, não é arbitrária e sim decorre de critérios extraídos de áreas disciplinares da saúde, segundo as quais, após a oitava hora, o desgaste físico e mental mostra-se acentuado, potencializando a ocorrência de acidentes de trabalho e o surgimento de doenças ocupacionais.

Não se deve olvidar que no rol dos direitos sociais elencados no *caput* do art. 6º da Constituição Federal, incluiu-se, ao lado do direito ao trabalho, o direito à saúde, cujo conceito, segundo a Organização Mundial de Saúde, é o "estado de completo bem-estar físico, mental e social e não apenas a ausência de doença ou enfermidade".

O termo saúde, portanto, deve ser entendido como resultante de uma relação equilibrada entre condições biológicas e o meio físico e social que cerca a pessoa, de modo que o tempo razoável de trabalho integra a equação que define as condições de bem-estar do trabalhador.

Sob a ótica da saúde dos trabalhadores, diversos estudos vêm apontando os graves prejuízos decorrentes da submissão de empregados a prologadas jornadas de trabalho.

Mais precisamente sobre a influência do excesso de trabalho na saúde, Anne Spurgeon afirma que a principal preocupação quanto à jornada de trabalho é o desenvolvimento da fadiga e, como consequência, do estresse ocupacional, porquanto a exposição cumulativa à fadiga e ao estresse resulta no surgimento de problemas de doenças mentais e cardiovasculares. E adverte: a situação é ainda mais grave quando os trabalhadores se submetem à prestação de horas extraordinárias habitualmente.[7]

---

(6) DELGADO, Maurício Godinho. *Curso de direito do trabalho*. 4. ed. São Paulo: LTr, 2005. p. 831.

(7) SPURGEON *apud* SILVA, José Antônio Ribeiro de Oliveira. *Flexibilização da jornada de trabalho e a violação do direito à saúde do trabalhador*: uma análise comparativa dos sistemas jurídicos brasileiro e espanhol. São Paulo. LTr, 2013. p. 92.

O consumo de energia na execução de qualquer trabalho leva à fadiga, *que significa a sensação de fraqueza, falta de energia*. Dentro de certo limite, o esforço despendido no trabalho conduz o trabalhador a uma fadiga recuperável por meio do descanso diário. Todavia, *quando esse estado de fadiga é ultrapassado frequentemente* – como ocorre no trabalho constante em horas extras –, acumula-se um desgaste residual que leva a uma fadiga crônica.

Nesse aspecto, Sebastião Geraldo de Oliveira ensina que um processo prolongado de fadiga induz à instalação da fadiga crônica, que não cede nem mesmo com o repouso diário. Esse quadro de fadiga patológica compromete o sistema imunológico, deixando o trabalhador mais vulnerável às doenças, além de produzir insatisfação com o serviço, absenteísmo, baixa produtividade e maior número de acidentes do trabalho[8].

De igual modo, diversos outros estudos, de natureza científica, vêm apontando a relação entre adoecimentos e submissão a longas jornadas de trabalho, entre os quais o realizado por uma equipe de cientistas liderada pela *University College London*, na Inglaterra, segundo publicação feita na revista científica sobre medicina "The Lancet".

De acordo com o estudo, o trabalho em excesso está ligado a um maior risco de problemas coronarianos e de acidentes vasculares cerebrais (AVCs). A pesquisa *analisou dados de 603.838 pessoas da Europa, Estados Unidos e Austrália e revelou que trabalhar mais de 55 horas por semana aumenta em 33% o risco de sofrer um AVC e em 13% a possibilidade de desenvolver um problema coronariano, em relação a quem trabalha entre 35 e 40 horas por semana*[9]. O estudo sugere que entre as possíveis causas estão o estresse, a vida sedentária e dietas pouco saudáveis.

Facilmente perceptível, pois, que longas jornadas de trabalho são um grave perigo para a saúde, de modo que a fixação da jornada máxima de 8 (oito) horas diárias de trabalho não se trata de um mero capricho do legislador, possuindo inquestionável embasamento científico, diante do maior desgaste provocado pela sobrecarga de trabalho após a oitava hora laborada.

5. HORAS EXTRAORDINÁRIAS À LUZ DA DOGMÁTICA CONSTITUCIONAL E A ILICITUDE DA HABITUALIDADE DA SOBREJORNADA

Consoante magistério de Maurício Godinho Delgado, jornada extraordinária compreende o lapso temporal de trabalho ou disponibilidade do empregado perante o empregador que ultrapasse a jornada padrão, fixada em regra jurídica ou por cláusula contratual[10].

Diversas expressões vinculadas à noção de labor em sobrejornada são usadas como sinônimas, entre elas, jornada extraordinária, jornada suplementar, horas extras, horas complementares. Assim, sempre que houver a prestação de serviço ou a permanência do empregado à disposição do empregador, após encerrada a jornada normal de trabalho, haverá o trabalho extraordinário.

Como o próprio nome sugere, a jornada extraordinária é aquela não ordinária, fora do comum, atípica, inabitual, que só ocorre em dadas circunstâncias. Por ser extraordinária, a prestação de serviço em sobrejornada não pode ser prática comum, que ocorre todos os dias. Muito pelo contrário, as horas extraordinárias somente podem ser exigidas do trabalhador na ocorrência de situações excepcionais que, logicamente, não ocorrem no cotidiano da atividade empresarial.

Entretanto, a experiência prática tem demonstrado que a prestação de trabalho extraordinário se tornou prática comum nos mais variados setores da atividade econômica. O empregador encara o labor suplementar como mera execução de cláusula contratual, ao passo que o empregado se submete às horas extras como forma de compensar baixo salário, enxergando a possibilidade de aumentar os seus ganhos mensais com a percepção do adicional correspondente.

A rotina incorporou-se de tal modo ao cotidiano empresarial que a hora extraordinária perdeu sua finalidade excepcional, deixando de ser encarada como uma situação de anormalidade dentro da atividade empresarial.

Nada obstante, a exigência não ponderada das horas extraordinárias lesa os trabalhadores, à medida que a prestação demasiada de horas complementares propicia um maior desgaste físico e mental, levando à fadiga crônica.

Diante disso, as balizas definidas na Constituição da República voltadas para a limitação do trabalho e para preservação da saúde da pessoa do trabalhador, inclusive no ambiente de trabalho, não podem ser deixadas em segundo plano. Ao contrário, devem servir de paradigma aos olhares dos intérpretes, de modo a não retirar o efeito prático de proteção das normativas

---

(8) OLIVEIRA, Sebastião Geraldo de. *Proteção jurídica à saúde do trabalhador*. 6. ed. São Paulo: LTr, 2011. p. 176.

(9) Disponível em: <http://veja.abril.com.br/ciencia/trabalhar-em-excesso-aumenta-risco-de-derrame-diz-estudo>. Acesso em: 21 maio 2016.

(10) DELGADO, Maurício Godinho. *Curso de direito do trabalho*. 4. ed. São Paulo: LTr, 2005. p. 888-889.

previstas nos incisos XIII e XXII, do art. 7º, da Carta Magna, que preveem, respectivamente, a fixação do limite máximo normal diário em oito horas e semanal de quarenta e quatro horas, além da redução dos riscos inerentes ao trabalho.

Nessa toada, Maurício Godinho Delgado leciona:

> A Constituição da República apreendeu, de modo exemplar, essa nova leitura a respeito da jornada e duração laborativas e do papel que têm no tocante à construção e implementação de uma consistente política de saúde no trabalho. Por essa razão é que a Carta de 1988, sabiamente, arrolou como direito dos trabalhadores a *redução dos riscos inerentes ao trabalho, por meio de normas de saúde, higiene e segurança.*[11]

Como se vê, a vontade do constituinte, ao dispor sobre o limite diário da jornada ao lado da diretriz que busca preservar a saúde do trabalhador no ambiente laboral, residiu na proteção máxima da pessoa do trabalhador, como corolário do direito fundamental à vida, à saúde e ao convívio familiar e social, fatores estes indispensáveis para o pleno desenvolvimento humano.

Nem se diga que o inciso XVI do art. 7º da Carta da República, ao prever o pagamento de adicional de, no mínimo, cinquenta por cento sobre a remuneração da hora normal, estaria autorizando, indiscriminadamente, a realização de trabalho extraordinário. Não se trata de conferir um permissivo para o trabalho permanente em horas suplementares, desde que houvesse um acréscimo na remuneração. Trata-se, nada menos, de mero efeito pecuniário de uma conduta indesejada (trabalho suplementar), de modo que o pagamento do adicional deveria – o que não ocorre na prática – servir de desestímulo à realização de horas extraordinárias, eis que não há como proibir a exigência, em casos excepcionais, de horas extras por parte do empregador.

Por outro lado, alguns operadores do direito menos atentos poderiam dizer que a realização contínua de horas extras em até duas horas diárias não acarretaria qualquer ilegalidade ante a previsão contida no art. 59 da Consolidação das Leis do Trabalho, que prevê que *a duração normal do trabalho poderá ser acrescida de horas suplementares, em número não excedente de 2 (duas), mediante acordo escrito entre empregador e empregado, ou mediante contrato coletivo de trabalho.*

No entanto, a legislação infraconstitucional não pode violar a Carta Magna. O art. 59 da CLT não pode ser interpretado isoladamente. Em outras palavras, não pode ser invocado como permissivo legal para a prorrogação da jornada de trabalho rotineiramente, de forma habitual, ainda que limitada ao número de duas horas extras diárias.

As normas infraconstitucionais que tratam de horas suplementares devem ser interpretadas sistematicamente e sob a diretriz maior da Constituição da República que busca garantir efetividade à dignidade humana por meio de proteções voltadas à saúde, à integridade, além do direito ao convívio familiar e social.

Os direitos sociais à saúde, ao trabalho e ao lazer previstos, nessa ordem, no art. 6º da CF/1988, enquanto corolários do direito à dignidade humana (art. 1º, III, CF/1988) se concretizam, no campo do direito laboral, por meio da limitação da jornada de trabalho.

Nesse passo, a regra geral da jornada de trabalho é não ser superior a oito horas diárias (art. 7º, XIII, da CF/1988), pois se assim não fosse o próprio constituinte teria previsto uma jornada de dez horas.

A prestação rotineira de duas horas extras diárias, muitas vezes realizada mediante a invocação isolada do art. 59 da CLT, faz com que a jornada padrão, de natureza constitucional, deixe de ser de oito horas para ser, ordinariamente, de dez horas, o que se choca com princípios constitucionais voltados a preservar a saúde do trabalhador e proteger a sociedade por meio do direito ao convívio familiar e social.

Segundo ensinamentos, essa interpretação leva, sem dúvida, à conclusão de que só existe permissão para o trabalho extraordinário, se *ordinariamente*, forem respeitados os limites diário e semanal de duração do trabalho. Não há espaço, assim, para a exigência de horas extraordinárias "habituais" dos trabalhadores brasileiros, prática que implica manifesta afronta à norma constitucional de limitação do tempo de trabalho[12].

A permissão de prorrogação da jornada padrão em número não excedente de duas diárias prevista no art. 59, da CLT, é uma regra que deve ser interpretada restritivamente, já que a habitualidade da prestação de horas extras, ainda que limitada a duas diárias, interfere na preservação da saúde do trabalhador e no direito ao convívio familiar e social e, desse modo, não é possível ser invocada como um "salvo-conduto" para permitir a

---

(11) DELGADO, Maurício Godinho. *Curso de direito do trabalho.* 4. ed. São Paulo: LTr, 2005. p. 831-832.

(12) SILVA, José Antônio Ribeiro de Oliveira. *Limitação do tempo de trabalho e proteção à saúde dos trabalhadores*: uma análise dos sistemas jurídicos brasileiro e espanhol. Cad. Doutr. Jurisp. Escola Judicial, Campinas, v. 8, n. 5, set./out. 2012.

prorrogação da jornada normal, rotineiramente, em até duas horas, *sob pena de ampliar situação excetiva*.

Além do mais, a submissão de trabalho em horas extras habituais, além de violar os preceitos contidos nos incisos XIII e XXII, do art. 7º, da CF/1988, também configura abuso de direito, nos exatos termos do art. 187, do Código Civil, que prevê que *também comete ato ilícito o titular de um direito que, ao exercê-lo, excede manifestamente os limites impostos pelo seu fim econômico ou social, pela boa-fé ou pelos bons costumes.*

A conduta abusiva ocorre quando se excede o limite material do direito, *exibindo a forma de um direito aparente*. O indivíduo exercita seu direito e excede os limites da finalidade econômica ou social, da boa-fé ou dos bons costumes. O professor Humberto Theodoro Júnior assim analisa[13]:

> O titular de qualquer direito para conservar-se no campo da normalidade não basta legitimar sua conduta dentro das faculdades reconhecidas pelas normas legais em face de sua individual situação jurídica. Haverá de cuidar para que o uso das prerrogativas legais não se desvie para objetivos ilícitos e indesejáveis, dentro do contexto social. O abuso de direito acontecerá justamente por infringência desse dever e se dará sempre que o agente invocar uma faculdade prevista em lei, aparentemente de forma adequada, mas para alcançar um objetivo ilegítimo ou não tolerado pelo consenso social.

No contrato de trabalho, *ao empregador é conferido o direito de comando, que lhe é inerente, de dar ordens de serviço aos seus subordinados*. O empregador detém, assim, o poder de direção de sua atividade econômica. Entretanto, este poder está sujeito a limitações, razão pela qual o empregador não pode agir de modo a exceder os fins econômicos e sociais decorrentes da atividade empresarial (função social da propriedade – art. 170, III, CF/1988), sob pena de cometer uma conduta abusiva.

Não é demais salientar que ao empregador, no exercício da atividade econômica (art. 1º, III, e 170, ambos da CF/1988), incumbe zelar pela observância da valorização do trabalho humano, de modo a assegurar a todos existência digna e conforme os ditames da justiça social, priorizando os valores sociais do trabalho e a busca do pleno emprego.

Portanto, ao exercitar seu poder de comando na atividade empresarial, o empregador tem o direito material de exigir horas extras em casos de necessidade imperiosa – *seja para fazer face a motivo de força maior, seja para atender à realização ou conclusão de serviços inadiáveis ou cuja inexecução possa acarretar prejuízo manifesto* – (art. 61, CLT) ou eventualmente em situações excepcionais (art. 59 da CLT).

No entanto, quando a prorrogação da jornada padrão passa a ser prática comum, que ocorre rotineiramente no cotidiano da atividade empresarial, nesse ponto deixa de existir a finalidade excepcional que autoriza o exercício do direito material do empregador, passando a configurar conduta abusiva, na medida em que a realização de horas extras habituais excede os fins sociais e econômicos impostos à limitação do tempo de trabalho.

De forma coerente, então, a limitação da jornada revela aspecto de ordem socioeconômica, considerando que a prestação de serviços em regime de horas extras habituais agride o interesse social de preservação da saúde do trabalhador e de convívio familiar e social. E, do mesmo modo, atenta contra o interesse econômico por obstaculizar a abertura de novas oportunidades de emprego, vez que as horas excedentes poderiam ser executadas por outros trabalhadores que estivessem economicamente inativos.

Nesse sentido, são precisas as considerações de Jorge Luiz Souto Maior:

> As horas extraordinárias, prestadas de forma ordinária, é outra preocupação do direito ao não--trabalho. Trata-se de uma esdrúxula prática que interfere, obviamente, na saúde dos trabalhadores e mesmo na ampliação do mercado de trabalho. [...] quando as horas extras se tornam ordinárias, deixa-se o campo da normalidade normativa para se adentrar o campo da ilegalidade e, neste sentido, apenas o pagamento do adicional não é suficiente para corrigir o desrespeito à ordem jurídica. [...] independentemente de se considerar estar o empregador no exercício de um direito ao exigir serviço em certas condições de trabalho, obrigando-se apenas a uma contraprestação determinada por lei, seu ato pode se configurar como ato ilícito quando exercer seu direito abusivamente, isto é, fora dos limites impostos pelo fim econômico ou interesse social, pela boa-fé ou pelos bons costumes [...] Assim, o empregador, que exige de seu empre-

---

(13) THEODORO JÚNIOR, Humberto. *Comentários ao novo código civil*: dos defeitos do negócio jurídico ao final do livro III. Rio de Janeiro: Forense, 2003. v. 3, t. II, p. 113 (arts. 185 ao 232).

gado a prestação de serviços em regime de horas extras de forma ordinária abusa de seu direito, agredindo o interesse social e mesmo econômico, comete, portanto, ato ilícito, cuja correção, evidentemente, não se dará pelo mero pagamento do adicional de horas extras. O dano do trabalhador, aliás, não depende de prova, pois que se configura pelo próprio fato em si do trabalho em horas extras de forma ordinária (ainda mais quando não remuneradas devidamente), na medida em que a própria lei estabeleceu o limite das horas de trabalho para proteção da saúde do trabalhador (questão de ordem pública) e também para ampliar o acesso ao mercado de trabalho (também questão de ordem pública)[14].

Por fim, do ponto de vista jurisprudencial, a Súmula n. 85 do TST sinaliza pela impossibilidade de submissão de trabalhadores em regime de hora extra habitual, quando preceitua que a prestação de horas extras habituais descaracteriza o acordo de compensação de jornada (inciso IV). É preciso ter em mente que o simples fato de haver outros enunciados da mais alta corte trabalhista (Súmulas n. 291 e n. 347, do TST) fazendo menção a cálculo do valor de horas extras habituas não significa, em absoluto, que tal prática seja considerada legítima. Tais enunciados apenas evidenciam o efeito pecuniário, de modo que já tendo o trabalhador prestado as horas extras com habitualidade impõe-se seja garantida a repercussão econômica no contrato de trabalho, a fim de evitar o enriquecimento sem causa.

6. CONCLUSÃO

A partir do que foi apresentado e buscando construir algumas ponderações conclusivas, é possível constatar que a fixação máxima diária em oito horas de trabalho estabelecida na Constituição Federal de 1988 não se apresenta como um número aleatório, desprovido de qualquer critério. Estudos científicos apontam a relação entre adoecimentos e submissão a longas jornadas de trabalho, notadamente a partir da oitava hora de labor, evidenciando, dessa maneira, os prejuízos que a submissão a prolongadas horas de trabalho podem causar à saúde, afetando a qualidade de vida do trabalhador.

A limitação do tempo de trabalho serve, então, como uma medida protetiva à pessoa do trabalhador, com o objetivo de promover a conciliação da vida laboral, familiar e social, além de resguardar a saúde do trabalhador.

Nesse contexto, a prestação de horas extras habituais configura-se como ilícita por violar os preceitos contidos nos incisos XIII e XXII, do art. 7º, da CF/1988, além de caracterizar abuso de direito, nos termos do art. 187, do CC, na medida em que a exigência de labor em sobrejornada de forma habitual excede os fins sociais e econômicos impostos à limitação do tempo de trabalho.

Por tudo isso, constata-se que o art. 59 da CLT não pode ser interpretado, dentro da sistemática jurídico-constitucional, como um permissivo legal para a prorrogação habitual da jornada de trabalho, ainda que limitada ao número de duas horas extras diárias.

REFERÊNCIAS

DELGADO, Maurício Godinho. *Curso de direito do trabalho*. 4. ed. São Paulo: LTr, 2005.

FURLAN JUNIOR, Paulo Fernando. *A redução da jornada de trabalho e seus benefícios*. Revista Eletrônica do CEMOP – n. 02 – setembro de 2012. Disponível em: <http://www.memoriaoperaria.org.br/revistaeletronica/paulo_furlan.pdf>. Acesso em: 24 de mar. 2016.

GOMES, Orlando; GOTTSCHALK, Elson. *Curso de Direito do Trabalho*. 14. ed. Rio de Janeiro: Forense, 1995.

MAIOR, Jorge Luiz Souto. *Do direito à desconexão do trabalho*. Disponível em: <http://egov.ufsc.br/portal/sites/default/files/do_direito_a_desconexao_do_trabalho.pdf>. Acesso em: 12 de mar. 2016.

OLIVEIRA, Sebastião Geraldo de. *Proteção jurídica à saúde do trabalhador*. 6. ed. São Paulo: LTr, 2011.

PORTO, Noemia. A garantia fundamental da limitação da jornada: entre a Constituição e o art. 62 da CLT. *Revista do Tribunal Superior do Trabalho*, Brasília, v. 75, n. 2, abr./jun. 2009.

SILVA, José Antônio Ribeiro de Oliveira. *Flexibilização da jornada de trabalho e a violação do direito à saúde do trabalhador: uma análise comparativa dos sistemas jurídicos brasileiro e espanhol*. São Paulo: LTr, 2013.

_____. *Limitação do tempo de trabalho e proteção à saúde dos trabalhadores: uma análise dos sistemas jurídicos brasileiro e espanhol*. Cad. Doutr. Jurisp. Escola Judicial, Campinas, v. 8, n. 5, set./out. 2012.

SÜSSEKIND, Arnaldo. *Direito internacional do trabalho*. 3. ed. atual. São Paulo: LTr, 2000.

_____ et al. *Instituições de Direito do Trabalho*. v. 2, 16. ed. atual. São Paulo: LTr, 1996.

THEODORO JÚNIOR, Humberto. *Comentários ao novo código civil: dos defeitos do negócio jurídico ao final do livro III*. Rio de Janeiro: Forense, 2003. v. 3, t. II (arts. 185 ao 232).

---

(14) MAIOR, Jorge Luiz Souto. *Do direito à desconexão do trabalho*. Disponível em: <http://egov.ufsc.br/portal/sites/default/files/do_direito_a_desconexao_do_trabalho.pdf>. Acesso em: 12 de mar. 2016.

O Processo Eletrônico e o Novo CPC – Reflexos no Processo do Trabalho[*]

Ana Paula Pellegrina Lockmann[**]

Nas últimas décadas, a tecnologia vem, cada vez mais, fazendo parte do nosso cotidiano. De fato, vivenciamos o que se convencionou denominar de sociedade da informação.

O progresso tecnológico ocorrido na área da informática, principalmente a partir da expansão à população em geral da rede mundial de comunicação conhecida como Internet, representou e representa um fato revolucionário na história da sociedade.

A Internet possibilita comunicação sem fronteiras e em tempo real entre pessoas localizadas em qualquer parte do globo terrestre. Além do mais, permite uma variedade praticamente incalculável de possibilidades. Com efeito, a Internet propicia lazer, contribui de forma crucial na realização de atos negociais, representa uma ferramenta essencial em pesquisas etc.

Eugênio Hainzenreder Júnior muito bem retrata a importante influência da Internet na sociedade pós-moderna, nos seguintes termos:

> A *Internet*, ao longo do tempo, passou a ser empregada em centros de pesquisa, em universidades, empresas e outros, colocando-se, hoje, praticamente ao alcance de todos. Essa tecnologia tornou-se a maior rede mundial de comunicação para a conexão entre usuários, possibilitando a imediata transmissão de dados a qualquer lugar do mundo dentro do menor espaço de tempo. A praticidade e a agilidade no acesso às informações transformaram a rede no mais importante instrumento do processo de globalização.

Constitui-se a Internet de um sistema aberto, de domínio público, com natureza impessoal e abstrata, que gera comunicação remota (*on line*) entre equipamentos, pois configura meio de transmissão. Através dela se podem transmitir informações entre indivíduos independentemente da sua localização geográfica. Nela, a comunicação é completamente horizontal, onde todos podem comunicar-se mutuamente.

Como principais características, pode-se mencionar que a Internet é: instantânea, imediata, de alcance mundial, descentralizada, interativa, expansível até o infinito em termos de conteúdo e de alcance, flexível a adaptável a um nível surpreendente. Através da Internet se podem obter inúmeros benefícios, tais como a troca de informação rápida e conveniente; atualizações constantes sobre tópicos de interesse; a disponibilização de dados pessoais ou institucionais para uma enorme audiência; formação de equipes para trabalhar em conjunto independentemente de distâncias geográficas; acesso a várias formas de arquivos e repositórios de informações; tradução e transferência de dados entre máquinas localizadas em locais quaisquer.[1]

O correio eletrônico, também conhecido como e-mail, é uma das ferramentas da informática mais utilizadas pelos usuários da Internet. Através do e-mail, pessoas transmitem e recebem mensagens, podendo anexar documentos das mais diversas espécies (áudio, vídeo, fotos etc.), de forma instantânea,

---

(*) Texto revisado e atualizado.
(**) Ana Paula Pellegrina Lockmann é desembargadora do TRT da 15ª Região. Mestre em Direito do Trabalho pela Universidade de São Paulo.
(1) HAINZENREDER Júnior, Eugênio. *Direito à privacidade e poder diretivo do empregador*: o uso do e-mail no trabalho. São Paulo: Atlas, 2009.

independentemente da distância entre a origem e o destino das mensagens.

O sistema produtivo também sofreu profundas mudanças, em decorrência dos avanços tecnológicos, fenômeno da "globalização", aumento da competitividade, necessidade de redução de custos, gerando novas e distintas formas de trabalho.

Por meio do computador, o empresário racionaliza o modo operacional de suas atividades, reduzindo custos e gerando aumento de produção. Num simples armazenador de dados (CD, *pen-drive*, disco rígido computador) é possível arquivar e gerenciar todos os documentos empresariais, o que é de grande valia, diga-se a propósito, sob o ponto de vista logístico, na medida em que não há mais a necessidade de se reservar um espaço físico para tanto.

Formulários não precisam mais ser "datilografados" a todo o momento em que se precise de sua utilização, bastando agora serem "digitados" uma única vez, arquivando-os no computador como documentos modelo, de modo que é possível acessá-los e alterar os dados conforme a conveniência e a oportunidade. A título de exemplo, há não muito tempo, Cartórios de Registro levavam horas na lavratura de uma escritura, procuração ou certidão, sendo que hoje os modelos dos documentos, com a estrutura já pré-preenchida, constam de seu banco de dados, bastando apenas acessá-los e inserir as informações faltantes, ou adaptá-los, alterando determinada informação conforme o caso concreto.

Da mesma forma, e com o mesmo grau de importância, a utilização da Internet no meio empresarial é essencial para o empresário se manter competitivo no mercado globalizado. Inúmeros *sites* (páginas eletrônicas pessoais) são desenvolvidos como forma de interação entre cliente e empresa, inclusive para fins de venda de produtos e serviços pelo meio virtual.

Não menos importante é a utilização da ferramenta do e-mail na seara empresarial, na medida em que possibilita a comunicação e a transmissão de dados de forma imediata, seja internamente, direcionada à própria empresa, suas filiais, e seus empregados, seja externamente, direcionada principalmente aos clientes e fornecedores.

De fato, podemos afirmar que, considerando a conjuntura atual da economia globalizada, a utilização do e-mail é fundamental para o bom desenvolvimento de uma atividade econômica.

A revolução tecnológica na área da informática impulsionou, outrossim, o surgimento de novas e distintas formas de trabalho, no qual não é mais necessária a presença física do trabalhador no estabelecimento empresarial (trabalho à distância).

O progresso na área da tecnologia, informática e comunicação vem se disseminando com tamanha rapidez na sociedade, a ponto de que, muitas vezes, nem sequer nos damos conta de que estamos testemunhando "milagres" tecnológicos. As pessoas com mais idade, que já utilizaram ferramentas hoje consideradas precárias, conseguem ter esta percepção com mais facilidade do que as pessoas que já nasceram no mundo conectado.

Hodiernamente, é quase que impossível pensar em sociedade sem celulares, microcomputadores, *notebook, tablet, smartphone, internet, e-mail*, redes sociais.

Enfim, dito isso, é preciso chamar a atenção de que o ordenamento jurídico não pode ficar alheio a essa realidade social. Igualmente, é preciso introduzir essa tecnologia no processo, como forma de facilitar o acesso à Justiça e de alcançar a tão almejada celeridade e economia processual.

A Lei n. 8.245/1991 (Lei do Inquilinato) foi o primeiro diploma pátrio a permitir a utilização de um meio eletrônico (telex ou fac-símile) no processo, conforme podemos observar na redação de seu art. 58, inciso IV, *in verbis*:

> Art. 58. Ressalvados os casos previstos no parágrafo único do art. 1º, nas ações de despejo, consignação em pagamento de aluguel e acessório da locação, revisionais de aluguel e renovatórias de locação, observar-se-á o seguinte: (...)
>
> IV – desde que autorizado no contrato, a citação, intimação ou notificação far-se-á mediante correspondência com aviso de recebimento, ou, tratando – se de pessoa jurídica ou firma individual, também **mediante telex ou fac-símile**, ou, ainda, sendo necessário, pelas demais formas previstas no Código de Processo Civil;

Passados alguns anos, a Lei n. 9.800/1999 permitiu, de forma generalizada, a utilização do fac-símile ou outro meio similar para a prática de atos processuais, contribuindo significativamente com a ideia de introdução da tecnologia no processo judicial:

> Lei n. 9800/1999. Art. 1º. É permitida às partes a utilização de sistema de transmissão de dados e imagens tipo fac-símile ou outro similar, para a prática de atos processuais que dependam de petição escrita.

Mas foi a partir da edição da Lei n. 11.419/2006 (que estabelece a disciplina geral sobre a informatização do processo judicial) que a utilização de meios eletrônicos se tornou uma realidade no mundo do processo, representando um marco a respeito deste tema.

Na Justiça do Trabalho, à exceção de poucas Varas do Trabalho no Estado do Pará, todas as demais já operam com o sistema do Processo Judicial Eletrônico – PJe, o que representa praticamente 100% do país.

As vantagens do PJe são impactantes. Só para exemplificar, o advogado não precisa mais se deslocar ao órgão judicial para peticionar ou consultar processos, podendo fazer em seu microcomputador, por meio do Portal do PJe, em qualquer lugar em que esteja. Elimina a desburocratização e o "tempo morto", já que não há mais a necessidade do processo ficar aguardando nas prateleiras para realização de simples tarefas repetitivas, como juntada materializada de petições, numeração de folhas etc., pois tais tarefas ocorrem de forma automática no sistema. Podemos ainda acrescentar a questão ecológica, já que a redução do papel contribui com a preservação do meio ambiente. Enfim, o sistema do PJe oferece maior comodidade aos jurisdicionados e operadores do direito, potencializando o acesso à Justiça, além de torná-la mais eficiente.

Durante toda a tramitação do atual Código de Processo Civil (Lei n. 13105/2015), vigente desde março de 2016, o processo eletrônico foi matéria que esteve presente na agenda do legislador, consoante se verifica no conteúdo do próprio Relatório da Comissão Especial na Câmara dos Deputados:

> O processo em autos eletrônicos é uma realidade inevitável. Pode-se afirmar, inclusive, que o Brasil é um dos países mais avançados no mundo nesse tipo de tecnologia. Em poucos anos, a documentação de toda tramitação processual no Brasil será eletrônica. Um novo Código de Processo Civil deve ser pensado para regular essa realidade, total e justificadamente ignorada pelo CPC de 1973.

A nova legislação, no que se refere ao processo eletrônico, traz duas seções que abordam a disciplina geral sobre o tema ("Seção II – Da Prática Eletrônica de Atos Processuais" – arts. 193/199; "Seção VIII – Dos Documentos Eletrônicos" – arts. 439/441). Também conta com vários outros dispositivos espalhados por todo o código que fazem referência à utilização de meios eletrônicos no processo. Vale destacar alguns deles.

O art. 196 do NCPC atribuiu ao Conselho Nacional de Justiça (e supletivamente aos tribunais) a incumbência de unificar e regulamentar a prática e a comunicação oficial de atos processuais por meio eletrônico:

> Art. 196. Compete ao Conselho Nacional de Justiça e, supletivamente, aos tribunais, regulamentar a prática e a comunicação oficial de atos processuais por meio eletrônico e velar pela compatibilidade dos sistemas, disciplinando a incorporação progressiva de novos avanços tecnológicos e editando, para esse fim, os atos que forem necessários, respeitadas as normas fundamentais deste Código.

O novo código sinaliza pela necessidade de indicação do endereço eletrônico dos advogados, peritos judiciais, autor e réu.

> Art. 287. A petição inicial deve vir acompanhada de procuração, que conterá os endereços do advogado, **eletrônico** e não eletrônico.
>
> Art. 319. A petição inicial indicará:
>
> (...)
>
> II – os nomes, os prenomes, o estado civil, a existência de união estável, a profissão, o número de inscrição no Cadastro de Pessoas Físicas ou no Cadastro Nacional da Pessoa Jurídica, **o endereço eletrônico**, o domicílio e a residência do autor e do réu;
>
> (...)
>
> § 2º. A petição inicial não será indeferida se, a despeito da falta de informações a que se refere o inciso II, for possível a citação do réu.
>
> § 3º. A petição inicial não será indeferida pelo não atendimento ao disposto no inciso II deste artigo se a obtenção de tais informações tornar impossível ou excessivamente oneroso o acesso à justiça.
>
> Art. 465. O juiz nomeará perito especializado no objeto da perícia e fixará de imediato o prazo para a entrega do laudo.
>
> (...)
>
> § 2º. Ciente da nomeação, o perito apresentará em 5 (cinco) dias:
>
> (...)
>
> III – contatos profissionais, em especial o **endereço eletrônico**, para onde serão dirigidas as intimações pessoais.

A fim de assegurar o efetivo acesso à jurisdição, o novo código dispõe que "*as unidades do Poder Judiciário deverão manter gratuitamente, à disposição dos interessados, equipamentos necessários à prática de atos processuais e à consulta e ao acesso ao sistema e aos documentos dele constantes*" (art. 198, *caput*), sendo que, caso não haja a disponibilização destes equipamentos, será admitida a prática de atos por meio não eletrônico (parágrafo único, do art. 198).

Nesse mesmo sentido, o novo código estabelece que "*as unidades do Poder Judiciário assegurarão às pes-

soas com deficiência acessibilidade aos seus sítios na rede mundial de computadores, ao meio eletrônico de prática de atos judiciais, à comunicação eletrônica dos atos processuais e à assinatura eletrônica" (art. 199).

No processo eletrônico, a juntada de petições ou de manifestações em geral se dá de forma automática, sem necessidade de intervenção do serventuário da justiça, conforme estabelece o art. 228, § 2º, do NCPC, mantendo o mesmo regramento já previsto no art. 10, *caput*, da Lei n. 11.419/2006.

Para fins de atendimento de prazo processual, é considerada tempestiva a petição eletrônica transmitida até as 24 horas do seu último dia. Este é o regramento previsto no art. 213 do NCPC (quase que reprodução do art. 3º, parágrafo único, e art. 10, § 1º, da Lei n. 11.419/2006):

> Art. 213. A prática eletrônica de ato processual pode ocorrer em qualquer horário até as 24 (vinte e quatro) horas do último dia do prazo.
>
> Parágrafo único. O horário vigente no juízo perante o qual o ato deve ser praticado será considerado para fins de atendimento do prazo.

No caso de indisponibilidade do sistema, o prazo ficará automaticamente prorrogado para o primeiro dia útil seguinte à resolução do problema, de acordo com o art. 224, § 1º, do NCPC (mesma regra no art. 10, § 2º, da Lei n. 11.419/2006). A lei não versa quanto ao período da indisponibilidade, o qual encontra-se disciplinado nos regulamentos dos Tribunais, valendo destacar o que dispõe o art. 11 da Resolução n. 185/2013 do Conselho Nacional de Justiça:

> Art. 11. Os prazos que vencerem no dia da ocorrência de indisponibilidade de quaisquer dos serviços referidos no art. 8º serão prorrogados para o dia útil seguinte, quando:
>
> I – a indisponibilidade for superior a 60 (sessenta) minutos, ininterruptos ou não, se ocorrida entre 6h00 e 23h00; ou
>
> II – ocorrer indisponibilidade entre 23h00 e 24h00.
>
> § 1º As indisponibilidades ocorridas entre 0h00 e 6h00 dos dias de expediente forense e as ocorridas em feriados e finais de semana, a qualquer hora, não produzirão o efeito do *caput*.
>
> § 2º Os prazos fixados em hora ou minuto serão prorrogados até às 24h00 do dia útil seguinte quando:
>
> I – ocorrer indisponibilidade superior a 60 (sessenta) minutos, ininterruptos ou não, nas últimas 24 (vinte e quatro) horas do prazo; ou
>
> II – ocorrer indisponibilidade nos 60 (sessenta) minutos anteriores ao seu término.
>
> § 3º A prorrogação de que trata este artigo será feita automaticamente pelo sistema PJe.

Na hipótese de publicação de atos processuais por meio do Diário da Justiça Eletrônico, considera-se como sendo a data da publicação o primeiro dia útil seguinte ao da disponibilização da informação no DJE (art. 224, § 2º, do NCPC – mesma regra do art. 4º, § 3º, da Lei n. 11.419/2006). A contagem do prazo processual terá início no primeiro dia útil que seguir ao considerado como data da publicação (art. 224, § 3º, do NCPC – mesma regra do art. 4º, § 4º, da Lei n. 11.419/2006).

O novo CPC prevê a citação e intimação por meio eletrônico, conforme regulado em lei (art. 246, V, e art. 270 do NCPC). Atualmente, é a Lei n. 11.419/2006 que disciplina as citações e intimações eletrônicas, as quais são realizadas por meio do Portal do PJe, apenas em relação àqueles que estiverem cadastrados no sistema.

A novidade é que o novo CPC impõe às empresas públicas e privadas a obrigatoriedade do cadastramento para efeito de recebimento de citações e intimações eletrônicas, com exceção das microempresas e das empresas de pequeno porte (art. 246, §§ 1º e 2º do NCPC):

> Art. 246. (...)
>
> § 1º Com exceção das microempresas e das empresas de pequeno porte, as empresas públicas e privadas são obrigadas a manter cadastro nos sistemas de processo em autos eletrônicos, para efeito de recebimento de citações e intimações, as quais serão efetuadas preferencialmente por esse meio.
>
> § 2º O disposto no § 1º aplica-se à União, aos Estados, ao Distrito Federal, aos Municípios e às entidades da administração indireta.

As citações e intimações feitas por meio eletrônico em portal próprio, inclusive da Fazenda Pública, dispensa a publicação no órgão oficial ou no DJE. (art. 5º da Lei n. 11.419/2006), e são consideradas como vista pessoal (art. 9º, § 1º, da Lei n. 11.419/2006 – no mesmo sentido o art. 183, § 1º do NCPC).

A intimação eletrônica considera-se realizada no dia da consulta eletrônica de seu teor. Se ocorrer em dia não útil, considera-se feita no primeiro dia útil seguinte. A consulta deve ser realizada no prazo de 10 dias, sob pena de considerar-se ocorrida a intimação na data do término do prazo. (art. 5º da Lei n. 11.419/2006 – mantida a mesma regra no art. 231, V, do NCPC).

Nos termos do art. 263 do NCPC, as cartas precatórias, rogatórias e de ordem serão feitas preferencialmente por meio eletrônico (mesma regra do art. 7º da Lei n. 11.419/2006).

Consoante inteligência dos arts. 411, 422 e 425 do NCPC, os documentos produzidos eletronicamente serão considerados originais para todos os efeitos; documentos digitalizados e juntados ao processo eletrônico terão a mesma força probante dos originais, ressalvada impugnação fundamentada; os originais dos documentos digitalizados devem ser preservados pelo interessado até o final do prazo para propositura de ação rescisória.

O novo CPC permite a prática de atos processuais por meio de videoconferência ou outro recurso tecnológico de transmissão de sons e imagens (arts. 236, § 3º; 385, § 3º; 453, § 1º; 461, § 2º; e 937, § 4º):

> Art. 236. (...). § 3º. Admite-se a prática de atos processuais por meio de videoconferência ou outro recurso tecnológico de transmissão de sons e imagens em tempo real.
>
> Art. 385. (...). § 3º. O depoimento pessoal da parte que residir em comarca, seção ou subseção judiciária diversa daquela onde tramita o processo poderá ser colhido por meio de videoconferência ou outro recurso tecnológico de transmissão de sons e imagens em tempo real, o que poderá ocorrer, inclusive, durante a realização da audiência de instrução e julgamento.
>
> Art. 453. (...). § 1º. A oitiva de testemunha que residir em comarca, seção ou subseção judiciária diversa daquela onde tramita o processo poderá ser realizada por meio de videoconferência ou outro recurso tecnológico de transmissão e recepção de sons e imagens em tempo real, o que poderá ocorrer, inclusive, durante a audiência de instrução e julgamento.
>
> Art. 461. (...). § 2º. A acareação pode ser realizada por videoconferência ou por outro recurso tecnológico de transmissão de sons e imagens em tempo real.
>
> Art. 937. (...). § 4º. É permitido ao advogado com domicílio profissional em cidade diversa daquela onde está sediado o tribunal realizar sustentação oral por meio de videoconferência ou outro recurso tecnológico de transmissão de sons e imagens em tempo real, desde que o requeira até o dia anterior ao da sessão.

Mantendo as inovações advindas das recentes reformas do CPC/1973 em relação à fase de execução, o novo CPC possibilita a penhora e o leilão por meio eletrônico, de acordo com regulamentação do Conselho Nacional de Justiça (arts. 837, caput; 879, II; 882, §§ 1º e 2º):

> Art. 837. Obedecidas as normas de segurança instituídas sob critérios uniformes pelo Conselho Nacional de Justiça, a penhora de dinheiro e as averbações de penhoras de bens imóveis e móveis podem ser realizadas por meio eletrônico.
>
> Art. 879. A alienação far-se-á:
>
> (...)
>
> II – em leilão judicial eletrônico ou presencial.
>
> Art. 882. (...)
>
> § 1º A alienação judicial por meio eletrônico será realizada, observando-se as garantias processuais das partes, de acordo com regulamentação específica do Conselho Nacional de Justiça.
>
> § 2º A alienação judicial por meio eletrônico deverá atender aos requisitos de ampla publicidade, autenticidade e segurança, com observância das regras estabelecidas na legislação sobre certificação digital.

Como se pode perceber, o novo CPC trouxe poucas inovações em relação à prática de atos processuais por meio eletrônico, tendo praticamente mantido a mesma sistemática da Lei n. 11.419/2006 e das recentes reformas do CPC/1973.

As disposições do novo código que tratam deste tema se aplicam ao processo do trabalho, por força do próprio art. 15. Todavia, penso que a nova legislação não gerará reflexos profundos na seara processual trabalhista, no particular, já que manteve a base da Lei n. 11.419/2006.

A crítica que se faz é que o novo CPC poderia ter avançado mais nesta temática, com normas mais específicas, e não se limitar a apenas estabelecer regras gerais, já que a tendência é que o processo eletrônico, a médio prazo, seja implementado na maioria dos órgãos judiciais.

Nesse contexto, parece que o novo CPC foi elaborado ainda pensando no processo de papel como regra, e o processo eletrônico como exceção.

Apesar das críticas, o fato é que o novo CPC, embora de forma tímida, prestigiou o processo eletrônico com estabelecimento de regras gerais, sendo inegável que representa forma de facilitar o acesso à Justiça e de dar concretude à promessa constitucional de tornar o processo mais célere e eficiente.

Como se trata de uma mudança de paradigma e de uma nova forma de atuação pelos *atores* de todo o sistema processual, é natural que cause transtornos no período de transição, mas os benefícios ao final são compensadores.

Para finalizar, e parafraseando pensamento de Érico Veríssimo[2], apesar da crítica de alguns ao novo sistema processual eletrônico e à nova legislação, *ante os ventos de mudança, ao invés de erigir barreiras, prefiro construir moinhos de vento.*

REFERÊNCIAS

ABRÃO, Carlos Henrique. *Processo eletrônico*: processo digital. 4. ed. rev., atual. e ampl. São Paulo: Atlas, 2015.

ALMEIDA FILHO, José Carlos de Araújo. *Processo eletrônico e teoria geral do processo eletrônico*: a informatização judicial no Brasil. 5. ed. Rio de Janeiro: Forense, 2015.

CHAVES JÚNIOR, José Eduardo de Resende (Coord.). *Comentários à lei do processo eletrônico*. São Paulo: LTr, 2010.

COÊLHO, Marcus Vinícius Furtado; ALLEMAND, Luiz Cláudio (Coord.). *Processo Judicial Eletrônico*. Brasília: OAB, Conselho Federal, Comissão Especial de Direito da Tecnologia e Informação, 2014.

HAINZENREDER Júnior, Eugênio. *Direito à privacidade e poder diretivo do empregador*: o uso do e-mail no trabalho. São Paulo: Atlas, 2009.

MIESSA, Elisson (Org.). *O novo código de processo civil e seus reflexos no processo do trabalho*. Salvador: JusPodivm, 2015.

---

(2) "Quando os ventos de mudança sopram, umas pessoas levantam barreiras, outras constroem moinhos de vento" (Érico Veríssimo)

A TUTELA JURÍDICA DO TRABALHADOR MIGRANTE NO BRASIL

Letícia Ferrão Zapolla[*]
Laís Gonzales de Oliveira[**]
Cynthia Soares Carneiro[***]

1. INTRODUÇÃO

Falar sobre a migração, de forma geral, implica o reconhecimento do processo de globalização, o qual, nas palavras de Bauman "refere-se primordialmente aos *efeitos* globais, notoriamente não pretendidos e imprevistos, e não às *iniciativas* e *empreendimentos* globais[1] (grifos do autor).

Nesse sentido, destaca-se a mobilidade do capital a reforçar as desigualdades entre países do sistema-mundo[2], o que acarreta o deslocamento de pessoas de um local a outro, de forma voluntária ou não, visando melhorias de suas condições de vida. A tal movimento, o artigo dará o nome de migração – opção conceitual que é adotada tendo em vista o constante fluxo de pessoas de um lugar a outro, o que dificulta a categorização do "indivíduo em mobilidade" na concepção fixa de imigrante ou emigrante[3].

Ocorre que, apesar do aumento do deslocamento de pessoas – sendo que a estimativa da Organização Internacional do Trabalho é de que existam cerca de 150 milhões de trabalhadores migrantes no mundo[4] –, cada vez mais são impostas barreiras pelos países receptores, o que não ocorre, contudo, com tipos específicos de migrantes, quais sejam: "a) aqueles que representam recursos humanos altamente qualificados; b) aqueles que empreendem a migração com capital; c) a migração laboral; d) migração para colonização[5]" (tradução livre).

Nesse sentido, a legislação brasileira que disciplina a matéria relativa à migração, datada de período ditatorial, é pautada, mormente, por critérios discriminatórios, tendo em vista que não confere ao estrangeiro os mesmos direitos do nacional, além de dar preferência a certos tipos de migrantes, como é o caso do trabalhador qualificado.

Daí a necessidade de se recorrer a dispositivos internacionais para que se verifique seu cumprimento por parte do Brasil, tendo em vista que aqueles visam, mesmo que de forma mais ampla, uma maior proteção ao migrante a trabalho.

Desse modo, pretende-se responder às perguntas: qual a disciplina normativa sobre migração qualificada

---

(*) Letícia Ferrão Zapolla é mestranda em Direito na Universidade de São Paulo – FDRP. Bacharela em Direito pela Universidade de São Paulo – FDRP. Advogada.
(**) Laís Gonzales de Oliveira é bacharela em Direito pela Universidade de São Paulo – FDRP.
(***) Cynthia Soares Carneiro é professora de Direito Internacional no curso de graduação e mestrado da Faculdade de Direito de Ribeirão Preto-USP, onde também coordena o Grupo de Estudos Migratórios e Apoio ao Trabalhador Estrangeiro no Brasil (GEMTE).
(1) BAUMAN, Zygmunt. *Globalização*: As consequências humanas. Rio de Janeiro: Zahar, 1999. p. 66.
(2) WALLERSTEIN, Immanuel. *World-Systems Analysis*. 4. ed. United States Of America: Duke University, 2006.
(3) FIRMEZA, George Torquato. *Brasileiros no exterior*. Brasília: Fundação Alexandre Gusmão, 2007.
(4) OIT. OIT: Quase 30% dos trabalhadores migrantes do mundo estão no continente americano. Disponível em: <http://www.ilo.org/brasilia/noticias/WCMS_461050/lang--pt/index.htm>. Acesso em: 23 mar. 2016.
(5) "Entre los programas más comunes para promover la migración se encuentran los que están dirigidos a poblaciones específicas, como: a) recursos humanos altamente cualificados, b) migración con capital, c) migración laboral y d) colonización. (...)". PADILLA, Beatriz. ALGUNAS REFLEXIONES SOBRE LA MIGRACIÓN ALTAMENTE CUALIFICADA: POLÍTICAS, MERCADOS LABORALES Y RESTRICCIONES. *Obets. Revista de Ciencias Sociales*, Alicante, v. 5, n. 2, p. 269-291, 10 dez. 2010. Disponível em: <http://dialnet.unirioja.es/descarga/articulo/3796254.pdf>. Acesso em: 20 fev. 2016. p. 277.

no Brasil? Tal disciplina é suficiente para tutelar o trabalhador migrante no país?

Nessa seara, entende-se por trabalhador migrante qualificado como sendo aquele que vem ao país para estudo ou desempenho de atividade que exija ensino superior ou técnico.

O presente trabalho busca, portanto, analisar a migração qualificada no Brasil, sob o ponto de vista do direito interno, sem se descurar, contudo, da análise de diretrizes internacionais de tutela ao trabalhador migrante.

Para isso, será feita uma investigação dogmática sobre o tema, levando-se em conta o entendimento de que esta não se limita a descrever um fenômeno jurídico, mas também se propõe a modificar a realidade posta, ao que se pode denominar "investigação de *lege ferenda*[6]". Ainda, apesar de existirem autores que não diferenciam com clareza os métodos quantitativos e qualitativos, como é o caso de Goode e Hatt[7], o artigo é pautado no método qualitativo, tendo em vista a forma de análise adotada, já que este se configura como "forma adequada para entender a natureza de um fenômeno social"[8].

Estuda-se, assim, a migração como fenômeno do mundo globalizado, partindo-se da visão legislativa brasileira para a análise da legislação internacional, pretendendo, com isso, demonstrar a necessidade de maior comprometimento do Brasil com o cumprimento de diretrizes internacionais para a tutela ao trabalhador migrante.

2. GLOBALIZAÇÃO E CIRCULAÇÃO DE MÃO DE OBRA

A globalização, entendida como "intensificação de relações sociais em escala mundial que ligam localidades distantes de tal maneira que acontecimentos locais são modelados por eventos ocorrendo a muitas milhas de distância e vice-versa[9]", permitiu que houvesse o aumento do fluxo de capital, o que não veio seguido de políticas que permitissem o livre fluxo de pessoas.

Assim, se em alguns aspectos, a globalização pode ser vista como aumento de fluxo de informações, mercadorias e capitais, em outros, ela demonstra ser restritiva e seletiva, como ocorre com a questão da circulação de pessoas[10].

Nesse sentido, a imposição de barreiras – sejam elas físicas, legais ou simbólicas – dificulta a circulação de mão de obra, o que não ocorre, de modo geral, com alguns tipos específicos de trabalhadores.

Isso corrobora com o pensamento de Wallerstein, o qual entende que uma economia mundial é uma grande zona geográfica dentro da qual existe uma divisão do trabalho e significativa troca de bens, assim como fluxo de capital e trabalho, ao que o autor denomina sistema-mundo[11].

Tal concepção torna questionável o entendimento de que o processo migratório se basearia na vontade dos indivíduos de se moverem de um lugar a outro, tendo em vista a complexidade de razões que fazem com que isso ocorra. Assim, pode-se citar a situação de pobreza de certos países, que fazem com que uma pessoa mude para um local com melhores oportunidades de vida; a ocorrência de uma tragédia climática e casos de guerra civil, os quais, de modo geral "impõem" ao indivíduo a mobilidade não tão desejada, tendo em vista o fato de que, mais do que uma mudança territorial, o migrante passará por uma mudança de cultura, podendo ocasionar, inclusive, seu aculturamento.

Ocorre que, contudo, a migração a trabalho existe e ocorre entre países sul-norte, por exemplo, como é o caso da fuga de cérebros, entendida como migração de trabalhadores altamente especializados, que saem de países em desenvolvimento com destino a países desenvolvidos[12], sendo estes os que mais recebem migrantes (correspondendo a 60% do total), enquanto que os países em desenvolvimento recebem cerca de 40% dos migrantes[13].

---

(6) COURTIS, Christian. *El juego de los juristas, ensayo de caracterización de la investigación dogmática*. Disponível em: <https://www.academia.edu/11445482/EL_JUEGO_DE_LOS_JURISTAS_ENSAYO_DE_CARACTERIZACIÓN_DE_LA_INVESTIGACIÓN_DOGMÁTICA_1>. Acesso em: 30 mar. 2016. p. 05.

(7) GOODE, Wiliam; HATT, Paul K. *Métodos em pesquisa social*. São Paulo: Nacional, 1973.

(8) RICHARDSON, Roberto Jarry. *Pesquisa social*: métodos e técnicas. São Paulo: Atlas, 2015. p. 79.

(9) GIDDENS *apud* SOUZA, Edu Morais de. *Migrações e políticas migratórias na globalização*: os desafios político-sociais do Estado. 2013. 115 f. Dissertação (Mestrado em Ciências Sociais) – Universidade Federal de Santa Maria, Santa Maria, 2013. Disponível em: <http://cascavel.ufsm.br/tede/tde_busca/arquivo.php?codArquivo=5227>. Acesso em: 3 abr. 2016. p. 18.

(10) SOUZA, op. cit., p. 28.

(11) WALLERSTEIN, op. cit., p. 23.

(12) MUDENDE *apud* PEIXOTO, J. A mobilidade internacional dos quadros. Oeiras: Celta Editora, 1999. p. 16.

(13) SOUZA, op. cit., p. 25.

Diante da realidade posta, surge a necessidade de se tutelar o trabalhador migrante, por meio de leis e políticas migratórias que, embora não devam se limitar ao território de um país – ressaltando a relevância da proteção internacional dos migrantes –, este também deve desempenhar papel na garantia de direitos de referido trabalhador.

3. LEGISLAÇÃO BRASILEIRA SOBRE MIGRAÇÃO A TRABALHO

Os Estados – compreendendo a sua estrutura institucional como um todo –, de modo geral, podem funcionar como propulsores ou inibidores do fluxo migratório.

Como exemplo disso, pode-se citar o histórico brasileiro de estímulo e restrição à entrada de migrantes. Assim, com o fim do trabalho escravo no país, passou a ser necessária a utilização da mão de obra migrante, com enfoque especial para a vinda de migrantes europeus, os quais foram "escolhidos" à época, não só para suprir a força de trabalho outrora exercida pelos escravos, como também eram vistos como fator de modernização e civilização da república[14]. Ressalta-se que a retomada da imigração e a promulgação da Lei n. 601, de 18 de setembro de 1850 (Lei de Terras), coincidiram com o fim do tráfico de africanos[15].

Segundo aponta Giralda Seyferth, nenhuma menção à pessoa imigrante teria sido feita na legislação e na documentação brasileiras acerca da colonização estrangeira até meados do século XIX: a categoria "imigrante" teria inicialmente aparecido no âmbito político por volta da década de 1840[16], no momento de consolidação do Estado brasileiro, sendo essa imigração associada ao povoamento do território e ao trabalho livre, conforme as necessidades do governo imperial[17].

Nesse sentido, passa a ser exigida determinada qualificação do estrangeiro migrante, devendo o então "colono genérico" – simplesmente branco e civilizado – apresentar-se como um indivíduo robusto, saudável, diligente no serviço do qual se encarrega, conforme extraído da própria legislação ou em textos acerca da nova Lei de Terras supramencionada[18]. As políticas de colonização após 1845 mostram os interesses econômicos e geopolíticos associados à imigração[19], em que se pode observar uma política de estímulo migratório adotada pelo Estado brasileiro, direcionada à vinda de mão de obra estrangeira, esta com as qualificações necessárias às demandas laborais do país.

O fenômeno migratório deixava de corresponder a um exílio forçado ou movimentação espontânea, tornando-se um instrumento eficaz de civilização do globo[20]. Contudo, esse não seria o caso dos chineses, já que o recebimento de migrantes dessa nacionalidade era repudiado por Nabuco, tendo em vista representar, nas palavras deste, "a extensão da escravidão[21]".

Entretanto, apesar de todas essas políticas "convidativas" à migração, a imagem do "colono civilizador" não significou a aceitação plena do estrangeiro disposto a se estabelecer no país – e, assim, tornar-se um "imigrante", com garantias e direitos –, sendo que o próprio processo de naturalização era dificultado para os estabelecidos em núcleos coloniais, isolados da sociedade nacional[22].

O "colono estrangeiro" tornou-se, também, um problema político ao fazer reivindicações, por exemplo, quanto à liberdade e aos direitos civis, além de protagonizar vários movimentos sociais envolvendo seu descontentamento com as condições de assentamento, mostrando-se, menos resignado e submisso[23]. Assim,

---

(14) VILLEN, Patrícia. Qualificação da imigração no Brasil: um novo capítulo das políticas imigratórias? *Ruris*, Campinas, v. 6, n. 1, p. 107-126, mar. 2012. Disponível em: <http://www.ifch.unicamp.br/ojs/index.php/ruris/article/viewFile/1560/1077>. Acesso em: 5 abr. 2016. p. 109-111.

(15) SEYFERTH, Giralda. Imigrantes, estrangeiros: a trajetória de uma categoria incomoda no campo político. In: MESA REDONDA IMIGRANTES E EMIGRANTES: as transformações das relações do Estado Brasileiro com a Migração. 26ª Reunião Brasileira de Antropologia, realizada entre os dias 01 e 04 de junho de 2008, Porto Seguro, Brasil. *Anais eletrônicos...* Disponível em: <http://www.abant.org.br/conteudo/ANAIS/CD_Virtual_26_RBA/mesas_redondas/trabalhos/MR%2012/giralda%20seyferth.pdf>. Acesso em: 18 abr. 2016. p. 06.

(16) A falta de menção à categoria "imigrante" justifica-se pelo mesmo sentido de definição empregado aos termos "colono" e "imigrante", em vista da própria política migratória brasileira ser definida como "colonização estrangeira". *Ibidem*, p. 07.

(17) *Ibidem*, p. 04.

(18) *Ibidem*, p. 06.

(19) *Ibidem*, p. 07.

(20) BASTOS *apud* SEYFERTH, op. cit., p. 08.

(21) NABUCO *apud* VILLEN, op. cit., p. 113.

(22) SEYFERTH, op. cit., p. 08.

(23) *Ibidem*.

as situações conflituosas, o aparente desafio às leis e às autoridades, o não pagamento da dívida colonial, a mobilidade espacial motivada pela fundação de novos núcleos, entre outras razões, acabaram por revelar um colono indesejado, politizado: estrangeiro, problemático, então desqualificado como "comunista"[24].

No entanto, essas presenças "indesejadas" e as dificuldades de implementar a migração espontânea não desanimaram o impulso colonizador do Estado brasileiro, mas tão somente fez com que a própria legislação passasse a recomendar um maior cuidado na seleção dos colonos: deveriam tratar-se de agricultores, preferencialmente acompanhados pela família, que provassem suas procedência, idoneidade e moralidade[25].

Percebe-se que os princípios econômicos e políticos das políticas migratórias, bem como a definição da própria categoria de "imigrante" ou "colono", são substituídos pela subjetividade da formação nacional, envolvendo também o problema da assimilação dos estrangeiros: no campo político, grupos nacionalistas manifestavam o "perigo" de uma concentração de estrangeiros não assimilados[26].

Nesse sentido, o fenômeno migratório foi considerado necessário, e até mesmo empregado como instrumento de civilização na consolidação do Estado, mas comumente é convertido em problema ou perigo nos períodos de crise, principalmente quando faz referência à nação[27].

Até o início do século XX, o Estado brasileiro promoveu uma migração dirigida, destinada a atividades agrícolas e artesanais, sem a imposição de maiores restrições à migração espontânea; entretanto, esse tipo de incentivo desaparece depois da Primeira Guerra Mundial, quando foi enrijecido o controle da entrada e permanência de estrangeiros – uma vez que o desfecho da guerra teria acarretado ampla reconfiguração das fronteiras territoriais e o surgimento de novos Estados, além do deslocamento em massa de pessoas sem Estado (os indesejados refugiados e apátridas)[28].

Observa-se, portanto, que, após uma época de estímulo migratório, passa-se à fase de nacionalização, de se tratar o migrante como ameaça à segurança nacional, o que se dá a partir da Primeira Guerra Mundial. Nesse sentido, na Era Vargas é aplicado o sistema de cotas para o ingresso de migrantes, visando barrar nacionalidades indesejadas[29].

No mesmo sentido, é a Lei n. 6.815/1980[30], a qual, elaborada em um contexto de ditadura militar, tem por objetivo disciplinar a situação jurídica do estrangeiro no Brasil. Tal lei busca atender, em sua aplicação, a segurança nacional e aos interesses socioeconômicos do país, entre outros, sendo que a concessão de visto ao estrangeiro fica condicionada ao interesse nacional.

Nota-se, em um primeiro momento, a indefinição dos termos "segurança nacional" e "interesse nacional", adotados pela lei, o que faz com que a política migratória fique nas mãos do Estado, como discricionariedade deste. Este, por sua vez, pode ou não entender que a migração se enquadra em tais concepções. Além disso, ressalta-se a utilização do termo "estrangeiro" para definir aquele que vem de outro país, como o "outro", o "estranho", o que evidencia o caráter discriminatório da legislação brasileira.

A Lei n. 6.815/1980, então, reforça a noção de que os países detêm papel no estímulo de certos "tipos" de migrantes, o que reforça o contexto de soberania de um Estado, sendo este o responsável por editar suas leis internas, ratificar tratados internacionais e fazê-los cumprir, a não ser que lhe seja imposta penalidade advinda de Corte Internacional da qual faça parte.

Além do já exposto, pode-se relatar a tendência aparentemente discriminatória adotada pelo Brasil, em relação aos trabalhadores migrantes qualificados e não qualificados, sendo que o conceito do que seria tal profissional já foi explicitado na Introdução desse artigo.

Assim, podem ser citados alguns exemplos encontrados na Legislação brasileira. O art. 13 da Lei n. 6.815/1980, nessa seara, trata da concessão de visto temporário ao estrangeiro que pretenda vir ao Brasil em missão de estudos, viagem de negócios, na condição de cientista, pesquisador, técnico, professor sob regime de contrato ou a serviço do governo brasileiro, entre outros.

---

(24) SEYFERTH, op. cit., p. 08.
(25) *Ibidem*, p. 08-09.
(26) *Ibidem*, p. 09.
(27) *Ibidem*, p. 12.
(28) *Ibidem*, p. 12-13.
(29) VILLEN, op. cit., p. 117.
(30) BRASIL. Lei n. 6.815, de 19 de agosto de 1980. *Define a situação jurídica do estrangeiro no Brasil, cria o Conselho Nacional de Imigração*. Brasília. Disponível em: <http://www.planalto.gov.br/ccivil_03/leis/L6815.htm>. Acesso em: 11 abr. 2016.

No mesmo sentido, o parágrafo único do art. 16, que versa sobre visto permanente, dispõe que a imigração objetiva mão de obra especializada aos setores da economia nacional.

Os exemplos trazidos servem de referência para a permissão de entrada e permanência do estrangeiro no país, tendo em vista ser a lei em questão plenamente vigente no ordenamento jurídico brasileiro.

Ao encontro do que dispõe o Estatuto do Estrangeiro, podem ser elencadas algumas Resoluções Normativas do Conselho Nacional de Imigração, disciplinam a concessão de visto a trabalhadores que possuem qualificação, como é o caso da Resolução n. 1, de 29 de abril de 1997, que dispõe sobre a "concessão de visto para professor ou pesquisador de alto nível e para cientistas estrangeiros[31]".

Ainda, cita-se a Resolução Normativa n. 62, de 8 de dezembro de 2004, "que disciplina a concessão de autorização de trabalho e de visto permanente a estrangeiro, Administrador, Gerente, Diretor ou Executivo, com poderes de gestão, de Sociedade Civil ou Comercial, Grupo ou Conglomerado econômico[32]" e a Resolução Normativa n. 101, de 23 de abril de 2013, que versa sobre "a concessão de visto a cientista, pesquisador e ao profissional estrangeiro que pretenda vir ao País para participar das atividades que especifica e a estudantes de qualquer nível de graduação ou pós graduação[33]".

Nesses termos, pode-se notar a preferência do governo brasileiro pelo recebimento de migrantes qualificados, o que é reforçado pela edição de leis que disciplinam a sua recepção e permanência no país.

Outro não é o entendimento de Mármora, citado por Souza:

> Cabe destacar, como faz Mármora (2004), que a intensificação do controle sobre as fronteiras não significa o fechamento total da entrada para a imigração, na verdade, o que há é uma crescente triagem de quem preenche ou não os requisitos exigidos para a entrada naquele momento histórico específico[34]. (g.n)

Ocorre que, mesmo havendo aparente discriminação legal, é certo que mesmo o trabalhador qualificado ainda não tem direitos garantidos, com exclusividade, ao brasileiro nato, como a possibilidade de organização em sindicatos (vedada pelo art. 106, VII, da Lei n. 6.815/1980), e alguns direitos e garantias constitucionais, como é o caso do art. 14, § 2º, que dispõe sobre a impossibilidade de os estrangeiros se alistarem como eleitores, além de serem inelegíveis.

Desse modo e, diante do atual contexto de globalização, entende-se que o direito interno dos países é insuficiente para a tutela dos migrantes que neles se encontram, daí a necessidade de se recorrer a dispositivos internacionais, visando, com isso, conferir ao trabalhador migrante maior tutela de seus direitos.

4. DOS DISPOSITIVOS INTERNACIONAIS RELEVANTES PARA A TUTELA DO TRABALHADOR MIGRANTE

Já se falou sobre o fato de a migração internacional consistir em fenômeno global, o que faz com que a tutela do trabalhador não possa se circunscrever ao âmbito territorial de um Estado, sob a pena de se ver destituído de direitos que são universais a todos os indivíduos.

Nesse sentido, o Considerando da Constituição da Organização Internacional do Trabalho (OIT) dispõe: "(...) Considerando que a não adoção por qualquer nação de um regime de trabalho realmente humano cria obstáculos aos esforços das outras nações desejosas de melhorar a sorte dos trabalhadores nos seus próprios territórios[35]".

Tal considerando se lastreia na concepção universalista de direitos humanos, sendo a universalidade característica marcante do regime jurídico internacional

---

(31) BRASIL. Resolução Normativa n. 1, de 29 de abril de 1997. *Concessão de visto para professor ou pesquisador de alto nível e para cientistas estrangeiros*. Brasília, Disponível em: <http://www.icmbio.gov.br/sisbio/images/stories/instrucoes_normativas/RN_CNImg_01_1997.pdf>. Acesso em: 11 abr. 2016.

(32) BRASIL. Resolução Normativa n. 62, de 08 de dezembro de 2004. *Disciplina a concessão de autorização de trabalho e de visto permanente a estrangeiro, administrador, gerente, diretor ou executivo, com poderes de gestão, de sociedade civil ou comercial, grupo ou conglomerado econômico*. Disponível em: <http://www.guiatrabalhista.com.br/legislacao/resolucaoncni62.htm>. Acesso em: 11 abr. 2016.

(33) BRASIL. Resolução Normativa n. 101, de 23 de abril de 2013. *Disciplina a concessão de visto a cientista, pesquisador e ao profissional estrangeiro que pretenda vir ao país para participar das atividades que especifica e a estudantes de qualquer nível de graduação ou pós graduação*. Brasília, Disponível em: <http://sistemas.mre.gov.br/kitweb/datafiles/Berlim/en-us/file/RN 101.pdf>. Acesso em: 11 abr. 2016.

(34) MÁRMORA *apud* SOUZA, op. cit., p. 28.

(35) OIT. *Constituição da Organização Internacional do Trabalho (OIT) e Seu Anexo (Declaração de Filadélfia)*. Filadélfia. Disponível em: <http://www.oitbrasil.org.br/sites/default/files/topic/decent_work/doc/constituicao_oit_538.pdf>. Acesso em: 2 abr. 2016.

de direitos humanos. Isso porque, trata-se de afirmar que a pluralidade de culturas e orientações religiosas deve ser respeitada com o reconhecimento da liberdade e participação com direitos iguais para todos, sendo que tal concepção é caracterizada pela indivisibilidade, interdependência, indisponibilidade, caráter *erga omnes*, exigibilidade e de aplicação imediata[36].

Desse modo, a tutela dos trabalhadores migrantes em âmbito internacional se dá, basicamente, por meio da edição de diretrizes pela Organização Internacional do Trabalho (OIT) e pela Organização das Nações Unidas (ONU), o que será disposto a seguir.

Quanto às Convenções da OIT que versam sobre o direito do trabalhador migrante, podem-se citar, dentre outras, a Convenção nº 19 de 1925, ratificada pelo Brasil (Decreto n. 41.721, de 25.06.1957), a qual assegura ao nacional e a qualquer outro membro que haja ratificado a Convenção o mesmo tratamento aos nacionais, em matéria de indenização por acidentes de trabalho.

Além desta, a Convenção n. 97 da OIT de 1939, ratificada pelo Brasil (Decreto n. 58.819, de 14.07.1966) versa sobre "trabalhador migrante", mais especificamente o migrante legal, estabelecendo o mesmo tratamento deste em relação ao trabalhador nacional.

A Convenção n. 143 de 1975, por sua vez, não foi ratificada pelo Brasil, e visa combater a migração ilegal e clandestina, enquanto estabelece obrigação geral de respeito aos direitos humanos básicos do trabalhador migrante[37].

Importante documento de tutela aos trabalhadores migrantes diz respeito à Convenção da ONU sobre a proteção dos direitos de todos os trabalhadores migrantes e dos membros de suas famílias. Sobre esta, afirma Lopes:

> Até dezembro de 2008, apenas 39 países a haviam ratificado (...). Nesse grupo não consta nenhum país receptor de imigrantes, nenhum país do "primeiro mundo", nenhum país "desenvolvido", nada obstante o conteúdo mínimo das garantias conferidas. Como se nota, o Brasil não é um dos países que ratificaram a Convenção (o único ausente do Mercosul), apesar do compromisso político de ratificá-la constar do Plano Nacional de Direitos Humanos, de 1996, como uma medida "de curto prazo"[38].

Ainda sobre referida Convenção, dispõe Lopes:

> Conclui-se que a Convenção da ONU efetivamente estabelece um marco mínimo de direitos para os trabalhadores imigrantes, especialmente relevante por três motivos: a) estabelece expressamente que os trabalhadores não poderão sofrer restrições no que diz a uma série de direitos definidos como "direitos humanos" (neles estão incluídos os direitos decorrentes das relações laborais), apesar de eventual situação de irregularidade administrativa; b) a previsão de direitos para os trabalhadores migrantes pode ajudar a limitar a "potestade" dos Estados Parte na adoção de política de migração; c) estabelece procedimentos de acompanhamento do cumprimento da convenção e mecanismos para solução de controvérsias, que dão um impulso mais forte para o cumprimento de Convenção que a simples declaração de direitos[39].

Ocorre que, mesmo diante da existência de diretrizes internacionais estabelecendo um rol de direitos aos trabalhadores migrantes, ainda é pequeno o número de países vinculados a elas, o que dificulta a imposição de sanções por parte dos organismos internacionais e demonstra o baixo grau de *compliance* dos atores internacionais na tutela desses trabalhadores.

Nesse sentido, o entendimento de Danny Zahreddine e Ricardo Bezerra Requião:

> A despeito das iniciativas – praticamente autônomas, como será visto – destas duas organizações, as convenções não usufruem de amplo comprometimento estatal, fazendo com que o regime internacional de proteção aos trabalhadores migrantes seja, até o presente momento, um empreendimento que apresenta debilidades e fraquezas institucionais por conta do baixo grau de *compliance* existente[40].

---

(36) RAMOS, André de Carvalho. *Teoria geral dos direitos humanos na ordem internacional*. Rio de Janeiro: Renovar, 2005.

(37) ILO. *Rules of the game*: A brief introduction to International Labour Standards. Switzerland: Ilo, 2005. Disponível em: <http://www.ilo.org/wcmsp5/groups/public/---ed_norm/---normes/documents/publication/wcms_084165.pdf>. Acesso em: 02 abr. 2016.

(38) LOPES, Cristiane Maria Sbalqueiro. *Direito de Imigração*: o Estatuto do Estrangeiro em uma perspectiva de Direitos Humanos. Porto Alegre: Núria Fabris, 2009. p. 240-241.

(39) *Ibidem*, p. 249.

(40) ZAHREDDINE, Danny; REQUIÃO, Ricardo Bezerra. *Brasil e o Regime Internacional de Proteção aos trabalhadores migrantes*. Disponível em: <http://www.cedin.com.br/wp-content/uploads/2014/05/Brasil-e-o-Regime-Internacional-de-Prote%C3%A7%C3%A3o-aos--Trabalhadores-Migrantes.pdf>. Acesso em: 03 abr. 2016.

Tal é o caso do Brasil. Além de não ratificar as Convenções Internacionais em tela, não emprega esforços para cumprir aquelas ratificadas, o que denota seu baixo grau de *compliance* em relação à modificação das leis que disciplinam a tutela jurídica do trabalhador migrante.

Conclui-se, então, pela necessidade de engajamento dos países de forma geral, como é o caso do Brasil, seja por meio da presença nos processos decisórios internacionais, seja pela ratificação e cumprimento das convenções que vigoram no âmbito internacional, o que "reforçaria ainda mais nossa posição na Sociedade de Estados como um Global Player, atento e proativo às transformações constantes do Sistema Internacional[41]".

5. CONCLUSÃO

Ante o exposto, pode-se concluir que a globalização permitiu a intensificação da mobilidade do capital, sem que, com isso, fossem desenvolvidas políticas e leis internas que permitissem o livre fluxo de pessoas, o que não ocorre com certos tipos de trabalhadores, como é o caso de trabalhadores qualificados.

Quanto ao Brasil, seu histórico foi apresentado como país que promoveu estímulo e inibição de recebimento de determinados "tipos" de migrantes. Nesse sentido, foram citados o Estatuto do Estrangeiro (Lei n. 6.815/1980) e as Resoluções Normativas do Conselho Nacional de Imigração, em vigor até os dias de hoje, o que demonstra a preferência do governo brasileiro pelo recebimento de migrantes qualificados.

Embora identificada essa aparente discriminação, demonstrou-se que mesmo tais trabalhadores não contam com os mesmos direitos constitucionais garantidos aos nacionais, como é o caso do direito à sindicalização.

Nesse sentido, diante da insuficiência do direito interno para a garantia de direitos mínimos ao trabalhador migrante, mostrou-se necessário recorrer ao Direito Internacional para sua tutela, levando-se em conta, para isso, uma visão de direitos humanos com base em uma concepção universalista.

Assim, foram citados dispositivos internacionais que versam sobre a tutela do trabalhador migrante, dentre as quais Convenções da OIT e da ONU, sendo que algumas não foram ratificadas pelo Brasil, o que faz com que haja maior vulnerabilidade por parte dos migrantes.

Por fim, destacou-se a importância de um maior comprometimento do país para que se ratifiquem e se façam cumprir as Convenções Internacionais para que, assim, possam ser garantidos direitos básicos ao trabalhador migrante.

6. REFERÊNCIAS

BAUMAN, Zygmunt. *Globalização*: As consequências humanas. Rio de Janeiro: Zahar, 1999.

BRASIL. Lei n. 6.815, de 19 de agosto de 1980. *Define a situação jurídica do estrangeiro no Brasil, cria o Conselho Nacional de Imigração*. Brasília. Disponível em: <http://www.planalto.gov.br/ccivil_03/leis/L6815.htm>. Acesso em: 11 abr. 2016.

_____. Resolução Normativa n. 1, de 29 de abril de 1997. *Concessão de visto para professor ou pesquisador de alto nível e para cientistas estrangeiros*. Brasília. Disponível em: <http://www.icmbio.gov.br/sisbio/images/stories/instrucoes_normativas/RN_CNImg_01_1997.pdf>. Acesso em: 11 abr. 2016.

_____. Resolução Normativa n. 62, de 08 de dezembro de 2004. *Disciplina a concessão de autorização de trabalho e de visto permanente a estrangeiro, administrador, gerente, diretor ou executivo, com poderes de gestão, de sociedade civil ou comercial, grupo ou conglomerado econômico*. Brasília. Disponível em: <http://www.guiatrabalhista.com.br/legislacao/resolucaoncni62.htm>. Acesso em: 11 abr. 2016.

_____. Resolução Normativa n. 101, de 23 de abril de 2013. *Disciplina a concessão de visto a cientista, pesquisador e ao profissional estrangeiro que pretenda vir ao país para participar das atividades que especifica e a estudantes de qualquer nível de graduação ou pós graduação*. Brasília. Disponível em: <http://sistemas.mre.gov.br/kitweb/datafiles/Berlim/en-us/file/RN 101.pdf>. Acesso em: 11 abr. 2016.

COURTIS, Christian. *El juego de los juristas, ensayo de caracterización de la investigación dogmática*. Disponível em: <https://www.academia.edu/11445482/EL_JUEGO_DE_LOS_JURISTAS_ENSAYO_DE_CARACTERIZACIÓN_DE_LA_INVESTIGACIÓN_DOGMÁTICA_1>. Acesso em: 30 mar. 2016.

FIRMEZA, George Torquato. *Brasileiros no exterior*. Brasília: Fundação Alexandre Gusmão, 2007.

GOODE, Wiliam; HATT, Paul K. Métodos em pesquisa social. São Paulo: Nacional, 1973

ILO. *Rules of the game*: A brief introduction to International Labour Standards. Switzerland: Ilo, 2005. Disponível em: <http://www.ilo.org/wcmsp5/groups/public/---ed_norm/---normes/documents/publication/wcms_084165.pdf>. Acesso em: 02 abr. 2016.

LOPES, Cristiane Maria Sbalqueiro. *Direito de Imigração*: o Estatuto do Estrangeiro em uma perspectiva de Direitos Humanos. Porto Alegre: Núria Fabris, 2009.

---

(41) *Ibidem*, p. 21-22.

OIT. OIT: Quase 30% dos trabalhadores migrantes do mundo estão no continente americano. Disponível em: <http://www.ilo.org/brasilia/noticias/WCMS_461050/lang--pt/index.htm>. Acesso em 23 mar. 2016.

_____. *Constituição da Organização Internacional do Trabalho (OIT) e Seu Anexo (Declaração de Filadélfia)*. Filadélfia. Disponível em: <http://www.oitbrasil.org.br/sites/default/files/topic/decent_work/doc/constituicao_oit_538.pdf>. Acesso em: 02 abr. 2016.

PADILLA, Beatriz. Algunas reflexiones sobre la migración altamente cualificada: políticas, mercados laborales y restricciones. *Obets. Revista de Ciencias Sociales*, Alicante, v. 5, n. 2, p. 269-291, 10 dez. 2010. Disponível em: <http://dialnet.unirioja.es/descarga/articulo/3796254.pdf>. Acesso em: 20 fev. 2016.

PEIXOTO, J. *A mobilidade internacional dos quadros*. Oeiras: Celta Editora, 1999.

RAMOS, André de Carvalho. *Teoria geral dos direitos humanos na ordem internacional*. Rio de Janeiro: Renovar, 2005.

RICHARDSON, Roberto Jarry. *Pesquisa social*: métodos e técnicas. São Paulo: Atlas, 2015.

SEYFERTH, Giralda. Imigrantes, estrangeiros: a trajetória de uma categoria incomoda no campo político. In: MESA REDONDA IMIGRANTES E EMIGRANTES: as transformações das relações do Estado Brasileiro com a Migração. 26ª Reunião Brasileira de Antropologia, realizada entre os dias 01 e 04 de junho de 2008, Porto Seguro, Brasil. *Anais eletrônicos*. Disponível em: <http://www.abant.org.br/conteudo/ANAIS/CD_Virtual_26_RBA/mesas_redondas/trabalhos/MR%2012/giralda%20seyferth.pdf>. Acesso em: 18 abr. 2016.

SOUZA, Edu Morais de. *Migrações e políticas migratórias na globalização:* os desafios político-sociais do Estado. 2013. 115 f. Dissertação (Mestrado em Ciências Sociais) – Universidade Federal de Santa Maria, Santa Maria, 2013. Disponível em: <http://cascavel.ufsm.br/tede/tde_busca/arquivo.php?codArquivo=5227>. Acesso em: 03 abr. 2016.

VILLEN, Patrícia. Qualificação da imigração no Brasil: um novo capítulo das políticas imigratórias?. *Ruris*, Campinas, v. 6, n. 1, p. 107-126, mar. 2012. Disponível em: <http://www.ifch.unicamp.br/ojs/index.php/ruris/article/viewFile/1560/1077>. Acesso em: 05 abr. 2016.

WALLERSTEIN, Immanuel. *World-Systems Analysis*. 4. ed. United States Of America: Duke University, 2006.

ZAHREDDINE, Danny; REQUIÃO, Ricardo Bezerra. *Brasil e o Regime Internacional de Proteção aos trabalhadores migrantes*. Disponível em: < http://www.cedin.com.br/wp-content/uploads/2014/05/Brasil-e-o-Regime-Internacional-de-Prote%C3%A7%C3%A3o-aos-Trabalhadores-Migrantes.pdf>. Acesso em: 03 abr. 2016.

AUTORIZAÇÕES PARA TRABALHO INFANTO-JUVENIL: DA COMPETÊNCIA DA JUSTIÇA DO TRABALHO

Eliana dos Santos Alves Nogueira[(*)]

> *"Não podemos esquecer: uma criança, um professor, um livro e uma caneta podem mudar o mundo. A educação é a única solução."*
> **Malala Yousafzai. Prêmio Nobel da Paz 2014.**

1. NOTAS INTRODUTÓRIAS

O trabalho infantil, infelizmente, continua sendo uma chaga em nossa sociedade moderna. Para muito além da realidade brasileira, a presença da forte e contínua exploração de crianças e adolescentes no mundo é ainda uma triste realidade. E o senso comum que envolve esta questão nos coloca em situação de grave desvantagem quando o foco é o combate efetivo, até a erradicação desta verdadeira praga social.

Infelizmente ainda temos muitos defensores do trabalho precoce, com a argumentação de que pelo trabalho, crianças e adolescentes conseguiriam dignidade. A perversidade deste discurso, contudo, encontra-se na inversão de valores que a ideia coloca, ou seja, ao invés da defesa intransigente da educação e capacitação das crianças e adolescentes pobres (eis que apenas a estes o trabalho precoce é reservado), é feita a defesa do trabalho como forma de alcançar algo que apenas a educação pode fornecer, ou seja, o acesso à dignidade e à plena cidadania.

Os riscos que o trabalho envolve, seja em que situação for, são intencionalmente negligenciados em prol da ideia de que ele seria o redentor da pobreza, da miséria, da marginalidade. No entanto, o que se verifica, em realidade, é que o trabalho precoce apenas atua como mais um elemento de manutenção destas crianças e adolescentes na pobreza, na miséria e na marginalidade. Isto porque o trabalho precoce afasta a criança e o adolescente da escola, subtraindo-lhes qualquer oportunidade para que seja rompido o ciclo de pobreza no qual estão inseridas.

É exatamente em razão das consequências que o trabalho precoce pode provocar na vida de crianças e adolescentes é que defendemos a ideia de que cabe à Justiça do Trabalho (e a mais nenhuma outra) a tarefa de analisar situações nas quais existam pedidos de autorização para trabalho antes da idade mínima, em qualquer situação que seja.

A Justiça do Trabalho, cuja atuação centra-se nas questões relacionadas ao mundo do trabalho, possui a expertise necessária para analisar cada pedido apresentado, ponderar a situação real da criança ou do adolescente e colocar em ação a rede de proteção preconizada no Estatuto da Criança e do Adolescente, o chamado Sistema de Garantia de Direitos, visando, em conjunto com os outros órgãos da sociedade civil e entes públicos, garantir que o acesso ao mercado de trabalho seja realizado da forma adequada, com a proteção prevista em lei e possibilitando-se, no futuro, reais oportunidades de trabalho e renda.

Neste breve artigo, nosso foco será demonstrar os motivos pelos quais o trabalho precoce deve ser vigo-

---

(*) Eliana dos Santos Alves Nogueira é Juíza do Trabalho, titular da 2ª Vara do Trabalho de Franca/SP – TRT 15ª. Região. Juíza Coordenadora do Juizado Especial da Infância e Juventude da Justiça do Trabalho – JEIA de Franca/SP. Professora Assistente junto ao Departamento de Direito Privado da Faculdade de Ciências Humanas e Sociais – Unesp/Franca/SP. Membro do Comitê de Erradicação do Trabalho Infantil do TRT da 15ª Região; Mestre em Direito pela Unesp/Franca/SP. Doutoranda em Direito do Trabalho e Previdência Social pela Facoltà La Sapienza em Roma/Itália.

rosamente combatido e sua autorização apenas pode ocorrer em situações especialíssimas, conforme autoriza a legislação nacional e internacional, apenas para representações artísticas de brevíssima duração, em caráter excepcional. E, ainda quando autorizado, deve ser garantida a integral e prioritária atenção à criança e ao adolescente. Ao final, pretendemos demonstrar os motivos jurídicos pelos quais tal autorização deve ser de competência exclusiva da Justiça do Trabalho.

2. DA PROTEÇÃO À CRIANÇA E AO ADOLESCENTE NO QUE DIZ RESPEITO AO INGRESSO NO MUNDO DO TRABALHO

A legislação brasileira considera criança todo indivíduo com idade inferior a 12 (doze anos) e adolescente aquele que se encontra na faixa etária entre 12 (doze) anos e 18 (dezoito) anos de idade. Com o advento do Estatuto da Juventude, promulgado pela Lei n. 12.852/2013, são considerados jovens os indivíduos com idade entre 15 (quinze) e 29 (vinte e nove) anos de idade, conforme art. 1º, § 1º, estabelecendo, contudo, que aos indivíduos entre 15 (quinze) e 18 (dezoito) anos, aplica-se prioritariamente o ECA. Para esta faixa etária, o Estatuto da Juventude apenas pode ser aplicado quando suas normas não conflitarem com as normas de proteção ao adolescente previstas no ECA.

Nossa legislação trabalhista, em princípio, considera trabalho infantil aquele desenvolvido por crianças e adolescentes com idade inferior a 16 (dezesseis) anos, salvo se o trabalho for desenvolvido na condição de aprendiz, autorizado a partir da idade de 14 (catorze) anos, desde que o adolescente esteja devidamente inscrito em programa de aprendizagem legalmente reconhecido.

Dizemos "em princípio" porque, depois da ratificação da Convenção 138 da Organização Internacional do Trabalho pelo Brasil, que ocorreu pelo Decreto 4.134 de 15 de fevereiro de 2002, a idade mínima, nos termos da Convenção, deve corresponder ao término do ensino obrigatório. O art. 3º da Convenção 138 da OIT estabelece que a idade mínima não pode ser inferior à idade de conclusão da escolaridade compulsória ou, em qualquer hipótese, não inferior a quinze anos. O item 4, da mesma Convenção, abre exceção apenas na hipótese de países em que a economia ou as condições de ensino não estiverem suficientemente desenvolvidas, onde após consulta às organizações de empregadores e trabalhadores, possa ser definida uma idade inicial de quatorze anos. Frise-se que o caso desta exceção não é o caso do Brasil.

Ocorre que o Brasil, pela Emenda Constitucional 59 de 2009, que alterou o art. 208, I, da Constituição Federal, estabeleceu que a educação básica obrigatória e gratuita deve ser garantida pelo Estado entre os 4 (quatro) e 17 (dezessete) anos de idade (a nosso ver dezessete anos completos). Entendemos, assim, que a idade mínima laboral, conforme se depreende do conjunto legislativo brasileiro, passou a ser 18 (dezoito) anos de idade.

Desta feita, acreditamos que após a definição, pelo art. 208, I, da Constituição Federal Brasileira, de que a escolaridade obrigatória se encerra aos 17 anos de idade (completos – idade que corresponde ao fim do Ensino Médio no Brasil), a idade mínima, em observância à Convenção 138 da OIT, já ratificada pelo Brasil, deve ser 18 anos e não 16 anos como até hoje se defende.

Ainda que este reconhecimento expresso ainda não tenha sido feito, de aumento da idade mínima, é preciso lembrar que, desde que o Brasil ratificou a Convenção n. 182 da OIT, essa idade mínima deve ser aumentada para as consideradas piores formas de trabalho infantil, que passaram a ser proibidas para indivíduos com idade inferior a 18 (dezoito) anos. O Decreto n. 6.481/2008, que regulamentou referida Convenção, trouxe em anexo a lista TIP, que elenca 93 atividades consideradas as piores formas de trabalho infantil.

O mesmo decreto prevê que tal proibição pode ser elidida quando o emprego ou trabalho for autorizado pelo Ministério do Trabalho e Emprego aos indivíduos com idade superior a 16 (dezesseis) anos, mas isso apenas pode ocorrer pós consulta às organizações de empregadores e trabalhadores interessadas, garantindo-se contudo a saúde, à segurança e à moral dos adolescentes, mediante parecer técnico circunstanciado, assinado por profissional legalmente habilitado em segurança e saúde no trabalho, que ateste a inexistência de exposição a riscos que possam comprometer a segurança, saúde e moral dos adolescentes. Prevê, por fim, que em tais atividades podem ser desenvolvidas funções técnicas ou administrativas, mesmo na condição de aprendizes, desde que fora das áreas de risco à saúde, à segurança e à moral.

Referida Lista TIP é dividida em duas partes e estabelece atividades proibidas aos menores de 18 anos que sejam prejudiciais à saúde e à segurança, na primeira parte, e trabalhos prejudiciais à moralidade, na segunda parte.

Na primeira parte temos atividades desenvolvidas nos setores da agricultura, pecuária, silvicultura e exploração florestal; pesca; indústria extrativa; indústria da transformação; produção e distribuição de eletricidade, gás e água; construção; comércio (reparação de veículos automotores objetos pessoais e domésticos); transporte e armazenagem; saúde e serviços sociais; serviços coletivos, sociais, pessoais e outros; serviço doméstico e outras que envolvem riscos em quaisquer situações.

Na segunda parte enumera-se mais 4 itens descrevendo atividades prejudiciais à moralidade, a saber: aqueles prestados de qualquer modo em prostíbulos, boates, bares, cabarés, danceterias, casas de massagem, saunas, motéis, salas ou lugares de espetáculos obscenos, salas de jogos de azar e estabelecimentos análogos; de produção, composição, distribuição, impressão ou comércio de objetos sexuais, livros, revistas, fitas de vídeo ou cinema e CDs pornográficos, de escritos, cartazes, desenhos, gravuras, pinturas, emblemas, imagens e quaisquer outros objetos pornográficos que possam prejudicar a formação moral; de venda, a varejo, de bebidas alcóolicas; e com exposição a abusos físicos, psicológicos ou sexuais.

O trabalho noturno é proibido a quem ainda não completou a idade de 18 anos de idade, considerado este o trabalho urbano realizado entre 22h de um dia e 5h do outro, e, para o trabalho desenvolvido na zona rural, aquele que se desenvolve das 21h às 5h se for na lavoura e das 20h às 4h se for na pecuária.

Além disso, o trabalhador que ainda não tenha completado 18 (dezoito) anos não pode realizar trabalho insalubre, perigoso ou penoso.

É importante frisar que dentre aquelas atividades consideradas como as piores formas de trabalho infantil está o trabalho doméstico. Por este motivo, nenhum trabalho em âmbito doméstico poderá ser exercido pelos adolescentes com idade inferior a 18 (dezoito) anos, inexistindo permissão para labor em idade anterior, incluindo-se aqui toda e qualquer atividade desenvolvida em âmbito doméstico (cuidados com a casa, jardinagem, serviços de babá, cuidadores de idosos, limpeza e cuidado de ranchos e sítios de lazer, entre outros similares).

A Lista TIP também relaciona quais são os principais riscos aos quais se submete o trabalhador em âmbito doméstico, a saber: esforços físicos intensos, isolamento, abuso físico, psicológico e sexual; longas jornadas de trabalho, trabalho noturno, calor, exposição ao fogo, posições antiergonômicas e movimentos repetitivos; tracionamento da coluna vertebral, e sobrecarga muscular. Estes riscos podem levar a inúmeras consequências: afecções musculoesqueléticas (bursites, tendinites, dorsalgias, sinovites, tenossinovites), contusões, fraturas, ferimentos, queimaduras, ansiedade, alterações na vida familiar, transtornos do ciclo vigília-sono, DORT/LER, deformidades da coluna vertebral (lombalgias, lombociatalgias, escolioses, cifoses, lordoses), síndrome do esgotamento profissional e neurose profissional; traumatismos, tonturas e fobias.

A finalidade precípua do estabelecimento de uma idade adequada para inserção do adolescente no mundo do trabalho atende a necessidade de garantir a todos, sem qualquer exceção, acesso à educação e à adequada formação, física, moral e psicológica.

Sabemos que nenhum animal nasce pronto para a vida. O ser humano é, no universo animal, o que mais necessita de preparação. Exatamente por isso é fundamental garantir a todos o direito de alcançar o desenvolvimento de modo adequado, desde a infância até a idade adulta e, em cada fase da vida, receber a atenção adequada da família, da sociedade e do estado. Apenas com a preparação adequada em cada fase da vida o indivíduo pode adquirir conhecimento de si mesmo e da realidade que o cerca, possibilitando-lhe a plena inserção social.

É fundamental entendermos que o trabalho não é uma atividade inata ao ser humano. É preciso aprender a trabalhar. Esse aprender envolve tempo adequado para aprendizado correto e eficaz. Partindo deste pressuposto é fácil entender porque o trabalho de crianças e adolescentes, em prejuízo da educação, é prática que deve ser abominada e abolida.

O desenvolvimento de atividades relacionadas ao trabalho, de modo precoce, provoca danos irreparáveis ao organismo humano, conforme nos demonstra o estudo realizado por Celso Lacerda de Azevedo Neto. Este analisa os principais riscos aos quais estão submetidos crianças e adolescentes que ingressam no mundo do trabalho antes do desenvolvimento ideal de seus organismos e, em razão da minuciosa descrição, merece ser lido na íntegra:

> **"Trabalho pesado e/ou posturas inadequadas:**
> A realização de trabalhos carregando pesos muito acima da sua capacidade e a permanência por longas horas na posição em pé, sentado erroneamente ou curvado provocam danos irreparáveis aos ossos longos do corpo em crescimento, à coluna vertebral e aos músculos em geral.
> Até os 21 anos no homem e 18 anos na mulher não existe a ossificação completa, o que contra indica a realização de esforços, pois podem influir nos discos epifisários, deformando os ossos.

É muito comum nestes jovens trabalhadores a ocorrência de Cifose Juvenil de Scheüermann, geralmente associada à escoliose, a coxa-vara do adolescente e as fraturas por estresse.

As hérnias inguinais e escrotais ocorrem frequentemente, consequência da fragilidade da parede e dos músculos abdominais em suportar excesso de pesos.

O sistema muscular ainda imaturo e em desenvolvimento entra em fadiga muito mais rapidamente que no adulto, mesmo que o jovem aparente ter uma massa muscular desenvolvida, uma vez que na criança e no adolescente, massa muscular não significa força.

Temperatura corporal

As crianças e adolescentes ao realizar esforços produzem uma maior quantidade de calor que os adultos. Talvez a explicação esteja no fato de terem a superfície corporal menor que a dos adultos.

Some-se a esta produção diferenciada de calor o fato de que o tecido celular subcutâneo de crianças e adolescentes tem menor vascularização, o que dificulta que o sangue circule na superfície do corpo, impedindo que o mesmo chegue até a superfície para trocar calor com o ambiente.

Outro fator a ser considerado é a menor atividade das glândulas sudoríparas. Produzindo menos suor, dificulta a perda de calor pelo corpo por evaporação do suor. Além desses fatos, como tem um menor leito plasmático, qualquer perda por suor é significativamente mais importante do que em adultos.

Como consequência desses fatores, as crianças e adolescentes estão muito mais sujeitas à elevação da temperatura corporal, as desidratações, ao cansaço, a fadiga e as câimbras de calor.

Sistema neurológico

Até a adolescência, uma série de aptidões motoras continuam a ser desenvolvidas, assim como a precisão e velocidade dos movimentos, a coordenação muscular e automatismo motor.

É uma fase favorável à aquisição de técnicas, em que o aprendizado produz melhores resultados do que se realizado na fase adulta.

A inteligência é desenvolvida, assim como a afetividade e a imaginação.

O sistema nervoso parassimpático predomina nas crianças, traduzindo-se na intensidade das reações emotivas que incluem as vasculares periféricas, palpitações, marcada queda na pressão arterial etc.

Nos adolescentes predomina o sistema simpático. Frequentes quadros de sintomas digestivos e cardiovasculares são encontrados em adolescentes e a questão que surge é se que a origem dos mesmos é mental, o que poderia se originar no trabalho: fadiga, monotonia, ritmo de trabalho, medo, pouca adaptação como maiores causas.

Diversos agentes químicos e físicos, como ruído e vibrações, interferem no desenvolvimento do sistema nervoso, tanto central como periférico.

Pele

A pele com suas diversas camadas é um órgão extremamente importante na proteção do organismo humano contra a ação de agentes químicos, físicos e biológicos.

Quando a pele está lesada, o ingresso de produtos químicos e biológicos é facilitado. Existe uma camada córnea que não está completamente desenvolvida em crianças e adolescentes, tornando-os mais sensíveis a esses agentes, ou seja, os agentes citados lesam a pele e ingressam no organismo humano mais facilmente do que nos adultos.

Aparelho digestivo

O aparelho gastrintestinal de crianças e adolescentes tem uma capacidade de absorção de tóxicos muito maior do que em adultos, o que o torna uma rota de ingresso de agentes químicos e biológicos. Estima-se que 50% do chumbo ingerido por crianças é absorvido enquanto apenas 5% é absorvido pelos adultos.

Aparelho respiratório

Além de participar na hematose, o aparelho respiratório é importante entrada de tóxicos no organismo de crianças e adolescentes. Como estes têm grande demanda de oxigênio, precisam ventilar muito mais por unidade de peso corporal que os adultos. Logo, tóxicos inalados penetram muito mais no organismo de crianças e adolescentes que em adultos respirando a mesma concentração do agente tóxico.

Metabolização de produtos químicos

Após a entrada dos produtos químicos no organismo humano ocorre uma série de reações bioquímicas que tentam manter o organismo íntegro.

Ocorre a biotransformação quando substâncias tóxicas sofrem modificações para que mais facilmente sejam eliminadas, surgindo elementos menos tóxicos ou atóxicos.

A biotransformação ocorre no fígado, nos pulmões, intestinos, sistema nervoso central e sangue. Os processos são enzimáticos.

Em crianças e adolescentes estes sistemas enzimáticos não estão bem amadurecidos, o que dificulta a transformação destes produtos, que permanecem mais tempo no organismo.

Logo, crianças e adolescentes expostos as mesmas concentrações de determinado produto químico que os adultos serão mais afetados que estes."[1]

Nossa realidade mostra, através da Pesquisa Nacional por Amostra de Domicílios (Pnad/2012), realizada pelo IBGE, único levantamento que dá a dimensão do trabalho infantil no país, que havia no ano de 2012, 3,5 milhões de crianças e adolescentes de até 17 anos trabalhando no Brasil. Dessas, 81 mil tinham de 5 a 9 anos.

Os riscos da atividade profissional na vida de crianças e adolescentes, quando se concretizam, apresentam uma triste realidade, notadamente quando ganham rosto. Eis uma das mais recentes notícias a este respeito, divulgada na imprensa nacional, com a narrativa da mãe do adolescente:

> Em 5 de março último, Max Fernandes Ritzel dos Santos, de 14 anos, estava no seu primeiro dia de trabalho em uma construção na cidade de São Leopoldo (RS). Ao manusear uma betoneira de misturar concreto, sem usar equipamento de proteção, sofreu um choque mortal.
> – Era só um fiozinho desencapado, mas o choque estourou o coração dele. O meu orgulho é saber que morreu trabalhando e não na mão de algum policial ou traficante. Assim como Deus sabe a hora de pôr no mundo, sabe também a hora de recolher – chora a mãe Roseli Ritzel, que ainda deve R$ 1.300 pelo enterro do menino.[2]

"Era só um fiozinho desencapado...". A lista TIP, já mencionada, coloca as atividades desenvolvidas dentro da construção civil e pesada, incluindo a construção, a restauração, a reforma e a demolição como uma das piores formas de trabalho infantil. Enumera, como possíveis riscos para a saúde dos adolescentes os esforços físicos intensos, risco de acidente por queda de nível, com máquinas, equipamentos e ferramentas, bem como exposição à poeira de tintas, cimento, pigmentos metálicos e solventes, posições inadequadas, calor, vibrações e movimentos repetitivos.

A história do pequeno Max estava escrita, mas não nas estrelas. Estava escrita nas entrelinhas do nefasto discurso segundo o qual crianças e adolescentes pobres tem o dever de se inserirem cedo no mercado de trabalho a fim de se tornarem "gente", que possuem plenas condições de estar no mercado de trabalho e, pior, segundo o senso comum de que todo e qualquer trabalho pode ser desenvolvido sem qualquer tipo de aprendizagem ou treinamento.

Crianças e adolescentes precisam de amadurecimento para percepção adequada do mundo a sua volta, para desenvolvimento de capacidade de atenção mais acurada, e para que seja possível identificar os riscos iminentes do trabalho, bem como para que possam, de modo eficaz, tomar decisões no momento adequado. Tais não são habilidades natas. Elas precisam ser aprendidas.

O ingresso no mercado de trabalho exige o desenvolvimento de tais habilidades. Tal inserção apenas pode ser efetuada com a formação profissional que permita ao adolescente, além de adquirir os conhecimentos básicos da atividade que irá desenvolver, o amadurecimento necessário para o conhecimento dos riscos do ambiente de trabalho. Além disso, a aprendizagem adequada lhe garante inserção no mundo do trabalho de modo formal, legalizado e com as garantias mínimas que todo cidadão tem quando se disponibiliza a prestar serviços por conta de outrem.

---

(1) NETO, Celso de Lacerda Azevedo. *Medidas de Proteção do Trabalho do Menor.* Conclusão de Curso (Monografia Pós-graduação em Medicina do Trabalho) – Sociedade Universitária Estácio de Sá, Campo Grande, março de 2002. Disponível em: <http://www.ufpe.br/ce/images/Graduacao_pedagogia/pdf/2005.2/efeitos%20perversos%20do%20trabalho%20infantil.pdf>. Acesso em: 13 jun. 2014.

(2) Jornal O Globo. *A cada mês uma criança ou adolescente morre no trabalho no país.* Disponível em: <http://oglobo.globo.com/economia/a-cada-mes-uma-crianca-ou-adolescente-morre-trabalhando-no-pais-12522923>. Acesso em: 15 jun. 2014.

Quando pensamos em nossas crianças e adolescentes, em um mundo centrado na noção, segundo a qual a inserção na sociedade depende do desenvolvimento de atividades laborais, facilmente somos levados à armadilha de acordo com a qual apenas pelo desenvolvimento precoce de atividades laborais eles podem se tornar cidadãos.

É comum presenciarmos pais que, diante do dilema de ver o filho passar dois terços do dia em casa (após o turno escolar), e ante o receio de que eles permaneçam na rua e, assim, possam ser aliciados por traficantes ou, na ânsia de atender aos apelos de uma sociedade cada vez mais consumista, envolvam-se em atividades criminosas, optem por encaminhá-los precocemente ao trabalho. Por outro lado, alguns empregadores que assumem tais crianças o fazem acreditando (por vezes) que praticam o bem para a criança, não obstante ela exerça atividade com remuneração muito inferior ao mínimo legal, trabalhe como um adulto, permaneça sujeita aos riscos inerentes às atividades laborais e não tenha garantidos os mínimos direitos trabalhistas.

No entanto, tal prática ainda corrente em nosso país enterra de vez a possibilidade de que nossas crianças e adolescentes pobres possam romper o ciclo da pobreza no qual estão inseridos. Isso porque elas são, conforme estudos realizados pela OIT e pelo resultado do PNAD em 2012, as únicas para as quais o trabalho infantil é destinado como "salvação".

Por que isso ocorre? O mercado de trabalho no mundo atual é cada vez mais competitivo e excludente. A inserção adequada a ele apenas deve ser feita com a qualificação adequada.

O Relatório V da Conferência Internacional do Trabalho em 2012, denominado "A crise do emprego jovem: tempo de agir", evidencia que em razão da pobreza ser transmitida dentro do ciclo de vida dos jovens e de geração em geração, ela também se caracteriza como causa do trabalho infantil e dos insucessos no mercado de trabalho durante a juventude e a vida adulta.[3]

A realidade mostra que a inserção precoce de crianças e adolescentes no mercado de trabalho, sem qualificação adequada, além de provocar danos irreversíveis a estes pequenos trabalhadores (acidentes de trabalho fatais, submissão às piores formas de trabalho e remuneração abaixo do mínimo permitido legalmente), também dificulta sobremaneira que, posteriormente, elas possam retomar o tempo perdido e efetivamente estabelecer-se de modo profissionalmente adequado, que lhes permitam vencer a barreira da pobreza e alcançar níveis mais adequados de vida.

Quanto à alegação corrente de que "trabalho não mata ninguém", dados do Ministério da Saúde evidenciam que a cada dia, mais de cinco crianças e adolescentes são vítimas de acidente de trabalho no Brasil. A cada mês, pelo menos uma criança ou adolescente morre no trabalho no país. Recente levantamento do Ministério da Saúde, divulgado por meio da imprensa, com base nas notificações de unidades de saúde, lista 13.370 acidentes de 2007 a outubro de 2013 com trabalhadores de até 17 anos. Deste total, 504 foram intoxicações, principalmente com agrotóxicos. No período, 119 crianças e adolescentes morreram trabalhando.[4]

Apenas no Estado de São Paulo, no período de 2006 a 2013, os acidentes de trabalho produziram 8.179 crianças e adolescentes como vítimas, entre 10 e 17 anos. Deste total, 28 morreram e três desenvolveram transtornos mentais, segundo dados da Secretaria Estadual de Saúde. Ainda, segundo o estudo nacional, São Paulo é o estado que apresenta o maior número de acidentes notificados com menores de 18 anos, em diversas atividades, com maior foco no comércio de alimentos e fabricação de calçados. As cidades de São Paulo, Franca e São José do Rio Preto foram as que apresentaram o maior número de notificações de acidentes de trabalho com crianças e adolescentes. Tais dados foram divulgados pelo Centro de Referência em Saúde do Trabalhador e da Divisão de Saúde do Trabalhador da Vigilância Sanitária Estadual do estado de São Paulo.[5]

Estudos da Associação Nacional de Medicina do Trabalho indicam que oito em cada dez crianças e adolescentes que foram encontradas trabalhando, pela fiscalização do trabalho, entre janeiro de 2011 e setembro de 2013, exercem atividades em trabalhos perigosos ou insalubres, atividades que são proibidas aos menores de 18 (dezoito) anos e, em números exatos, foram encontradas 12.813 crianças e adolescentes trabalhado e, des-

---

(3) OIT. *Relatório V – A crise do emprego jovem: Tempo de agir*. Conferência Internacional do Trabalho, 101ª Sessão, 2012. Bureau Internacional do Trabalho Genebra. p. 27. Disponível em: <http://www.ilo.org/public/portugue/region/eurpro/lisbon/pdf/relatorio_emprego-jovem_2012.pdf>. Acesso em: 02 jun. 2014.

(4) O Globo. *A cada mês uma criança ou adolescente morre trabalhando no país*. Disponível em: <http://oglobo.globo.com/economia/a-cada-mes-uma-crianca-ou-adolescente-morre-trabalhando-no-pais-12522923>. Acesso em: 13 jun. 2014.

(5) Rede Brasil Atual. *Acidentes de trabalho atingem 8 mil crianças e adolescentes*. Disponível em: <http://www.redebrasilatual.com.br/trabalho/2013/10/acidentes-de-trabalho-atingem-8-mil-criancas-e-adolescentes-em-sp-desde-2006-9778.html>. Acesso em: 13 jun. 2014.

tas, 10.568 em atividades de risco. Mais grave ainda é o fato de que a maior parte dos encontrados tinha entre 10 e 15 anos, considerando-se que é proibida toda e qualquer forma de trabalho antes dos 14 (quatorze) anos de idade. Foram encontradas crianças em várias atividades de risco, como produção de carvão vegetal, transporte de cargas, camelôs em grandes cidades. Do total encontrado, 43 crianças tinham menos de cinco anos de idade.[6]

É preciso, ainda, levar em consideração que parte dos acidentes não é notificada, já que parte das crianças e jovens permanecem de modo irregular no mercado de trabalho, somado à omissão das famílias em informar, no momento do atendimento médico, que a lesão decorreu de doenças e/ou acidentes ao trabalho, por receio de punição ao empregador que, segundo elas, ainda presta um favor à família quando emprega de modo irregular a criança e o adolescente.

Tais evidências apenas servem para confirmar a necessidade de garantir que as crianças possam ter o direito à infância, acesso à educação e, acima de tudo, direito ao não-trabalho. Por outro lado, nossos adolescentes, quando por razões econômicas ou sociais precisem ou desejem ingressar no mundo do trabalho, devem estar preparados para tal e receber a aprendizagem adequada a partir dos 14 (quatorze) anos de idade. O ingresso no mercado de trabalho, ainda que tenhamos em mente a idade de 16 (dezesseis) anos de idade, não pode ser efetuado sem que haja preparação adequada para o desenvolvimento do trabalho ao qual o adolescente se submeterá.

O ideal e, segundo acreditamos, já previsto em lei no caso brasileiro, seria que o ingresso no mundo do trabalho de modo integral ocorresse apenas após os 18 (dezoito) anos de idade, quando o jovem, em regra, já alcançou o desenvolvimento físico e psicológico de forma a tornar-se apto para atividades laborais e, ainda assim, precedido da adequada aprendizagem, tendo já encerrado seu ciclo educacional, que deve encerrar-se por volta dos 18 (dezoito) anos e, no Brasil, corresponde ao fim do Ensino Médio, como já mencionamos anteriormente.

3. DA COMPETÊNCIA EXCLUSIVA DA JUSTIÇA DO TRABALHO PARA ANALISAR PEDIDOS DE AUTORIZAÇÃO PARA O TRABALHO INFANTO-JUVENIL: HIPÓTESES EM QUE ELE PODE SER REQUERIDO

Ainda existe quem enxergue, e defenda, no nosso ordenamento jurídico, a ampla possibilidade da autorização para que crianças e adolescentes exerçam atividades laborais antes da idade mínima, em toda e qualquer atividade laboral.

Em primeiro lugar, acreditamos que a autorização apenas pode ser requerida e, em alguns casos, concedida, nos limites traçados pela Convenção 138 da OIT, que, em seu art. 8º, estabelece que a autoridade competente pode conceder licenças para casos individuais que envolvam representações artísticas. A hipótese aqui refere-se a possibilidade de um talento nato que pudesse ser desenvolvido através de tais representações. Note-se, já em primeira mão, que não se trata, a nosso ver, de contrato de trabalho por tempo indeterminado com a criança ou o adolescente, mas mera autorização provisória e de breve duração para determinada representação artística. Exatamente em razão dessa possibilidade podemos encontrar, cotidianamente, crianças que desenvolvem atividades na TV, em filmes, peças teatrais ou no meio circense.

É importante observar que tal autorização apenas pode ser concedida como exceção à regra, principalmente em razão da falta de maturidade da criança ao deparar-se com situações nas quais possa vivenciar dilemas éticos, situações de violência verbal ou física, que possam interferir no desenvolvimento saudável de sua personalidade, do ponto de vista mental, moral e psicológico.

O responsável pelo poder familiar deve outorgar autorização por escrito para que a representação artística se realize e, ainda assim, a autorização deve ser específica para cada trabalho contratado, devendo o juiz conhecer em minúcias que tipo de trabalho será desenvolvido e a que tipo de ambiente ficará submetida a criança ou o adolescente.

Tratando-se de concessão de autorização para trabalhos artísticos, e se caso configurados os requisitos da relação de emprego, em situação excepcionalíssima, necessária a anotação em CTPS, realização dos exames admissionais e periódicos para avaliação de eventuais prejuízos à saúde mental e física da criança ou do adolescente, bem como comprovação de que permanecerão desenvolvendo normalmente suas atividades escolares. O juiz que conceder a autorização deverá também proibir o exercício de sobre jornada, consignando na autorização que todo tempo destinado ao trabalho deve ser computável, como ensaios, treinamentos e preparação para as atividades artísticas, por iniciativa ou não do próprio empregador, como no caso de cursos voltados para o aprimoramento de técnicas que serão utilizadas para o desenvolvimento da respectiva atividade.

---

(6) Associação Nacional de Medicina do Trabalho. *Proibido e Perigoso*. Disponível em: <http://www.anamt.org.br/site/noticias_detalhes.aspx?notid=2556>. Acesso em: 13 jun. 2014.

No tocante à retribuição pelo trabalho, deve determinar que pelo menos 50% (cinquenta por cento) dos ganhos do trabalhador seja depositado em caderneta de poupança, em banco oficial, que apenas poderá ser movimentada quando o mesmo completar 18 (dezoito) anos de idade ou, em momento anterior, desde que via autorização judicial haja justificativa no sentido de atender interesse da criança ou adolescente, no sentido de prover-lhe benefícios com educação, lazer ou aquisição de patrimônio em seu próprio nome, por exemplo.

Tal autorização consubstancia-se por meio de alvará judicial, que, contudo, deve ser minuciosamente lavrado, inclusive com prazo de validade, a fim de que a situação do trabalho da criança ou do adolescente seja periodicamente revista pelo juiz que concedeu a autorização, quando haja justificativa para sua prorrogação, frisando-se que o alvará pode ser modificado a cada revisão, notadamente para incluir novas cláusulas que visem protegê-los de eventuais prejuízos que o trabalho possa causar a seu desenvolvimento.

Além das atividades artísticas, no entanto, há quem defenda ainda a possibilidade de concessão de autorização judicial com base no disposto no art. 405 da CLT, que prevê autorização para o trabalho de adolescentes, antes da idade mínima, para trabalho em ruas e praças para auxiliar a subsistência de sua família. No entanto, temos a firme convicção que tal não é mais possível, eis que referida disposição não foi recepcionada pela Constituição Federal de 1988. Reforça este entendimento o Decreto n. 6.481/2008, que incluiu tais atividades entre as piores formas de trabalho infantil e, por isso, vedadas aos menores de 18 (dezoito) anos de idade. Isso porque o trabalho em ruas e praças expõe a criança e o adolescente à violência, drogas, assédio sexual, tráfico de pessoas, radiação solar, chuva, frio, acidentes de trânsito e atropelamento. Como consequência, podem causar danos irreversíveis à saúde dos mesmos, como comprometimento do desenvolvimento afetivo, dependência química, doenças sexualmente transmissíveis, atividade sexual precoce, gravidez indesejada, queimaduras de pele, envelhecimento precoce, câncer de pele, desidratação, doenças respiratórias, hipertermia, traumatismos, entre outros problemas.

Há ainda quem defenda a viabilidade de tais autorizações quando o trabalho da criança e do adolescente visa auxiliar no sustento próprio e dos familiares, quando eles vivem em ambientes de grande pobreza. No entanto, é dever da família, da sociedade e do Estado garantir proteção integral e prioritária à criança e ao adolescente, conforme define o art. 227 da Constituição Federal. A fim de garantir o direito a criança e ao adolescente à tutela prioritária e integral, o Estatuto da Criança e do Adolescente traz o Sistema de Garantia de Direitos, minuciado pela Resolução 103 do Conanda que, na realidade, dá materialidade à rede de proteção que deve existir em cada município brasileiro a fim de fazer cumprir a legislação protetiva.

É inadmissível colocar nos ombros frágeis da criança e do adolescente o dever de auxiliar no sustento da família.

E o paradoxo que se apresenta na realidade deve ser pontuado, ou seja, as famílias que buscam inserir crianças e adolescentes no mercado de trabalho são, invariavelmente, famílias nas quais os genitores não possuem qualificação profissional e estão às voltas com o desemprego que assola nosso país. Ora. Se não há emprego para os adultos, nenhum motivo há para empregar as crianças, cujo objetivo seria apenas o de explorar a mão de obra mais dócil de crianças e adolescentes em detrimento da empregabilidade adequada dos pais ou responsáveis.

E essa realidade conhecemos bem de perto, eis que desde meados de 2014 fazemos atendimentos de famílias que buscam autorização para trabalho de adolescentes junto ao Juizado Especial da Infância e Adolescência da Justiça do Trabalho de Franca (JEIA), que conta, até o presente momento, com mais de 500 atendimentos.

E aqui temos outra constatação.

O local mais adequado para análise de tais pedidos de autorização é, sem sombra de dúvidas, a Justiça do Trabalho.

Cabe à Justiça do Trabalho, por determinação constitucional, conforme estampado no art. 114 da CF, processar e julgar todas as ações que envolvam relações de trabalho, bem como as controvérsias que dela decorram. Referidas controvérsias podem se instalar em qualquer momento da relação de trabalho, inclusive antes do seu início. É exatamente durante o período de solicitação da autorização que devem ser analisados os requisitos legais que podem trazer prejuízos à formação física, moral e psicológica da criança e do adolescente. O mesmo pensamento é defendido pelo Juiz do Trabalho José Roberto Dantas Oliva[7], que afirma que tal competência, notadamente após a promulgação da Emenda 45/2004, passou à Justiça do Trabalho, a quem

---

(7) OLIVA, José Roberto Dantas. *Competência para (des)autorizar o trabalho infantil*. Consultor jurídico – site. Disponível em: <http://www.conjur.com.br/2012-out-16/jose-roberto-oliva-competencia-desautorizar-trabalho-infantil>. Acesso em: 25 maio 2014.

foi atribuída a competência para processar e julgar todas as questões oriundas da relação de trabalho. No mais, como pontua o mesmo autor, se as consequências do trabalho desenvolvido serão, necessariamente, remetidas à Justiça do Trabalho, cabe a ele, de antemão, analisar o pedido de alvará.

Embora tenhamos a firme convicção de que o art. 405 da CLT não foi recepcionado pela Constituição Federal, ainda é forte, para a população carente, o apelo ao trabalho como forma de trazer dignidade aos seus filhos ainda em tenra idade. É exatamente por isso que essas autorizações são, sistematicamente, encaminhadas ao poder judiciário. Nossa realidade na cidade de Franca é assustadora. O número de solicitações junto ao JEIA chega a cerca de 50 a cada mês.

Como solucionar esse impasse? A vocação do judiciário trabalhista permite encontrar a saída mais adequada, ou seja, a de orientar os pais ou responsáveis sobre o malefício do trabalho precoce e apresentar a aprendizagem como único meio de inserção do adolescente, que tenha quatorze anos completos, no mercado de trabalho, desde que a atividade não implique em risco para a sua saúde e que seja garantido ao mesmo o direito à educação e frequência regular à escola. No caso do JEIA de Franca, há um trabalho que envolve todo o Sistema de Garantia de Direitos, desde o Ministério do Trabalho e Emprego que monitora as empresas que precisam cumprir a cota de aprendizagem (cada empresa com mais de sete empregados cujas funções demandem qualificação profissional, tem o dever de contratar entre 5% e 15% de seu quadro total de aprendizes), passando pelos órgãos responsáveis pela aprendizagem, como o SENAC (sistema S) e o CIEE (ente privado), em parceria com a Defensoria Pública Estadual, Conselhos Tutelares, Ministério Público do Trabalho (que capitaneia audiências públicas e formaliza Termos de Ajuste de Conduta para inserção dos adolescentes em situação de vulnerabilidade na aprendizagem, incluindo-se aqui jovens em cumprimento de medida socioeducativa), passando também pelas diversas Secretarias Municipais (Ação Social, Desenvolvimento Econômico, Saúde), com o objetivo de auxiliar na triagem e encaminhamentos necessários.

A vocação social da Justiça do Trabalho, aliada à sua maior sensibilidade para os desdobramentos da contratação precoce de adolescentes, auxilia no diagnóstico e no encaminhamento adequado de referidas situações.

O que queremos pontuar é que a Justiça do Trabalho, dentro de sua especialidade, desenvolve com muito mais facilidade uma visão sistêmica da questão que envolve o trabalho precoce de crianças e adolescentes. Essa sensibilidade facilita a chamada à responsabilidade dos atores sociais que tem o dever de proteger crianças e adolescentes, bem como a atuação conjunta dos órgãos que devem zelar pelo cumprimento de referida obrigação constitucional.

É fato que o direito precisa estar adequado à realidade, sob pena de tornar-se letra morta. Por isso, deve ser fonte de preocupação e deve ser buscada a solução adequada para as solicitações de alvarás autorizadores do trabalho de adolescentes antes da idade mínima, aqui considerada aquela na qual ele pode ingressar como aprendiz no mundo do trabalho.

O trabalho em rede desenvolvido pela Justiça do Trabalho, a exemplo da experiência do JEIA da cidade de Franca/SP, possibilita que seja tratada a real origem do trabalho infantil, ou seja, a falta de oportunidades e o ciclo de pobreza no qual as vítimas encontram-se inseridas.

Durante o atendimento das famílias, uma vez evidenciada a situação de vulnerabilidade econômico-social, a solução jamais deve ser autorizar o trabalho da criança. Aqui a solução correta e que tem o condão de garantir a proteção prioritária e integral à criança ou ao adolescente deve ser a solicitação, pelo Juiz do Trabalho, primeiramente à assistente social responsável pela região onde reside a família (normalmente através do CRAS – Centros de Referência à Assistência Social), parecer, que evidencie a real situação da família e, a partir daí, verificar se as políticas públicas vigente já atendem o núcleo familiar e, quando isso não ocorrer, que possam receber o adequado encaminhamento pelo mesmo CRAS.

Quando o encaminhamento às políticas públicas não for suficiente para suprir as necessidades vitais da família e seja imprescindível que o adolescente ingresse prematuramente no mercado de trabalho, tal apenas pode ser autorizado se o mesmo se fizer mediante adequada aprendizagem.

O contrato de aprendizagem é um contrato especial, que deve ser escrito e tem prazo determinado de no máximo dois anos, com a finalidade principal de assegurar ao aprendiz formação técnico-profissional metódica. Ou seja: deve haver método que alie trabalho e educação, com aumento progressivo da complexidade das atividades, para qualificação profissional do aprendiz. A aprendizagem pode ter início aos 14 (quatorze) anos e a idade máxima permitida é de 24 (vinte e quatro) anos, exceto se o aprendiz for pessoa portadora de deficiência, casos nos quais esse limite pode ser ultrapassado, bem como a aprendizagem pode ter duração superior a dois anos.

O aprendiz deve, em regra, frequentar obrigatoriamente a escola até concluir o ensino médio. A qualificação do aprendiz pode ser efetuada através de inscrição em programa de aprendizagem (com conteúdo pedagógico) desenvolvido sob orientação de entidade qualificada em formação técnico-profissional metódica, aliando teoria e prática. Referida formação deve ser compatível com o desenvolvimento físico, moral e psicológico do aprendiz.

Como já vimos, a empresa tem obrigatoriedade de contratar, como aprendizes, pelo menos 5% dos trabalhadores existentes em cada estabelecimento, cujas funções demandem formação profissional, não excedendo o total de 15%. Nossa legislação, infelizmente, dispensou da obrigação da contratação de aprendizes as microempresas e as empresas de pequeno porte (Lei n. 9.841/1999, art. 11; art. 14, I, do Decreto n. 5.598/2005), bem como o art. 429 da CLT excepciona, as entidades sem fins lucrativos que tenham por objetivo a educação profissional (§ 1º). Isso porque, no caso brasileiro, grande parte da atividade produtiva e da área de serviços é desenvolvida por pequenas e médias empresas. No entanto, tal dispensa não equivale a vedação, ou seja, toda e qualquer empresa, mesmo enquadrada como micro e pequena pode, se o quiser, manter em seu quadro aprendizes.

É importante frisar que para as atividades consideradas inadequadas para os indivíduos com idade inferior a 18 (dezoito) anos, como as que estão na lista TIP e as que sujeitem o empregado a insalubridade ou periculosidade, o aprendizado pode ter início apenas após referida idade.

Tal aprendizagem, em regra, é ministrada pelas entidades integrantes do Sistema Nacional de Aprendizagem, o conhecido sistema "S". São elas: Serviço Nacional de Aprendizagem Industrial (Senai), Serviço Nacional de Aprendizagem Comercial (Senac), Serviço Nacional de Aprendizagem Rural (Senar), Serviço Nacional de Aprendizagem de Transportes (Senat) e Serviço Nacional de Aprendizagem de Cooperativismo (Sescoop).

Contudo, normalmente referidas entidades não possuem as vagas necessárias para absorver a quantidade de aprendizes dispostos a ingressarem no sistema. Neste caso, a aprendizagem pode ser ministrada por Escolas Técnicas de Educação (inclusive agrotécnicas) ou, no caso dos adolescentes, por entidades sem fins lucrativos, que tenham por objetivo a assistência ao adolescente e à educação profissional, desde que registradas no Conselho Municipal dos Direitos da Criança e do Adolescente. Além disso, a lei autoriza que as entidades sem fins lucrativos atuem como empregadoras dos aprendizes, anotando, inclusive, o contrato na CTPS. Nesse caso, não haverá vínculo de emprego com o tomador de serviços, que, no entanto, poderá utilizar os aprendizes a seu serviço para o preenchimento das cotas. O tomador terá responsabilidade subsidiária em caso de eventual frustração dos direitos dos aprendizes.

Quanto à jornada de trabalho, os aprendizes que não completaram o ensino fundamental têm jornada diária de trabalho limitada a seis horas, sendo proibidas a prorrogação e compensação de horários (art. 432 da CLT). Se já completado o ensino fundamental, o limite diário é de oito horas. Na jornada deverá estar compreendido o tempo destinado às aulas teóricas. Quanto a estas, elas devem ser ministradas "em ambiente físico adequado ao ensino, e com meios didáticos apropriados". A teoria, conforme permite o decreto que regulamenta a aprendizagem (Decreto n. 5.598/2005 art. 22, § 1º), pode ser dada "sob a forma de aulas demonstrativas no ambiente de trabalho", sendo vedada, porém, na hipótese, qualquer atividade laboral durante as aulas. Além disso, é vedado ao tomador dos serviços do aprendiz cometer-lhe atividades diversas daquelas previstas no programa de aprendizagem em desenvolvimento.

Já as aulas práticas podem ocorrer na própria entidade qualificada em formação técnico-profissional metódica, mas é mais comum que sejam ministradas na empresa, hipótese em que ela deve designar (art. 23, § 1º, do Decreto n. 5.598/2005), formalmente, empregado monitor, responsável pela coordenação de exercícios práticos e acompanhamento das atividades do aprendiz, de acordo com o programa de aprendizagem.

Desta feita, para todas as situações nas quais exista a intenção de inserção da criança e do adolescente no mercado de trabalho, antes da idade mínima, seja para representações artísticas, seja para o trabalho regular, temos a certeza de que apenas a Justiça do Trabalho possui condições de analisar o direito substancial envolvido e, através do direito instrumental adequado e com a sensibilidade social de quem, cotidianamente convive com o mundo do trabalho e conhece bem a realidade que vitima crianças e adolescentes vítimas do trabalho infantil, é o único ramo do judiciário apto a enfrentar adequadamente essa questão.

A capilaridade da Justiça do Trabalho no território nacional e, mais que isso, sua inserção dentro de cada comunidade, seus estreitos laços com o Ministério do Trabalho e Emprego e com o Ministério Público do Trabalho, proporcionam o desenvolvimento adequado do trabalho em rede e a efetiva atuação do Sistema de Garantia de Direitos. Além disso, a previsibilidade dos efeitos danosos do trabalho precoce, analisados diuturnamente dentro das reclamações trabalhistas em curso, possibilitam ao juiz do trabalho uma visão mais objetiva e precisa dos malefícios do trabalho para crianças e adolescentes.

Conforme expusemos anteriormente, cabe à Justiça do Trabalho o dever de estabelecer critérios claros e honestos para análise da situação que envolve o trabalho infantil, a fim de que, pelo poder que lhe é inerente, possa instar a sociedade, por meio de seus organismos, a garantir a execução das políticas públicas que possam garantir à criança o direito à infância e ao adolescente o direito ao ingresso no mercado de trabalho no momento adequado. Apenas dessa forma haverá a possibilidade de exercício pleno da cidadania, e poderão ser encontradas as oportunidades adequadas para romper o vicioso ciclo da pobreza a qual ainda submetemos nossas crianças e adolescentes, ao impingir o trabalho precoce às mesmas, como forma de salvação.

É preciso levar em conta que o trabalho das crianças e dos adolescentes que ainda encontramos na nossa realidade social, na maior parte das vezes, não tem o condão de garantir ou melhorar o sustento das famílias pobres, eis que feito em precárias condições, essencialmente do ponto de vista remuneratório. Além disso, a entrada precoce no mercado de trabalho impede que a criança e o adolescente adquiram as habilidades necessárias para desenvolvimento de profissões que, no futuro, possam lhes garantir sustento adequado, o que impede que eles rompam o ciclo da pobreza no qual, involuntariamente, encontra-se inseridos.

O ingresso no mercado de trabalho para adolescentes que desejem trabalhar apenas pode ser feito através do adequado contrato de aprendizagem. O direito ao não-trabalho deve garantir ao adolescente plenas condições para adquirir as habilidades necessárias para exercício de trabalho em condições adequadas de remuneração e profissionalização. É importante que os adolescentes possam receber educação adequada e, no momento certo, ingressem no mercado de trabalho após participação de cursos de aprendizagem metódica que lhes garanta melhores condições de ingresso na vida profissional. O direito ao não-trabalho deve ser uma opção a ser garantida pelo Estado e respeitada pela família e pela sociedade, tendo o Judiciário Trabalhista papel de grande importância para fazer valer o Sistema de Garantias de Direitos de nossas crianças e adolescentes.

4. CONSIDERAÇÕES FINAIS

O mundo do trabalho tem sofrido grandes e profundas mudanças nas últimas décadas. Nosso mercado de trabalho é cada vez mais permeado por contratos precários, alta rotatividade da mão de obra, nenhuma garantia de estabilidade, remuneração decrescente, e, por outro lado, amplia-se cada vez mais a exigência de qualificação profissional para inserção e manutenção dentro dele. A exclusão de grande parte dos trabalhadores brasileiros do mercado de trabalho ocorre, notadamente, por sua baixa qualificação. Ainda somos um país onde o analfabetismo funcional campeia e detemos um dos maiores índices mundiais de evasão escolar.

Pensar na erradicação do trabalho infantil traz uma pergunta que merece ser respondida com a seriedade que ela merece: que país queremos? Desejamos um país estagnado e cada vez mais distante do marco civilizatório mínimo? Ou desejamos um país com desenvolvimento sustentável, que conte com mão de obra qualificada e capacitada?

Defender o trabalho infantil ou deixar de atuar de modo a combatê-lo de modo real e efetivo apenas nos fará ampliar e aprofundar a pobreza existente em nosso país. Cada criança ou adolescente que entra no mercado de trabalho e abandona a escola atua diretamente de modo negativo no desenvolvimento econômico de nosso país, criando uma massa de pessoas que permanecerão, por toda a vida, em empregos precários e de baixo rendimento.

A Justiça do Trabalho tem plenas condições de auxiliar neste processo de erradicação do trabalho infantil, seja na análise dos pedidos de alvarás para toda e qualquer situação na qual se pretenda o trabalho em idade inferior ao mínimo permitido, seja quando depara com situação de violação do direito ao não-trabalho, acionando a rede de proteção consubstanciada pelo Sistema de Garantia de Direitos preconizada pelo ECA e com as medidas judiciais e institucionais cabíveis, para fazer valer a prioritária e integral proteção que merece cada criança e adolescente do nosso país.

REFERÊNCIAS

BRITO FILHO, José Claudio Monteiro de. *Trabalho decente*: análise jurídica da exploração, trabalho forçado e outras formas de trabalho indigno. São Paulo: LTr, 2004.

CORREA, Lelio Bentes; VIDOTTI, Tárcio José (Coord.). *Trabalho infantil e direitos humanos*: homenagem a Oris de Oliveira. São Paulo: LTr, 2005.

NOCCHI, Andrea Saint Pastous; VELLOSO, Napoleão; FAVA, Marcos Neves (Org.). *Criança, adolescente, trabalho*. São Paulo: LTr, 2010.

OLIVEIRA, Oris de. *Trabalho e profissionalização do adolescente*. São Paulo: LTr, 2009.

A COLABORAÇÃO NO DIREITO DO TRABALHO: PARA O BEM OU PARA O MAL?

Lorena Vasconcelos Porto[*]

1. INTRODUÇÃO

O presente artigo visa ao estudo da ideia de colaboração no Direito do Trabalho. Objetiva-se demonstrar que, a exemplo dos demais conceitos jurídicos, o seu significado e aplicação podem variar ao longo do tempo, em razão das mudanças socioeconômicas, culturais e políticas e, obviamente, do arcabouço ideológico e da intenção de seus intérpretes.

Primeiramente, estuda-se a utilização da ideia de colaboração para a afirmação dos direitos fundamentais trabalhistas, com ênfase na expansão do conceito de subordinação e na evolução do conceito de grupo econômico no Direito do Trabalho.

Em seguida, analisa-se a utilização da ideia de colaboração para promover a desregulamentação do Direito Laboral, destacando-se a parassubordinação e a metamorfose do poder empregatício.

Ao final, busca-se demonstrar que, em obediência aos mandamentos das Constituições sociais, entre elas a Constituição Federal de 1988, devem os intérpretes necessariamente optar pela utilização da ideia de colaboração *para o bem*, ou seja, para o fortalecimento, expansão e efetividade do Direito do Trabalho.

2. A COLABORAÇÃO E A AFIRMAÇÃO DOS DIREITOS FUNDAMENTAIS TRABALHISTAS

O vocábulo colaboração, na técnica jurídica, "significa a direta participação da pessoa, juntamente com outra ou outras, na confecção ou execução da obra, mostrando-se, todas elas, como perfeitos e indiscutíveis autores conjuntos dela"[1].

No presente tópico, objetiva-se exemplificar a utilização da ideia de colaboração para a afirmação dos direitos fundamentais trabalhistas.

2.1. A expansão do conceito de subordinação

O conceito de subordinação é essencial para o Direito do Trabalho, pois é decisivo para a afirmação da existência da relação de emprego. Nesse sentido, ele representa a "chave de acesso" aos direitos e garantias trabalhistas, os quais, em regra, são assegurados em sua plenitude apenas aos empregados.

Na época do surgimento do Direito do Trabalho, a partir da segunda metade do século XIX, o modelo econômico vigente – centrado na grande indústria – engendrou relações de trabalho de certo modo homogêneas, padronizadas. O operário trabalhava dentro da fábrica, sob a direção do empregador (ou de seu preposto), que lhe dava ordens e vigiava o seu cumprimento, podendo eventualmente puni-lo. Essa relação de trabalho, de presença hegemônica na época, era o alvo da proteção conferida pelo nascente Direito do Trabalho. Desse modo, foi com base nela que se construiu o conceito de contrato (e relação) de trabalho e, por conseguinte, o do seu pressuposto principal: a subordinação.

Assim, o conceito em tela foi identificado com a presença constante de ordens intrínsecas e específicas, com a predeterminação de um horário rígido e fixo de

---

[*] Lorena Vasconcelos Porto é procuradora do Ministério Público do Trabalho. Doutora em Autonomia Individual e Autonomia Coletiva pela Universidade de Roma II. Mestre em Direito do Trabalho pela PUC-MG. Especialista em Direito do Trabalho e Previdência Social pela Universidade de Roma II. Professora Titular do Centro Universitário UDF. Professora Convidada do Mestrado em Direito do Trabalho da Universidade Externado da Colômbia, em Bogotá.

[1] SILVA, de Plácido; SLAIBI FILHO, Nagib; CARVALHO, Gláucia. *Vocabulário jurídico*. 28. ed. atual. Rio de Janeiro: Forense, 2009. p. 305.

trabalho, com o exercício da prestação laborativa nos próprios locais da empresa, sob a vigilância e controle assíduos do empregador e de seus prepostos. Trata-se da acepção clássica ou tradicional da subordinação, que podemos sintetizar como a sua plena identificação com a ideia de uma heterodireção patronal, forte e constante, da prestação laborativa, em seus diversos aspectos.

A adoção do critério da subordinação jurídica, em sua matriz clássica, levava a excluir do campo de incidência do Direito do Trabalho vários trabalhadores que necessitavam da sua tutela, mas que não se enquadravam naquele conceito parcial e restrito, tais como os trabalhadores em domicílio, os trabalhadores intelectuais e os altos empregados. Conforme assinalavam alguns críticos, o conceito clássico de subordinação não cumpria plenamente a sua finalidade essencial, pois não era capaz de abranger todos os trabalhadores que necessitam – objetiva e subjetivamente – das tutelas trabalhistas.

Por essa razão, a jurisprudência, impulsionada pela doutrina, em notável atividade construtiva, acabou por ampliar o conceito de subordinação, e, consequentemente, expandiu o manto protetivo do Direito do Trabalho, ao longo do século XX e até meados do final da década de 1970. Esse período coincidiu com a própria "era de ouro" do capitalismo nos países desenvolvidos ocidentais, nos quais foram consolidados modelos de Estados de Bem-Estar Social.

Nesse processo de expansão, teve papel de grande relevo a ideia de colaboração, como bem demonstram a doutrina e a jurisprudência italianas.

A análise da jurisprudência italiana nos permite identificar duas fases: na primeira, que se estendeu, notadamente, pelas décadas de 1950 a 1970, a jurisprudência expandiu o conceito de subordinação, inclusive por meio da utilização da ideia de colaboração; na segunda, a partir do final da década de 1970, passou a restringi-lo, até mesmo para distingui-lo da recém-criada parassubordinação, da qual falaremos mais adiante.

Nesse sentido, analisando a jurisprudência italiana, em sua trajetória histórico-evolutiva, Edoardo Ghera observa que:

> Do ponto de vista diacrônico (e de certo modo esquemático), pode-se dizer que até a década de 1970 prevaleceu na jurisprudência uma tendência orientada a assimilar subordinação e colaboração e a identificar a colaboração com a inserção do prestador na organização da empresa; e, definitivamente, a atenuar o nexo entre heterodireção da prestação e tipo contratual com a finalidade de expandir a área do estatuto protetivo do trabalhador subordinado. Da década de 1980 em diante, ao contrário, manifestou-se uma tendência orientada a uma delimitação mais rigorosa do tipo (e, de modo correlato, da área do estatuto protetivo) que é identificada com o vínculo técnico-funcional e, assim, com a subordinação-heterodireção.[2]

Alessandra Gaspari, ao pesquisar a evolução da jurisprudência, a partir da década de 1950, também identifica dois períodos distintos, tendo como marco divisório a década de 1980, a partir da qual se observa uma "mudança de rota", a qual caracteriza a posição da jurisprudência nos últimos tempos[3]. Cumpre, todavia, destacar dois aspectos. O primeiro é que essa divisão é feita com base nas posições predominantes, majoritárias na jurisprudência, de modo que, em ambos os períodos, é possível encontrar, de forma minoritária, decisões em sentido contrário. O segundo aspecto é que a convivência de decisões conflitantes entre si – algumas ainda seguindo a linha da primeira fase e outras já adotando a orientação prevalente na segunda – foi maior na década de 1980, que marca a transição entre as duas épocas analisadas.

A jurisprudência do primeiro período (1950-1980), – inclusive a de épocas anteriores, como revelam diversas decisões da década de 1930 –, não adota o conceito rígido de heterodireção para definir a subordinação, como faz a maioria da jurisprudência atual. Não se exige que os poderes diretivo e de controle sejam constantes, rígidos e específicos, determinado, inclusive, os detalhes da prestação laborativa; ao contrário, valoriza-se o fato de essa última estar inserida nos fins da empresa, mencionando expressamente a ideia de colaboração, que se aproxima do conceito de subordinação objetiva.

Cumpre notar que a noção de colaboração se encontra prevista expressamente no art. 2.094, do Código Civil italiano de 1942, que define o trabalhador subordinado como "quem se obriga mediante retribuição a colaborar na empresa, prestando o próprio trabalho

---

(2) GHERA, Edoardo. Il nuovo Diritto del Lavoro: subordinazione e lavoro flessibile. Torino: G. Giappichelli, 2006. p. 132. (Tradução nossa).

(3) Vide GASPARI, Alessandra. La qualificazione di un rapporto di lavoro controverso. Le risposte passate e recenti, dalla dialettica autonomia/subordinazione alla sua metamorfosi in corso. Lavoro e Previdenza Oggi, Roma, Iuridica, n. 03, p. 403-429, maio/jun. 2003.

intelectual ou manual na dependência e sob a direção do empresário". A partir dessa noção, portanto, a jurisprudência italiana, na primeira fase, adotou uma leitura extensiva da referida norma legal e, portanto, da definição de subordinação[4].

Para caracterizar a subordinação valoriza-se o aspecto objetivo, ou seja, o fato de a prestação de trabalho ser utilizada pelo empresário, juntamente com outros fatores produtivos, para o normal e regular exercício da empresa, para atingir os objetivos da atividade econômica por ele organizada e dirigida; não se atribui papel determinante, portanto, ao aspecto subjetivo, ou seja, à heterodireção, no sentido da presença constante de ordens, diretrizes específicas, vigilância e controle, como faz a jurisprudência dominante na segunda fase. Nesse sentido, confira as decisões abaixo, que mencionam expressamente a ideia de colaboração:

> Os elementos constitutivos da relação de trabalho subordinado (subordinação e colaboração) assumem particular fisionomia em relação ao tipo de relação, de modo que, quando a prestação tem caráter intelectual, em virtude do seu conteúdo profissional e técnico, a subordinação pode se atenuar notavelmente: todavia, em tal caso, a subordinação não deixa de existir pelo fato de que o prestador de trabalho goze de uma certa liberdade de ação e de movimento e seja exonerado do respeito do horário e da obrigação de presença contínua no local de trabalho, mas, para o fim da exata qualificação jurídica da relação, deve se dar prevalência ao elemento da colaboração, entendida, como inserção, sistemática e constante, da contribuição profissional na organização da empresa. (grifos nossos).[5]

> O *nomen iuris* atribuído pelas partes a um contrato de trabalho não adquire relevância para a exata determinação da relação; portanto, esta pode ser qualificada como subordinada (e não autônoma) quando, através do exame das modalidades concretas de aplicação, restem configurados os elementos da colaboração, da subordinação e da inserção da atividade laborativa na organização empresarial com continuidade e sem assunção de risco por parte do prestador[6] (grifos nossos).

> Se, ao contrário, em um contrato, mesmo que denominado de empreitada, o trabalhador se obriga a colocar à disposição do outro contratante a própria atividade laborativa, inserindo-se de modo contínuo e sistemático na organização técnica ou administrativa de uma empresa alheia para colaborar para o alcance das suas finalidades e restando, assim, submetido à organização predisposta pelo empresário, o contrato deve ser qualificado como empregatício[7]. (grifos nossos).

> Na sociedade de fato a saltuariedade do trabalho e as modalidades descontínuas de remuneração não podem ser consideradas em antítese com o conceito de remuneração: de fato, para o art. 2094, CC/42, elemento determinante para a identificação de uma relação de trabalho é a colaboração na empresa, com a inserção na sua organização, caracterizada pela onerosidade (na *fattispecie* se tratava de um aposentado pelo INPS, ex-artesão, especialista do setor modelístico da fundição, com funções de coordenação e instrução para os outros trabalhadores com a consequência que o interessado, mesmo que saltuariamente, era obrigado a permanecer à disposição da empresa que recorria à sua prestação). (grifos nossos).[8]

> A subordinação do empregado privado às diretrizes e ao controle do empresário não deve ser entendida como sujeição indiscriminada da vontade do primeiro às ordens do outro mas, levando em conta a complexa variedade das

---

(4) TOSI, Paolo. La distinzione tra autonomia e subordinazione. *Subordinazione e autonomia: vecchi e nuovi modelli*. Quaderni di Diritto del Lavoro e delle Relazioni Industriali. Franco Carinci, Raffaele de Luca Tamajo, Paolo Tosi, Tiziano Treu (Coord.). Torino: UTET, 1998. p. 34.

(5) Decisão da Corte de Cassação n. 4491, de 20 de outubro de 1977, Larcher v. INPS. *Repertorio del Foro Italiano*, ano de 1978, Roma, Il Foro Italiano, 1979. p. 1516. (Tradução nossa).

(6) Decisão da Corte de Cassação n. 1066, de 20 de março de 1975, Società Appalti Servizi Sportivi v. Marandini. *Le Imposte dirette erariali e l'IVA*, Roma, Libraria Tuscolana, v. XVIII, ano de 1975, parte II, 1976. p. 266-267. (Tradução nossa).

(7) Decisão da Corte de Cassação n. 631, de 26 de fevereiro de 1969, Società E.p.e.a. v. Tacchini. *Repertorio del Foro Italiano*, ano de 1967, Roma, Il Foro Italiano, 1968. p. 1699. (Tradução nossa).

(8) Decisão do Tribunal de Bolonha n. 305, de 11 de janeiro de 1985, Grandi x INPS. *Informazione Previdenziale: rivista dell'Istituto Nazionale della Previdenza Sociale*, Roma, INPS, ano I, n. 03, mar. 1985. p. 292-293. (Tradução nossa).

relações e das características e exigências próprias de cada função, ela pode assumir extensão e intensidade diversas, especialmente em relação à maior ou menor elevação da função atribuída ao empregado e, logo, à necessidade que este se encontre em situação tal que seja capaz de prestar a própria colaboração com o necessário respeito dos poderes de iniciativa indispensáveis, sobretudo nos casos que requerem o recurso a conhecimento técnico particulares. Também o profissional forense, inserindo de forma contínua a própria atividade específica na organização de uma empresa e ao permanente serviço desta, pode assumir a qualificação de empregado privado, sem que isso prejudique em nada aquela liberdade que é atribuição inseparável do exercício da sua atividade intelectual. A conferência de procuração a um empregado da empresa enquanto instrumento (como no caso de um profissional forense) indispensável ao exercício das funções que lhe foram atribuídas, pode concorrer a determinar uma qualificação mais elevada daquele a quem foi conferida, mas certamente não é capaz de mudar a natureza originária da relação, sendo óbvio que a faculdade de representar o empresário frente a terceiros ou aquela mais específica de representá-lo em juízo não podem ser consideradas estranhas ao quadro da colaboração na empresa do qual, ao contrário, constituem, pela sua própria publicidade a manifestação mais visível. (grifos nossos).[9]

O elemento da continuidade, necessário para caracterizar a relação de emprego, não é extraído da duração diária ou não das ocupações, nem do fato de que o empregado não dedique parte da sua atividade a outro trabalho, mas, sim, refere-se à permanência da inserção do empregado na organização empresarial, de modo que ele venha a fazer parte desta, e o empregador possa dispor da sua colaboração em qualquer evento. (grifos nossos).[10]

Resta claro, portanto, que a ideia de colaboração, nessa primeira fase, não servia para desconfigurar ou excluir a subordinação – ao contrário do que ocorre atualmente, como veremos adiante, em que esse fator é utilizado para caracterizar a parassubordinação –, mas era considerada plenamente compatível e reveladora daquela.

2.2. A expansão do conceito de grupo econômico

Incialmente se entendia que, para a configuração do grupo econômico na seara trabalhista, era necessário que as empresas estivessem "sob a direção, controle ou administração de outra", com fulcro na literalidade do art. 2º, § 2º, da CLT.

Todavia, em razão das mudanças ocorridas na realidade econômica e empresarial, percebeu-se que se fazia necessário um conceito mais amplo de grupo econômico, a fim de assegurar o recebimento dos créditos trabalhistas pelos empregados das empresas integrantes do grupo (solidariedade passiva), bem como a isonomia nas condições de trabalho e de remuneração (solidariedade ativa). Desse modo, interpretando-se art. 2º, § 2º, da CLT, em conjunto com o art. 3º, § 2º, da Lei n. 5.889/1973 (Lei do Trabalho Rural), uma vertente doutrinária e jurisprudencial mais moderna passou a sustentar a existência do grupo econômico também nas situações em que há coordenação e colaboração recíprocas entres as empresas.

Como ressalta Mauricio Godinho Delgado, "a própria informalidade conferida pelo Direito do Trabalho à noção de grupo econômico seria incompatível com a ideia de se acatar a presença do grupo somente à luz de uma relação hierárquica e assimétrica entre os seus componentes"[11].

Desse modo, a ideia de colaboração –, juntamente com aquela de coordenação –, foi utilizada para expandir o conceito de grupo econômico e, assim, garantir em maior escala o recebimento dos créditos trabalhistas pelos empregados, bem como a isonomia nas condições de trabalho e de remuneração.

3. A COLABORAÇÃO E A DESREGULAMENTAÇÃO DO DIREITO DO TRABALHO

No presente tópico, objetiva-se exemplificar a utilização da ideia de colaboração no sentido do enfraque-

---

(9) Decisão da Corte de Cassação n. 374, de 08 de fevereiro de 1956, Federici v. Consorzio agrario provincia Roma. *Repertorio del Foro Italiano*, ano de 1956. p. 1480. (Tradução nossa).

(10) Decisão da Corte de Apelação de Palermo, de 09 de fevereiro de 1945, Vargetto v. Ente gestione e liquidazione immobiliari. *Repertorio del Foro Italiano*, ano de 1948. p. 770. (Tradução nossa).

(11) DELGADO, Mauricio Godinho. *Curso de Direito do Trabalho*. 15. ed. São Paulo: LTr, 2016. p. 454.

cimento das formas de organização coletiva dos trabalhadores e da desregulamentação do Direito Laboral.

3.1. A parassubordinação e a restrição do conceito de subordinação

Como visto anteriormente, a jurisprudência, impulsionada pela doutrina, ampliou o conceito de subordinação, e, consequentemente, expandiu o manto protetivo do Direito do Trabalho, ao longo do século XX e até meados do final da década de 1970. Nesse processo de expansão, teve papel de grande relevo a ideia de colaboração.

As transformações ocorridas nas últimas décadas, notadamente os avanços e inovações tecnológicos, a reestruturação empresarial e o aumento da competitividade, inclusive no plano internacional, geraram mudanças significativas no mundo do trabalho[12]. Um número cada vez maior de relações trabalhistas, sobretudo aquelas presentes nos novos setores, como as prestações de serviços nos campos da informação e da comunicação, se afasta progressivamente da noção tradicional de subordinação, apresentando, aparentemente, traços de autonomia. Do mesmo modo, o poder empregatício se exerce de maneira mais sutil, indireta, por vezes quase imperceptível.

Em razão dessa aparente autonomia, tais trabalhadores não se enquadram na noção tradicional de subordinação, sendo qualificados como autônomos. O resultado é que eles continuam sem liberdade, como no passado, mas passam a ter que suportar todos os riscos, advindos da sua exclusão das tutelas trabalhistas. Percebe-se, assim, que a manutenção do conceito tradicional de subordinação leva a grandes distorções, comprometendo a própria razão de ser e missão do Direito do Trabalho; por isso a ampliação desse conceito é uma necessidade premente e inadiável.

Todavia, paradoxalmente, no momento em que a expansão da subordinação se tornou mais imprescindível, ela passou a ser restringida, reduzida, por obra da jurisprudência, do legislador e da doutrina. Essa tendência, observada, sobretudo, a partir do final da década de 1970, se insere em um fenômeno ainda maior – a tentativa de desregulamentação do Direito do Trabalho – que encontra fundamento na ascensão e hegemonia da doutrina ultraliberal, ocorridas na mesma época. O neoliberalismo alcançou vitórias políticas importantes nos países-chave do sistema capitalista nesse período, a saber, Inglaterra, Estados Unidos e Alemanha, por meio dos Governos de Margaret Thatcher, Ronald Reagan e Helmut Kohl, respectivamente.

Nesse contexto, destaca-se a criação da figura do trabalhador parassubordinado na Itália e de figuras análogas em outros países europeus. Trata-se, em linhas gerais, de trabalhadores que, embora não sejam subordinados (são juridicamente autônomos), são hipossuficientes, pois dependem economicamente do tomador dos seus serviços. Em razão disso, fazem jus a alguns dos direitos previstos pelas legislações trabalhista e previdenciária. À primeira vista, trata-se de um avanço, pois se confere uma maior proteção a trabalhadores que dela não gozavam. Tratar-se-ia da ampliação do âmbito subjetivo de incidência de algumas normas trabalhistas, conforme sustentam os seus defensores. Na realidade, todavia, o efeito produzido é exatamente o contrário, como veremos.

A relação de trabalho parassubordinado foi prevista pelo art. 409, § 3º, do Código de Processo Civil (CPC), com a reforma efetuada pela Lei n. 533, de 11 de agosto de 1973. Esse dispositivo estendia o processo do trabalho às controvérsias relativas a "relações de agência, de representação comercial e outras relações de colaboração que se concretizem em uma prestação de obra continuada e coordenada, prevalentemente pessoal, ainda que de caráter não subordinado"[13].

Segundo o entendimento majoritário, qualquer prestação laborativa pode se enquadrar no tipo da parassubordinação, desde que apresente os seus pressupostos ou requisitos: a coordenação, a continuidade e a prevalente pessoalidade. O requisito da prevalência (e não exclusividade) da atividade pessoal é compatível com a utilização de meios técnicos e de colaboradores, desde que a prestação do interessado permaneça decisiva e não limitada à mera organização de bens, instrumentos e do trabalho alheio. Observa-se que a atenuação do requisito da pessoalidade já havia sido prevista pelo legislador italiano no próprio seio da relação de emprego, no que tange ao trabalhador em domicílio, que não deixa de ser empregado pelo fato de contar com a colaboração acessória de membros da sua família (art. 1º da Lei n. 877/1973).

No que tange à continuidade, ela é entendida como a estabilidade, a não eventualidade e a reiteração

---

(12) Vide DELGADO, Mauricio Godinho. *Capitalismo, trabalho e emprego*: entre o paradigma da destruição e os caminhos da reconstrução. São Paulo: LTr, 2006.

(13) Para um estudo mais aprofundado da parassubordinação na Itália e em outros países europeus, vide PORTO, Lorena Vasconcelos. *A subordinação no contrato de trabalho*: uma releitura necessária. São Paulo: LTr, 2009.

no tempo da prestação. Não é necessária uma repetição ininterrupta de encargos, sendo suficiente, por exemplo, um único contrato de duração razoável, pois o que conta é a permanência no tempo da colaboração. Considera-se, assim, excluído o requisito no caso de execução de uma obra isolada ou episódica.

O requisito mais difícil de ser interpretado e definido é a coordenação da atividade do prestador, a qual constitui o cerne, a pedra de toque da parassubordinação, diferenciando-a da subordinação. De acordo com o entendimento jurisprudencial, a coordenação consiste na "sujeição do prestador às diretrizes do tomador com relação às modalidades da prestação, sem, todavia, que ela se transforme em regime de subordinação". Assim, a coordenação pode se exteriorizar nas formas mais variadas, incidindo, inclusive, sobre o conteúdo, o tempo e o lugar da prestação laborativa, desde que não se transforme na heterodeterminação dessa última, mediante ordens e controles penetrantes sobre as suas modalidades de execução, pois que, nesse caso, resta configurada a subordinação[14].

Percebe-se, assim, que, no fim das contas, a distinção entre as duas hipóteses – subordinação e parassubordinação – se baseia na intensidade do poder diretivo do tomador. Quando este é mais intenso e constante, determinando em detalhes o conteúdo da prestação (além de aspectos relativos ao tempo e lugar em que esta ocorre) está diante da subordinação; quando o poder diretivo é menos intenso, expressando-se por meio de instruções mais genéricas, configura-se a parassubordinação.

Assim, a plena diferenciação entre os dois conceitos somente é possível caso se adote uma concepção mais restrita de subordinação, que a identifique com a heterodireção patronal forte e constante da prestação laborativa em seus diversos aspectos, o que corresponde à noção clássica ou tradicional do conceito. De fato, caso se adote uma acepção mais ampla e extensiva de subordinação, as duas figuras acabam se confundindo.

Desse modo, a introdução legislativa da parassubordinação levou a doutrina e a jurisprudência dominantes a identificarem a subordinação com a sua acepção clássica e restrita, pois é a única forma de diferenciá-las. Passaram a ser enquadrados como parassubordinados trabalhadores que, caso não existisse essa figura, seriam considerados subordinados, verdadeiros empregados, fazendo jus não apenas a alguns poucos, mas a todos os direitos trabalhistas e previdenciários.

Nesse sentido, a ideia de colaboração, antes invocada pela doutrina e pela jurisprudência italianas para identificar a presença da subordinação e, portanto, para a expansão desse conceito, na segunda fase, isto é, a partir do final da década de 1970, passa a ser tomada como reveladora da parassubordinação e, portanto, para afastar o vínculo empregatício e os direitos e garantias dele decorrentes. A título ilustrativo, confira as decisões abaixo, que mencionam expressamente a ideia de colaboração para identificar a parassubordinação:

> Na relação de trabalho tendo como objeto a prestação de atividade profissional, <u>a observância de um horário de trabalho, a continuidade da colaboração, a ausência de risco a cargo do trabalhador</u> são elementos distintivos irrelevantes na presença de outras condições aptas a excluir a <u>subordinação, entendida como sujeição hierárquica às diretrizes específicas do empresário</u>; portanto, para verificar se uma relação de emprego tenha sido transformada, por força de acordo pactuado entre as partes em seguida à demissão do trabalhador, em um contrato de prestação de serviço profissional, tendo como objeto as mesmas prestações de trabalho (no caso, para o exercício de práticas alfandegárias), o juiz de mérito deve verificar, em via preliminar e prejudicial, se a vontade das partes seja tal que exclua a subordinação do profissional; devendo, de todo modo, levar em conta que, para a configuração do trabalho autônomo do profissional, não é necessária uma sua organização empresarial[15]. (grifos nossos).
>
> Característica distintiva da relação de emprego é a <u>subordinação, entendida como vínculo de sujeição do trabalhador ao poder diretivo</u>, organizativo <u>e disciplinar do empregador, que deve se exteriorizar na emanação de ordens específicas, e também no exercício de uma assídua atividade de vigilância e controle, enquanto outros elementos, como a colaboração, a ausência de risco econômico</u>, a natureza do objeto da prestação, <u>a continuidade desta</u>, a forma da remuneração e <u>a observância de um horário têm</u>

---

(14) PISANI, Andrea Proto. *Lezioni di Diritto Processuale Civile*. 3. ed. Napoli: Jovene, 1999. p. 852.

(15) Decisão da Corte de Cassação n. 3310, de 03 de junho de 1985, Società Jacky Maeder v. Giove. *Repertorio del Foro Italiano*, ano de 1985. p. 1604. (Tradução nossa).

alcance subsidiário e, nessa condição, *ainda que estivessem todos presentes*, não podem qualificar como empregatícia uma relação em mérito a qual seja constatada a ausência do elemento da subordinação (na espécie, o pretor excluiu a natureza empregatícia da relação referente à atividade dos animadores de 'resorts' turísticos, considerando irrelevantes os critérios de caráter subsidiário, na falta do requisito da subordinação).[16]

Segundo a constante jurisprudência de legitimidade, elementos como a ausência de risco, a continuidade da prestação, a observância de um horário de trabalho, a cadência fixa da remuneração, a sujeição a controles, não são decisivos para a qualificação da relação de trabalho como empregatícia, sendo encontrados também nas prestações de trabalho autônomo, sobretudo se prestado na forma de colaboração continuada, únicos elementos relevantes sendo, ao contrário, a sujeição do trabalhador ao poder diretivo (a ser exteriorizado com ordens específicas e não simples diretrizes de caráter geral), organizativo e disciplinar do empregador e a inserção estável do trabalhador na organização empresarial. (grifos nossos).[17]

Toda atividade humana economicamente relevante pode ser objeto seja de uma relação de emprego, seja de uma relação de trabalho autônomo, dependendo das modalidades do seu desenvolvimento. O elemento típico que distingue o primeiro dos tipos de relação acima mencionados é constituído pela subordinação, entendida como disponibilidade do prestador frente ao empregador com sujeição às diretrizes por este emanadas acerca das modalidades de execução da atividade laborativa; outros elementos – como a observância de um horário, a ausência de um risco econômico, a forma da remuneração e a própria colaboração – podem ter, ao contrário, valor indicativo, mas jamais determinante. (...). (Na espécie, a Suprema Corte confirmou a decisão de mérito que tinha excluído o caráter subordinado da relação de um leiturista da ENEL). (grifos nossos).[18]

Resta claro, portanto, que a ideia de colaboração, isto é, a integração sistemática da prestação laborativa obreira na organização produtiva do empregador, a qual, no período anterior, era considerado um indício revelador da subordinação, no novo entendimento, deixou de sê-lo. A colaboração, portanto, não caracteriza a subordinação – vez que presente também na parassubordinação –, devendo aquela ser identificada pela heterodireção forte e constante, isto é, com o seu conceito clássico e restrito.

3.2. A metamorfose e a nova configuração do poder empregatício

A relação de trabalho é, por excelência, uma relação de poder, na qual o conflito entre as partes é intrínseco. E, quanto mais assimétrica ou unidirecional for nessa relação de poder – isto é, o comportamento de uma das partes é a causa do comportamento da outra, mas a recíproca não é verdadeira – maior será o conflito[19].

Nesse sentido, as diversas formas de exercício do poder geram tipos diferentes de conflito e, consequentemente, de modos de enfrentá-lo pelas partes envolvidas.

Na escravidão e na servidão, pode-se dizer que o exercício do poder se baseava em grande medida na coerção, sendo, portanto, muito visível. A relação de poder era bastante assimétrica, unidirecional, gerando conflitos mais abertos, explícitos, e, assim, formas de enfrentamento mais violentas. Pode-se citar, ilustrativamente, a revolta dos escravos liderados por Espártacus na Roma Antiga e a revolta dos camponeses conhecida como Jacquerie na França no século XIV.

Ao longo do século XIX até meados da metade do século XX, já sob a égide do modo de produção capitalista, a tecnologia de poder prevalecente é a disciplina,

---

(16) Decisão da Pretura de Roma, de 09 de janeiro de 1997, Leandri v. Società Valtur. *In*: MONACO, Giovanna. Sulla natura giuridica del rapporto di lavoro dei c.d. "animatori dei villaggi turistici". *Giurisprudenza del Lavoro nel Lazio*, Roma, [s.n.], ano V, n. 02, p. 334-355, maio/ago. 1997. p. 342-343. (Tradução nossa).

(17) Decisão da Corte de Cassação n. 1682, de 27 de janeiro de 2005. *In*: BUSSINO, Temistocle. Autonomia e subordinazione nelle sentenze della Cassazione. *Diritto & Pratica del Lavoro*, Milano, IPSOA, ano XXII, n. 38, p. I-XXVII, 08 out. 2005. p. VI. (Tradução nossa).

(18) Decisão da Corte de Cassação n. 7171, de 10 de maio de 2003. *In*: BUSSINO, Temistocle. Autonomia e subordinazione nelle sentenze della Cassazione. Seconda parte. p. XII. (Tradução nossa).

(19) Acerca do conceito de poder, vide BOBBIO, Norberto; METTEUCCI, Nicola; PASQUINO, Gianfranco. *Dicionário de Política*. 5. ed. São Paulo: UnB, 2004.

a qual ainda incide sobre o corpo[20]. Embora menos explícita e mais legitimada do que a coerção, a disciplina ainda é visível e o conflito também é claro. Basta pensar na forte atuação do movimento operário que resultou na própria criação do Direito do Trabalho.

As reivindicações visavam, sobretudo, à redução da jornada, ao aumento dos salários, à criação e efetivo cumprimento de normas de saúde, medicina e segurança do trabalho, para reduzir os acidentes de trabalho e as doenças ocupacionais, e, posteriormente, à maior democratização nas empresas, para que os representantes obreiros pudessem discutir questões relevantes para a relação de trabalho.

Para reduzir a assimetria, o trabalhador se organizou coletivamente, notadamente através dos sindicatos, produto da maior solidariedade resultante da reunião dos trabalhadores nas fábricas, vivendo a mesma exploração e opressão. O conflito é visível e devidamente enfrentado, através de diferentes formas, como a negociação coletiva e a greve, o que resulta na melhoria das condições de trabalho e de vida.

Todavia, a partir da 2ª metade do século XIX, com as grandes transformações socioeconômicas ocorridas –, notadamente os avanços e inovações tecnológicos, a reestruturação empresarial e o aumento da competitividade, inclusive no plano internacional –, o poder empregatício, paradoxalmente, torna-se menos visível, mas mais intenso e invasivo[21]. Passa a ser interiorizado pelo empregado, instrumentalizado na remuneração, exercido pelos próprios colegas, potencializado pelas novas tecnologias, agravado pelo temor do desemprego e do fechamento e deslocamento da empresa[22].

O conflito, o antagonismo entre as partes, torna-se menos visível, o que reduz a solidariedade, aumenta o individualismo e enfraquece as formas de representação coletiva como o sindicato. O empregado passa a se identificar mais com a empresa do que com o próprio sindicato, compartilhando os objetivos empresariais, tornando-se um "colaborador".

A ideia de colaboração, portanto, passa a ser utilizada para tornar o poder empregatício mais intenso e menos visível e, assim, mais eficiente e menos custoso, contribuindo para enfraquecer a solidariedade entre os empregados e, por consequência, os sindicatos e as demais formas de organização coletiva dos trabalhadores.

O resultado são as piores condições de trabalho e de vida: aumento do tempo à disposição da empresa, redução da vida privada, o salário, além de não aumentar, torna-se instrumento do poder diretivo, agravam-se as doenças ocupacionais, como LER/DORT, estresse, depressão.

O conflito continua, pois é inerente ao capitalismo, mas de forma velada, imperceptível. Todavia, esse conflito deve ser percebido e evidenciado, para que possa ser devidamente enfrentado e equacionado, visando não só mais melhorar as condições de vida e de trabalho, mas também evitar que se deteriorem tanto.

Não podem ser permitidas e toleradas metas e cobranças exageradas, desarrazoadas, que consistem em verdadeiro assédio moral e geram prejuízos evidentes para a saúde e a segurança no trabalho.

O sindicato deve despertar os trabalhadores para a necessidade da solidariedade e da importância da sua atuação, pois, sem a couraça coletiva, a relação de poder é unidirecional, assimétrica: só o empregador comanda, impondo os seus interesses, sem concessões recíprocas.

Devem ser fortalecidos outros mecanismos de representação coletiva, mais próximos da realidade dos trabalhadores na empresa, como as comissões de fábrica. Nesse sentido, deve ser concretizado o mandamento contido no art. 11 da Constituição Federal de 1988.

As formas de descentralização produtiva devem ser devidamente identificadas e juridicamente equacionadas (v.g., solidariedade entre as empresas envolvidas, isonomia de direitos para os trabalhadores), para evitar que gerem a precarização das relações trabalhistas.

Os operadores jurídicos (Ministério Público do Trabalho, Poder Judiciário, juristas, advogados) e os atores sociais (sindicatos, associações, outros organismos de representação dos trabalhadores) devem ter consciência das novas realidades, das metamorfoses na tecnologia do poder e nas formas como os conflitos se fazem presentes, para enfrentá-los e equacioná-los juridicamente da forma devida, sempre visando à melhoria

---

(20) Vide FOUCAULT, Michel. *Vigiar e Punir*: nascimento da prisão. Petrópolis: Vozes, 1997.

(21) Vide SUPIOT, Alain. Les nouveaux visages de la subordination. *Droit Social*, Paris, Éditions Techniques et Économiques, n. 02, fev. 2000. p. 131-145

(22) Como observa ironicamente Olivier Pujolar, a ordem dos empresários a seus empregados passou a ser: "Obedeçam-me, sejam autônomos!". PUJOLAR, Olivier. Poder de dirección del empresario y nuevas formas de organización y gestión del trabajo. *Relaciones Laborales: revista crítica de teoria y practica*, Madrid, La Ley, n. 02, p. 237-254, 2005.

das condições socioeconômicas dos trabalhadores, como ordenado pela Carta Magna de 1988[23].

4. CONCLUSÃO

O significado e aplicação da ideia de colaboração, a exemplo dos demais conceitos jurídicos, podem variar ao longo do tempo, em razão das mudanças socioeconômicas, culturais e políticas e, obviamente, do arcabouço ideológico e da intenção de seus intérpretes.

Desse modo, a ideia de colaboração pode ser utilizada para promover o enfraquecimento das formas de organização coletiva dos trabalhadores e a desregulamentação do Direito Laboral, como evidenciado nos exemplos da parassubordinação (e da consequente restrição do conceito de subordinação) e da metamorfose e nova configuração do poder empregatício.

Por outro lado, a mesma ideia de colaboração pode ser invocada para a afirmação e concretização dos direitos fundamentais trabalhistas, o que pode ser ilustrado pela expansão dos conceitos de subordinação e de grupo econômico.

Na desigual sociedade capitalista em que vivemos o Direito do Trabalho é um instrumento essencial para a distribuição de riqueza e de poder, o que atende aos postulados da dignidade da pessoa humana, da busca da justiça social e da democratização da sociedade. Não por acaso, tais Constituições atribuem extrema relevância ao valor trabalho.

Podemos citar o exemplo da Constituição Federal de 1988, que, após afirmar que a República Federativa do Brasil se constitui em Estado Democrático de Direito, elenca, entre os seus fundamentos, a dignidade da pessoa humana e o valor social do trabalho (art. 1º) e, entre os seus objetivos fundamentais, a construção de uma sociedade livre, justa e solidária, a redução das desigualdades sociais e a promoção do bem de todos (art. 3º). Esses valores são reafirmados ao longo do Texto Constitucional, como no art. 170, *caput* e inciso VIII, e no art. 193.

Desse modo, para se atender aos mandamentos das Constituições sociais, que propugnam a criação, onde não exista, e o fortalecimento e consolidação, onde já existente, de um Estado de Bem-Estar Social, é imprescindível o papel exercido pelo Direito do Trabalho. Este comprovou historicamente, nos países desenvolvidos, ser um instrumento extremamente eficaz para a distribuição de riqueza e poder na sociedade capitalista[24].

Para cumprir esse papel, é fundamental expandir o campo de incidência das normas trabalhistas, para que elas possam abranger, o máximo possível, os trabalhadores hipossuficientes, que delas necessitam. Nesse sentido, é essencial a ampliação da noção de subordinação, elemento qualificador por excelência da relação de emprego. A restrição desse conceito viola frontalmente os mandamentos das Constituições sociais, como a brasileira, pois restringe o âmbito de incidência de um instrumento primordial para o alcance das finalidades constitucionais: o Direito do Trabalho.

Do mesmo modo, é necessário ter consciência das metamorfoses na tecnologia do poder, da nova configuração do poder empregatício e nas formas como os conflitos se fazem presentes, para enfrentá-los e equacioná-los juridicamente da forma devida. Deve ter-se no horizonte o ideal da "conquista democrática da empresa", nas palavras de Mauricio Godinho Delgado[25], para a qual o ser coletivo obreiro é protagonista decisivo. E caso a empresa se torne de fato democrática, "a subordinação será realmente transformada em cooperação ou colaboração e o trabalhador será mais livre", acrescenta Catharino[26].

Desse modo, em obediência aos mandamentos das Constituições sociais, entre elas a Constituição Federal de 1988, devem os intérpretes necessariamente optar pela utilização da ideia de colaboração *para o bem*, ou seja, para o fortalecimento, expansão e efetividade do Direito do Trabalho.

5. REFERÊNCIAS

BOBBIO, Norberto; METTEUCCI, Nicola; PASQUINO, Gianfranco. *Dicionário de Política*. 5. ed. São Paulo: UnB, 2004.

BUSSINO, Temistocle. Autonomia e subordinazione nelle sentenze della Cassazione. *Diritto & Pratica del Lavoro*, Milano, IPSOA, ano XXII, n. 38, 08 out. 2005.

CATHARINO, José Martins. *Compêndio Universitário de Direito do Trabalho*. São Paulo: Jurídica e Universitária, 1972. v. 1.

---

(23) Para o aprofundamento do tema, vide PORTO, Lorena Vasconcelos. A submissão dos trabalhadores aos poderes empresariais e os conflitos de interesses. *Revista do Tribunal Superior do Trabalho*, São Paulo, Lex Magister, v. 78, n. 04, p. 166-181, out./dez. 2012.
(24) Vide DELGADO, Mauricio Godinho; PORTO, Lorena Vasconcelos (Org.). O Estado de Bem-Estar Social no capitalismo contemporâneo. *O Estado de Bem-Estar Social no Século XXI*. São Paulo: LTr, 2007.
(25) DELGADO, Mauricio Godinho. *O Poder Empregatício*. São Paulo: LTr, 1996. p. 195.
(26) CATHARINO, José Martins. *Compêndio Universitário de Direito do Trabalho*. São Paulo: Jurídica e Universitária, 1972. v. 1, p. 262.

Decisão da Corte de Cassação n. 1066, de 20 de março de 1975, Società Appalti Servizi Sportivi v. Marandini. *Le Imposte dirette erariali e l'IVA*, Roma, Libraria Tuscolana, v. XVIII, ano de 1975, parte II, 1976.

Decisão do Tribunal de Bolonha n. 305, de 11 de janeiro de 1985, Grandi x INPS. *Informazione Previdenziale: rivista dell'Istituto Nazionale della Previdenza Sociale*, Roma, INPS, ano I, n. 03, mar. 1985.

DELGADO, Mauricio Godinho. *Capitalismo, trabalho e emprego*: entre o paradigma da destruição e os caminhos da reconstrução. São Paulo: LTr, 2006.

_____. *Curso de Direito do Trabalho*. 15. ed. São Paulo: LTr, 2016.

_____. *O Poder Empregatício*. São Paulo: LTr, 1996.

DELGADO, Mauricio Godinho; PORTO, Lorena Vasconcelos (Org.). O Estado de Bem-Estar Social no capitalismo contemporâneo. *O Estado de Bem-Estar Social no Século XXI*. São Paulo: LTr, 2007.

FOUCAULT, Michel. *Vigiar e Punir*: nascimento da prisão. Petrópolis: Vozes, 1997.

GASPARI, Alessandra. La qualificazione di un rapporto di lavoro controverso. Le risposte passate e recenti, dalla dialettica autonomia/subordinazione alla sua metamorfosi in corso. *Lavoro e Previdenza Oggi*, Roma, Iuridica, n. 03, maio/jun. 2003.

GHERA, Edoardo. *Il nuovo Diritto del Lavoro*: subordinazione e lavoro flessibile. Torino: G. Giappichelli, 2006.

MONACO, Giovanna. Sulla natura giuridica del rapporto di lavoro dei c.d. "animatori dei villaggi turistici". *Giurisprudenza del Lavoro nel Lazio*, Roma, [s.n.], ano V, n. 02, maio/ago. 1997.

PISANI, Andrea Proto. *Lezioni di Diritto Processuale Civile*. 3. ed. Napoli: Jovene, 1999.

PORTO, Lorena Vasconcelos. A submissão dos trabalhadores aos poderes empresariais e os conflitos de interesses. *Revista do Tribunal Superior do Trabalho*, São Paulo, Lex Magister, v. 78, n. 04, out./dez. 2012.

_____. *A subordinação no contrato de trabalho*: uma releitura necessária. São Paulo: LTr, 2009.

PUJOLAR, Olivier. Poder de dirección del empresario y nuevas formas de organización y gestión del trabajo. *Relaciones Laborales*: revista critica de teoria y practica, Madrid, La Ley, n. 02, 2005.

REPERTORIO DEL FORO ITALIANO, ano de 1948, Roma, Il Foro Italiano, 1950.

REPERTORIO DEL FORO ITALIANO, ano de 1956, Roma, Il Foro Italiano, 1957.

REPERTORIO DEL FORO ITALIANO, ano de 1978, Roma, Il Foro Italiano, 1979.

REPERTORIO DEL FORO ITALIANO, ano de 1985, Roma, Il Foro Italiano, 1986.

TOSI, Paolo; CARINCI, Franco; TAMAJO, Raffaele de Luca; TOSI, Paolo; TREU, Tiziano (Coords.). La distinzione tra autonomia e subordinazione. *Subordinazione e autonomia: vecchi e nuovi modelli*. Quaderni di Diritto del Lavoro e delle Relazioni Industriali. Torino: UTET. 1998.

SILVA, De Plácido e; SLAIBI FILHO, Nagib; CARVALHO, Gláucia. *Vocabulário jurídico*. 28. ed. atual. Rio de Janeiro: Forense, 2009.

SUPIOT, Alain. Les nouveaux visages de la subordination. *Droit Social*, Paris, Éditions Techniques et Économiques, n. 02, fev. 2000.

Poder de Fiscalização: Proteção da Propriedade em Confronto com os Direitos da Personalidade do Empregado: Parâmetros para Harmonização

Cristiane Heredia Sousa[*]

1. INTRODUÇÃO

A dinâmica do direito, perceptível com a evolução da legislação e da forma de aplicá-la, inquestionavelmente tem resultado em avanços, especialmente na busca de equilíbrio entre o poder econômico e os Direitos Sociais.

Embora ainda muito distante do "mundo ideal", seria uma falácia afirmar que nada mudou ao longo de séculos de debates, revoluções e lutas em relação aos direitos sociais.

Para se conceber com amplitude e compreender a imperiosa existência dos direitos sociais em uma sociedade em desenvolvimento, é necessário que se analise o ser humano com um ser gregário e complexo, formado por várias dimensões (física, psíquica, emocional e espiritual), com relações pessoais, familiares, sociais, políticas, religiosas, etc.

O valor social do trabalho e da livre iniciativa, consagrados em situação de igualdade textual e linear na Constituição Federal, na verdade ainda são forças que se opõem. Muitas vezes a relação de trabalho é extrapolada gerando a violação de direitos, quer seja do empregador, quer seja do empregado, nascendo o direito de buscar do Estado, através de seu monopólio do Poder Judiciário, uma solução para pacificar não apenas o conflito pontual entre as partes, mas a sociedade como um todo.

Desta forma, para que se projete uma sociedade soberana, com pleno exercício da cidadania e baseada na justiça social, na igualdade (de fato) entre os seres, na disposição equânime de oportunidades, no crescimento socioeconômico de um país, como consagrado na vigente Carta da República, seu embrião e destinatário devem ser o ser humano.

Os direitos e garantias sociais, especialmente relacionadas aos direitos de personalidade e normas trabalhistas, não são óbice, entrave ou obstáculo que impedem o pleno desenvolvimento econômico, e os empreendedores e empregadores não podem ser vistos como vilões em uma sociedade. É preciso constantemente buscar o equilíbrio, pois um não existe sem o outro e ambos são essenciais.

Como afirmado com correção irretocável por Jorge Luiz Souto Maior: *"O debate deve extrapolar o conflito localizado entre trabalhadores e empresa determinados a atingir o espectro mais amplo do arranjo socioeconômico".*[1]

Com foco na busca pelo equilíbrio, passemos a analisar uma das manifestações do poder diretivo do empregador e os eventuais limites, para que não sejam ofendidos os direitos de personalidade (intimidade, privacidade, honra e imagem) do empregado.

2. EMBATE HISTÓRICO E DIGNIDADE HUMANA COMO ESSÊNCIA

A dignidade humana é, há muito, bradada como fundamento essencial nas relações humanas, em especial nas laborais. Sobre o tema, a Encíclica *Rerun Novarum (1891)* do Papa Leão XIII já buscava difundir a ideia da conscientização de direitos e deveres entre operários e patrões, propondo:

(*) Cristiane Heredia Sousa é Advogada. Mestranda vinculada ao Programa de Pós-Graduação em Direito da Universidade de Ribeirão Preto (UNAERP). Especialista em Direito Material e Processual do Trabalho.

(1) MAIOR, Jorge Luiz Souto Maior. *Curso de Direito do Trabalho*. 1. ed. São Paulo: LTr, 2011. v. I, p. 759.

Obrigações dos operários e dos patrões

Entre estes deveres, eis os que dizem respeito ao pobre e ao operário: deve fornecer integral e fielmente todo o trabalho a que se comprometeu por contrato livre e conforme à equidade; não deve lesar o seu patrão, nem nos seus bens, nem na sua pessoa; (...)

Quanto aos ricos e aos patrões, não devem tratar o operário como escravo, mas respeitar nele a dignidade do homem, (...) O trabalho do corpo, pelo testemunho comum da razão e da filosofia cristã, longe de ser um objecto de vergonha, honra o homem, porque lhe fornece um nobre meio de sustentar a sua vida. O que é vergonhoso e desumano é usar dos homens como de vis instrumentos de lucro, e não os estimar senão na proporção do vigor dos seus braços.

Mais tarde, com a publicação da Declaração Universal dos Direitos Humanos (1948), após as iniquidades e atrocidades cometidas durante a II Guerra Mundial, a dignidade humana alçou gigantismo internacional e tornou-se o princípio inspirador tanto para elaboração de novos ou derivados direitos, ou consolidação de normas correlacionais, quanto para limitação de poderes.

Destaca-se, como exemplo, que na própria Declaração Universal houve a preocupação em manter salvaguardada a vida privada do homem, constando em seu art.12: *Ninguém será sujeito a interferências na sua vida privada, na sua família, no seu lar ou na sua correspondência, nem a ataques à sua honra e reputação. Toda pessoa tem direito à proteção da lei contra tais interferências ou ataques.*

Em estudo jurídico-filosófico sobre a formação dos direitos, Norberto Bobbio[2] assim assevera:

Do ponto de vista teórico, sempre defendi – e continuo a defender, fortalecido por novos argumentos – que os direitos do homem, por mais fundamentais que sejam, são direitos históricos, ou seja, nascidos em certas circunstâncias, caracterizadas por lutas em defesa de novas liberdades contra velhos poderes, e nascidos de modo gradual, não todos de uma vez e nem de uma vez por todas.

E assim é em relação ao homem e seus direitos sob a perspectiva do Direito do Trabalho, cujas normas e posicionamentos jurisprudenciais vão sendo construídos ao longo do tempo e da história, lapidados e aperfeiçoados, com soluções dadas e revistas de acordo com a evolução social.

Tomando por inequívoca base que o trabalhador é um ser humano, e por esta razão é sujeito de direitos e obrigações e titular de direitos de personalidade, todos conquistados ao longo da história, e que quando atua em sua faceta "empregado" está sujeito às relações e cláusulas contratuais (expressas e tácitas), sem se desnudar de seus direitos; e que o empregador, por assumir integralmente o risco do empreendimento, detém em grande parte o Poder Diretivo para que possa exercer o constitucional direito à iniciativa privada, visando alcançar o lucro que o motiva, passemos à análise da fronteira que define o que é exercício regular de um direito e o que é abuso violador.

3. PODER EMPREGATÍCIO E SEU EXERCÍCIO REGULAR

Os poderes e/ou prerrogativas legalmente conferidos ao empregador são decorrentes da assunção do risco do empreendimento. Então, se suportará o ônus, terá o direito de dizer as regras que deverão ser seguidas para a realização desta atividade.

O poder empregatício é dividido didaticamente em *poder diretivo, poder regulamentar, poder fiscalizatório e poder disciplinar*. Porém, embora existam correntes respeitáveis que defendam a ideia de autonomia e distinção entre esses poderes, majoritariamente tem-se entendido que o poder regulamentar e o fiscalizatório são mera expressão e inerentes ao poder diretivo, entendendo-se que há, de fato, duas modalidades específicas: poder diretivo e disciplinar.

Com base nesse entendimento predominante, tem-se que o *poder diretivo* do empregador se manifesta no direito de organizar as condições técnico-organizativas das atividades, assim como fixar regras gerais, cláusulas obrigacionais ou regulamentos (que vão aderir ao contrato de trabalho), e acompanhar, vigiar e fiscalizar a realização do trabalho; e o *poder disciplinar* se manifesta na aplicação de penalidades diante do cometimento de falta, observados, entretanto, os requisitos legais, normativos e jurisprudenciais estabelecidos, de forma a que não exista o autoritarismo ou absolutismo não mais aceito no processo democrático que ilumina também o ramo jus trabalhista.

Nos interessa, nesse estudo, o *poder fiscalizatório* ou poder de controle exercido pelo empregador, pois

---

(2) BOBBIO, Norberto. *A Era dos Direitos.* 8. ed. Rio de Janeiro: Elsevier, 2004. p. 5.

embora seja concebido pacificamente como não sendo irrestrito, o fato é que não há claras e exatas fronteiras deste poder no sistema jurídico pátrio.

Ressalte-se ainda, o fato de que a *fiscalização* tem seu viés em *poder* quando visa a verificação do cumprimento das regras e proteção patrimonial, mas também de *dever* quando o empregador é obrigado a manter em guarda e vigilância de produtos que a legislação considere como perigosos ou nocivos.

Alguns macro limites (regras e princípios) são aplicáveis sem qualquer divergência doutrinária ou jurisprudencial, partindo-se basicamente da ideia da eficácia horizontal dos direitos fundamentais.

Assim, no exercício regular do poder fiscalizatório não poderá haver violação da dignidade humana, da liberdade e da intimidade do trabalhador, bem como utilização de meios cruéis, discriminatórios ou desumanos, sob a ótica do Estado Democrático de Direito vivenciado no país.

Foram, ao longo do tempo, estabelecidos critérios para nortear a realização do poder fiscalizatório do empregador, mantendo-o no plano da licitude, notadamente após a Constituição Federal de 1988, de forma a que permaneça hígido o sistema jurídico, já que não se concebe a ideia de ocorrência de antinomia real nas normas constitucionais.

Esse poder diretivo, por óbvio, não é absoluto, devendo ser respeitadas as regras estabelecidas em leis, instrumentos de negociação coletiva, princípios, convenções e tratados internacionais aplicáveis, observando-se, sempre – inclusive em negociação coletiva – o *patamar civilizatório mínimo que a sociedade democrática não concebe ver reduzido em qualquer seguimento econômico-profissional*[3] – como afirmado por Maurício Godinho Delgado.

Hodiernamente é pacífico o entendimento de licitude do poder fiscalizatório quando presentes, em linhas gerais: a necessidade, a razoabilidade na sua execução, a prévia informação de sua ocorrência e a realização de forma não discriminatória ou vexatória.

Há, porém, regras específicas que se mostraram oportunas, em razão da diversidade de meios em que é possível ou necessário o exercício do poder diretivo na sua faceta fiscalizatória, não sendo, pois, definitivas estas regras de harmonização entre os direitos em confronto, ante a dinamicidade do direito e evolução social, estando estas em constante evolução, e sobre elas analisemos pontualmente quais são e quando se aplicam.

3.1. Revista íntima e pessoal

Uma das formas mais comuns do exercício do poder de fiscalização, é a realização de revistas nos empregados, que tem função *preventiva*, no sentido de desestimular a subtração ilícita de materiais e produtos do empregador; e também *repressiva*, já que é possível a apreensão de produto desviado.

Desde logo, é importante destacar a diferença entre a revista *íntima* e a revista *pessoal*.

O TST (Tribunal Superior do Trabalho) firmou entendimento de que a revista íntima é aquela realizada com toque no corpo do empregado por revistadores, ou determinação de exposição corpórea, através do desnudamento total ou parcial. Já a revista pessoal é aquela realizada nos pertences, bolsas, armários e posta malas dos trabalhadores ou visitantes.

A revista íntima foi considerada ilícita na relação empregatícia, mesmo quando feita por pessoa do mesmo sexo, sendo ainda realizada na maioria dos presídios brasileiros, em razão da proteção do interesse e segurança social (e não patrimonial).

Mas a posição do C.TST não é apenas jurisprudencial. Há expressa previsão legal limitadora ao poder de controle do empregador, tal como a vedação à realização de revistas íntimas em trabalhadoras do sexo feminino, prevista no inciso VI do art. 373-A da CLT, inserido pela Lei n. 9.799/1999, proibição esta ampliada pela recente Lei n. 13.271, de 15 de abril de 2016.

A hermenêutica contemporânea defende a aplicação destes preceitos tanto às mulheres quanto aos homens, com base no princípio constitucional de igualdade, especificamente quando a questão central versar sobre direito de personalidade, fundamentando que a dignidade humana é concernente à espécie humana e não distinguível entre os gêneros.

Atente-se ao fato de que a realização de revista íntima é uma agressão não apenas ao próprio trabalhador, mas à coletividade em si, pois viola os princípios aceitos e consagrados pela sociedade. Assim, em caso de violação desta norma, além do direito de o empregado receber indenização por danos morais, é possível a propositura de Ação Civil Pública pelo Ministério Público do Trabalho, que tem se mostrado muito atuante e combativo visando extirpar essa prática lesiva.

A revista pessoal, por sua vez, é possível, desde que justificável e observados alguns requisitos.

---

(3) DELGADO, Maurício Godinho. *Curso de Direito do Trabalho*. 13. ed. São Paulo: LTr, 2014. p. 1465.

Justificável é considerada quando o empregado tem acesso à sua bolsa ou sacolas durante a realização do trabalho, podendo nela ocultar algum objeto ilicitamente desviado. Não se mostra justificável, por exemplo, a exigência de exposição do conteúdo de bolsa e/ou sacolas se elas são colocadas em local fechado e apenas acessadas ao final da jornada, quando o empregado já deixou o interior do local de seu trabalho.

A revista também não pode ser discriminatória, perseguindo um empregado. Deve ser feita de forma geral (em todos os empregados) ou de forma aleatória, acionada por seletor eletrônico ou sonoro.

Oportuno mencionar que parte respeitável da doutrina conjecturou que a revista pessoal é uma forma de invasão e exposição de privacidade, já que ao serem expostos objetos que estejam nas bolsas dos empregados, há exposição de sua intimidade e violação do direito de não tornar públicos alguns aspectos da vida pessoal, tais como portar absorventes íntimo, ou uso de medicamento controlado ou destinado a tratamento de doença que possui estigma social, ou ainda objetos de cunho sexual e peças íntimas de roupas etc.

O C.TST tem se posicionado no sentido de não acolhimento desta tese, porém não raras vezes são julgados recursos em TRTs (Tribunais Regionais Trabalhistas) em que acolhe a tese de que, a depender do caso concreto em análise, é possível entender que houve sim violação ao direito da intimidade do trabalhador na revista pessoal.

Registre-se que alternativas criativas para se evitar a necessidade de revista também devem seguir o limite de não violação dos direitos de personalidade do empregado. Assim, a determinação para que os empregados usem uniformes confeccionados em tecido colante ao corpo e sem bolsos, pode ser entendida como violadora de direito do empregado, já que teria sua compleição física demasiadamente exposta por tal vestimenta, afetando aspectos mais íntimos e de autoestima do trabalhador.

Por fim, não é demais lembrar que, como já dito, por vezes a fiscalização mais acentuada é questão decorrente da própria legislação, citando como exemplo as empresas que fabricam ou comercializam psicotrópicos, ou produtos utilizados no refino de drogas (como a acetona, éter etc.), ou ainda que utilizem explosivos.

Em todos esses casos, a vigilância e controle do empregador envolvem não apenas a preservação de seu patrimônio, mas, sobretudo, é procedimento que, em última análise, visa a tutela de interesse da saúde e segurança sociais.

3.2. Câmeras de vigilância e outros meios eletrônicos

É preferível e incentivado que o empregador utilize meios mais eficientes para a realização da fiscalização e controle nas dependências da empresa.

Neste diapasão, a utilização de câmeras de segurança é largamente aceita, desde que não sejam instaladas nos banheiros ou vestiários, e que suas imagens sejam utilizadas apenas para a realização do poder de fiscalização, e não para exposição ao vexame dos empregados (na internet ou entre os colegas de trabalho), sendo realizada ainda de forma geral, sem que haja vigilância exacerbada sobre determinado empregado (discriminação).

A utilização de *scanners*, aparelhos de Raio-X ou detectores de metal é igualmente vista com bons olhos pela doutrina e jurisprudência, já que com isso evita-se ou diminui a necessidade de realização de revista pessoal. No entanto, em razão do elevado custo para sua implantação, esses meios ainda não são exercidos com a amplitude desejada.

Além disso, é importante relembrar que em alguns casos os materiais ou objetos que podem ser desviados em apropriação indébita ou furto perpetrado por qualquer empregado, não são detectáveis por alguns desses meios de segurança, tornando-se, pois, medidas de inócua utilização. De qualquer forma, a jurisprudência mantém o posicionamento de que é necessário que os empregados sejam cientificados da existência das câmeras ou outros meios de controle.

Nos parece, contudo, que é oportuna a discussão sobre o alcance da informação dada aos empregados.

Veja que não há discussão sobre a total impossibilidade de instalação de câmeras em banheiros ou vestiários, assim como não se discute que é necessário informar o empregado sobre a existência de câmeras. No entanto, nos parece que não é necessário que o empregado saiba exatamente onde se localizam as câmeras, não havendo, por isso, violação a qualquer direito de personalidade pois, de forma contrária, o mal-intencionado poderia agir em prejuízo do seu empregador esquivando-se das câmeras que sabe onde estariam.

3.3. Meios eletrônicos de comunicação e o poder/direito de fiscalização

Outro ponto que gera conflito nas relações laborais é a questão da possibilidade ou não do empregador de ter acesso e/ou fiscalizar mensagens, *e-mails* ou publicações na *internet*.

É cediço que, em tese, não pode haver fiscalização do empregador na vida privada do empregado, ou seja, fora do ambiente laboral, já que o trabalhador mantém o direito irrenunciável e constitucionalmente protegido à preservação de sua vida particular.

No entanto, por vezes, é também garantido ao empregador a ampliação do poder fiscalizatório de forma a proteger o patrimônio, informações, invenções ou segredos que são essenciais ao seu negócio, ou mesmo à segurança social, devendo haver o equilíbrio entre esses dois interesses juridicamente tutelados, com a ponderação do razoável.

É necessário, a princípio, diferenciar "equipamento" (*hardware*) de *e-mails*, mensagens e publicações, isso porque o empregador pode ser o proprietário do equipamento que é cedido ao empregado para a realização do trabalho (computador, *notebook*, celular, etc.), mas isso não o torna automaticamente proprietário ou com direito a acessar, sem prévia autorização, o conteúdo de conversas, arquivos ou mensagens que pelo equipamento sejam transmitidos ou nele arquivados.

Alguns requisitos devem ser observados para que não ocorra o abuso por parte do empregador, fazendo nascer para o empregado o direito de ser indenizado em decorrência da violação de sua privacidade e/ou intimidade, ou até mesmo a caracterização de crime tipificado no Código Penal.

Analisemos as várias situações e requisitos, à luz da doutrina e julgados nos tribunais brasileiros.

a) Fiscalização de *e-mail* corporativo e pessoal

Está assente na jurisprudência majoritária brasileira que, ao ser disponibilizado e-mail corporativo ao trabalhador, é essencial que seja previamente informado ao empregado os limites de utilização e que poderá haver fiscalização do conteúdo destas mensagens, sendo considerada abusiva e, portanto, ilícita a fiscalização sem este prévio comunicado.

A possibilidade desta fiscalização, sob o argumento de que no próprio endereço eletrônico consta, via de regra, o nome corporativo do empregador é bastante razoável, já que tem o condão de evitar que haja sua utilização em mensagens inadequadas (moral ou legalmente), mas não basta a razoabilidade, é preciso haver a inequívoca comunicação ao empregado.

Há ainda situações em que no regulamento empresarial expressamente veda a utilização do e-mail corporativo para mensagens de cunho particular, ou seja, sendo considerado o e-mail como ferramenta de trabalho e apenas para esse fim é que deve ser utilizado.

Porém, mesmo com essa expressa informação é imperioso que haja também a prévia informação de que o empregador poderá exercer o poder de fiscalização do conteúdo das mensagens.

Com relação ao *e-mail* particular, a situação é diferente. Não é possível licitamente ao empregador acessar o conteúdo de mensagens particulares transmitidas por e-mail privado do empregado, apenas com base em seu poder de fiscalização, já que isso significaria a invasão à privacidade do empregado.

Contudo, caso exista expressa previsão em regulamento da empresa, vedando a utilização dos equipamentos disponibilizados ao empregado, para fins privados, inclusive de acesso a e-mails particulares, poderá o empregador fiscalizar o histórico de utilização do equipamento, mas não o conteúdo das mensagens enviadas ou acessadas de e-mail particular.

E caso haja suspeita de que o empregado esteja utilizando o *e-mail* pessoal para transmitir informações sigilosas da empresa, por exemplo? Com base nessa suspeita poderia o empregador invadir a privacidade do conteúdo dos e-mails particulares do empregado?

Entendemos que não. Tendo em vista o direito ao sigilo de correspondências, à privacidade e a presunção de inocência constitucionalmente garantidos, seria necessária autorização judicial para a obtenção deste fim.

Nos parece, ainda, que a autoridade a conceder esta ordem pode variar, de acordo com a suspeita que se pretende confirmar ou não. Assim, se a suspeita for de prática de ato que implique em quebra de cláusula (explícita ou implícita) de contrato de trabalho, a autoridade competente será um juiz do trabalho. Porém, se a suspeita for de ato definido como crime, entendemos que a autoridade competente é um juiz de direito estadual com competência criminal, salvo se o suposto crime envolver matéria de competência de juízo federal.

Ademais, oportuno mencionar que a conduta de invadir correspondências eletrônicas pessoais sem autorização, pode caracterizar ainda o crime previsto no art. 154-A do Código Penal, popularmente conhecido como "Lei Carolina Dieckmann", além da possível ação visando indenização por danos morais.

b) Publicações na *internet* e *facebook*

Não há dúvida, embora contraditório, que hodiernamente as relações pessoais se dão, em larga escala, através de meios eletrônicos, seja em *sites* de relacionamento social como o *facebook, twitter, instagram*, ou por mensagens como *whatsApp, messenger, e-mail* e outros.

Para o presente estudo cabe o questionamento sobre o que seria considerado público e o que seria privado, e se não estaria este último ao alcance do empregador.

Houve um tempo em que o Judiciário considerou que a visualização do *Orkut* do empregado por parte do empregador era invasão da privacidade. Mas, atualmente, a visão acerca do acesso aos meios de relacionamento social pela internet vem se modificando, embora ainda não haja consenso sobre o tema.

As publicações na rede mundial são utilizadas como meio lícito de prova de infidelidade conjugal, prova material de crime de injúria racial, etc. O TST já tem posicionamento no sentido de que o *facebook* pode ser utilizado para provar amizade íntima na alegação de contradita a testemunha.

Caminha-se no sentido de que as publicações que o empregado faz em redes mundiais de relacionamento, tais como o *facebook*, não podem ser consideradas ilimitadamente como atos de sua privacidade e por esta justificativa não poderiam ser conhecidas ou utilizadas pelo empregador para avaliação ou prova de violação do contrato, ou contraria à conduta esperada.

As pessoas que possuem "contas" no *facebook*, têm a opção de publicar as mais variadas opiniões e informações, sejam elas de cunho pessoal ou não, amparadas pelo livre exercício do direito de expressão, e têm ainda a opção de marcá-las como públicas ou restritas a um grupo de pessoas.

Se o empregado faz inserções de forma "pública", mesmo sendo informações sobre sua vida pessoal, estas não podem ser consideradas como "privadas" na acepção da proteção jurídica, podendo, então, o empregador utilizar essas informações publicadas como prova a ensejar punição ou até a rescisão do contrato do trabalho, a depender da gravidade do ato ou das consequências da publicação.

Ademais, mesmo havendo uma publicação destinada a um grupo restrito, caso haja o compartilhamento desta publicação e essa chegue ao conhecimento do empregador, não há que se falar em ato ilícito ou abusivo que tenha sido cometido.

Como exemplo dessas situações, toma-se o caso do empregado que apresenta atestado médico para justificar falta em razão de estar adoentado, porém posta em sua página do *facebook* fotografias em festa ou viagem do mesmo dia em que supostamente estava doente.

Em outro exemplo, o empregado posta em sua página pessoal do mesmo site de relacionamento social (*facebook*), comentários desabonadores sobres seu empregador, seu superior hierárquico ou sobre os serviços por ela prestados e faz a indicação e recomendação para contratação de serviços de empresa concorrente.

De fato, o empregado não é obrigado a sempre recomendar seu empregador. No entanto, quando é contratado por uma empresa e recomenda "pessoalmente" os serviços de empresa concorrente, denegrindo publicamente a imagem de seu empregador, é indubitavelmente situação que caracteriza ato de deslealdade, propiciando que o empregador considere rompido o contrato de trabalho por justa causa cometida, e utilizando como prova (art. 818 CLT) a cópia da publicação.

Por último, a própria "curtida" realizada em comentário ofensivo ao empregador postado por outra pessoa, ou ainda comentário do empregado que contenha apenas onomatopeias que indiquem concordância ou contentamento com a publicação ofensiva, podem ensejar também a justa causa, como já decidiu em 2015 turma do Egrégio TRT 15ª Região em Campinas – SP.

A relação empregatícia é contrato pessoal por excelência e, por essa razão, a boa-fé objetiva e a lealdade devem prevalecer de forma marcante, ao contrário de meros relacionamentos comerciais, daí porque ofensas à empresa ou ao superior hierárquico em redes social constitui rompimento inequívoco do elo entre o empregador ao empregado.

Não há no ordenamento pátrio, nenhum direito que seja absoluto e ilimitado, devendo estar presentes a equalização e respeito aos demais direitos envolvidos, assim como o próprio direito pode encontrar limitação na conduta ética esperável.

4. ILÍCITOS, ABUSOS E PENALIDADES

Pelas análises realizadas, vê-se que é considerada de plano ilícita a revista íntima perpetrada por empregador.

Acaba por se enquadrar em agente de conduta abusiva o empregador que, embora exercendo o direito de fiscalização, excede em sua execução, deixando de respeitar os parâmetros da necessidade, da razoabilidade, e do respeito à intimidade e à dignidade humana, etc. do trabalhador.

Até o mais límpido e essencial direito consagrado ao homem, de defender sua própria vida, pode se tornar ato ilegal quando exercido sem moderação, como o excesso na legítima defesa e no exercício regular de um direito, conforme previsto no art. 23 do Código Penal vigente.

O empregador tem o direito de preservar seu patrimônio e muitas vezes a obrigação de zelar pelo controle de estoque de produtos perigosos ou nocivos, mas o poder diretivo não equivale ao *poder de polícia*, e a outorga da prerrogativa do poder diretivo não entrega ao empregador autoridade legal suficiente para subjugar ou restringir direito de personalidade de qualquer indivíduo.

Imperioso que o empregador não se esqueça que é dele a obrigação de manter em condições hígidas (física e psiquicamente) o ambiente de trabalho[4], e a violação dos direitos de personalidade de qualquer trabalhador torna o ambiente de trabalho tenso, e em alguns casos a insalubridade é gerada pela acentuada pressão ou é ambiente extenuante emocionalmente, podendo até mesmo desencadear adoecimento em trabalhadores.

Assim como tudo que se relaciona à vida em sociedade com diversidade de crenças, opiniões, religiões, etc., é imperioso que o controle do empregador seja exercido com estrita observância dos direitos de personalidade, que são inseparáveis do trabalhador que é, antes de tudo, um ser humano.

O exercício exacerbado ou em abuso desse direito de fiscalização, dolosa ou culposamente cometido, contamina com ilicitude o ato de fiscalização, e a nosso sentir é ato de responsabilidade objetiva do empregador, inclusive quando perpetrado por empresa de segurança contratada, enquadrando-se na situação de atuação de preposto (art. 932, inciso III do Código Civil).

O ilícito praticado contra o empregado é passível de tornar-se objeto de ação trabalhista visando indenização por danos morais, que vem ocorrendo em números crescentes junto ao Poder Judiciário, e cujo valor pecuniário condenatório dependerá do caso concreto a ser analisado pelo magistrado, e terá função dúplice, ou seja, de indenizar ou ressarcir os danos da vítima, e outra pedagógica, de forma a desestimular a continuidade da violação em relação aos demais empregados.

Não resta dúvida que uma eventual conduta abusiva por parte do empregador, ou de seus prepostos no exercício do poder diretivo, constitui ato ilícito conforme descrição contida nos arts. 186 e 187 do CC, conduta essa que gera danos ao trabalhador e, como consequência, a obrigação de reparação pelo agente (art. 5º, X, CRFB e art. 927 C.C.), sendo preenchidos os elementos jurídicos aptos à responsabilização (ato ilícito, dano causado e nexo de causalidade).

Ampliando o debate, oportuna a menção do Enunciado n. 4 aprovado na 1ª Jornada de Direito Material e Processual na Justiça do Trabalho (2007), que trata da questão de reincidência de conduta abusiva a direitos dos trabalhadores, como modo de *dumping social*, propondo que, além da indenização por ato ilícito já mencionada, haja uma condenação do agressor contumaz em indenização suplementar, cujo fundamento de legalidade é o parágrafo único, do art. 404, do CC.

Como já mencionado, também é possível que a violação a direito de personalidade atinja proporções que violem interesses difusos, coletivos ou individuais homogêneos, fazendo nascer a atuação do Ministério Público do Trabalho (art. 127, CRFB e art. 83 Lei Complementar n. 75/1993), podendo ser firmado desde um Termo de Ajustamento de Conduta, até a propositura de Ação Civil Pública.

Poderá, ainda, haver a atuação do Ministério Público estadual em situações que caracterizem o cometimento de ato tipificado como criminoso.

De se registrar, por oportuno, que na esfera comercial é possível também a ocorrência de espécie de punição às empresas que atuam de forma a não respeitar os direitos (implícitos, explícitos e conexos) de seus empregados.

Para a obtenção de certificação internacional em muitos seguimentos comerciais, têm-se exigido o fiel cumprimento das normas trabalhistas (pecuniárias, de segurança e higiene do trabalho, etc.), e na ocorrência de uma condenação judicial pode haver a suspensão ou até a perda desta certificação, inviabilizando a realização de negócios de exportação para vários países, por exemplo, ferramenta esta que tem sido utilizada no combate ao *dumping social*.

5. CONCLUSÃO

É necessário que sejam observadas regras factíveis de harmonização para que haja a coexistência pacífica entre o direito à propriedade e da livre iniciativa, com os valores sociais do trabalho e os direitos de personalidade, posto que o valor social do trabalho só é exequível se houver a iniciativa privada, e esta depende da mão de obra para sua realização, formando, em tese, relação simbiótica ou no mínimo complementar.

O empregador possui direito/dever de fiscalizar a realização do trabalho, suas dependências, materiais e estoque, quer pelo ponto de vista de preservação patrimonial, quer pela preservação da saúde e segurança públicas, sem que cometa, contudo, abuso no exercício desse direito.

A linha tênue que separa o exercício regular de um direito (fiscalização) do abuso com violação a direito do trabalhador (direitos de personalidade) tem fronteira

---

(4) 1ª Jornada de Direito Material e Processual na Justiça do Trabalho Enunciado 39. MEIO AMBIENTE DE TRABALHO. SAÚDE MENTAL. DEVER DO EMPREGADOR.
É dever do empregador e do tomador dos serviços zelar por um ambiente de trabalho saudável também do ponto de vista da saúde mental, coibindo práticas tendentes ou aptas a gerar danos de natureza moral ou emocional aos seus trabalhadores, passíveis de indenização.

na razoabilidade, na boa-fé das relações, na necessidade dos atos e no respeito aos direitos fundamentais de cada parte.

REFERÊNCIAS

BOBBIO, Norberto. *A Era dos Direitos*. 8. ed. Rio de Janeiro: Elsevier, 2004.

CAHALI, Yussef Said. *Dano Moral*. 4. ed. São Paulo: Revista dos Tribunais, 2011.

DELGADO, Maurício Godinho. *Curso de Direito do trabalho*. 13. ed. São Paulo: LTr. 2014.

DE MELO, Raimundo Simão. *Ação Civil Pública na Justiça do Trabalho*. 5. ed. São Paulo: LTr, 2014.

MAIOR, Jorge Luiz Souto Maior. *Curso de Direito do Trabalho*, 1. ed. São Paulo: LTr, 2011. v. I.

MIESSA, Élisson; CORREIA, Henrique (Org.). *Estudos Aprofundados MPT Ministério Público do Trabalho*. 2. ed. São Paulo: JusPodivm, 2013.

PIOVESAN, Flávia. *Direitos Humanos e Justiça Internacional*. 5. ed. São Paulo: Saraiva, 2014.

SARLET, Ingo Wolfgang. *Dignidade (da Pessoa) Humana e Direitos Fundamentais na Constituição Federal de 1988*. 10. ed. São Paulo: Livraria do Advogado, 2015.

Métodos Adequados de Solução de Conflitos: a Mediação e a Conciliação Judiciais no Processo do Trabalho

Beatriz Carvalho Nogueira[*]

1. INTRODUÇÃO

Os conflitos são comuns no convívio dos indivíduos em sociedade, tendo em vista os diversos interesses e realidades existentes. No contexto brasileiro, em regra, as partes se socorrem ao Poder Judiciário para a resolução de seus conflitos, privilegiando-se a heterocomposição e, mais especificamente, a jurisdição, de modo que a controvérsia é solucionada de forma impositiva pelo poder estatal.

A prevalência dessa "cultura da sentença", conforme indicado por Kazuo Watanabe[1], é uma das causas apontadas para a crise da morosidade e da efetividade do processo. Isso porque, além de o processo jurisdicional demorar um tempo considerável para sua resolução, muitas vezes não proporciona a satisfação das partes em conflito.

Diante desse contexto, surge a necessidade do estabelecimento de métodos alternativos de solução de controvérsias, estimulando-se, principalmente, as espécies de autocomposição: conciliação e mediação, conforme se observa na principiologia do Novo Código de Processo Civil (Lei n. 13.015/2015) e pela Resolução n. 125 do Conselho Nacional de Justiça.

O presente artigo tem como objetivo analisar se o estímulo à conciliação e à mediação realizado em âmbito judicial deve ser aplicado à Justiça do Trabalho da mesma forma como implementado pelo processo civil.

Essa análise revela-se importante porque o direito do trabalho possui peculiaridades decorrentes principalmente das assimetrias existentes entre reclamante e reclamado, exigindo-se que o Estado interfira nessa relação para impedir que os direitos e garantias dos trabalhadores sejam subjugados pelo poder econômico[2]. A partir da realidade da justiça laboral, é necessário que a implementação dos métodos de solução de conflito não implique em prejuízos graves aos direitos dos trabalhadores.

É importante, portanto, retomar os conceitos dos métodos de solução de controvérsias: autotutela, heterocomposição e autocomposição, bem como do sistema de multiportas, priorizando as diferenças entre a conciliação e a mediação, de modo a compreender suas peculiaridades, benefícios e limitações. Também realizaremos a análise da Resolução n. 125 e da Recomendação n. 50 do CNJ que disciplinam a aplicação dos métodos consensuais de solução de conflitos no ordenamento jurídico brasileiro, mostrando-se como os principais diplomas legislativos relacionados ao tema até a edição do NCPC.

Faz-se necessária ainda a compreensão das normas constantes no NCPC para que verifiquemos a aplicação da conciliação e da mediação no direito processual civil.

A partir da análise da legislação referente à conciliação e mediação no processo civil caberá buscarmos as adaptações necessárias para sua aplicação no processo do trabalho, de modo que os referidos métodos alter-

---

(*) Beatriz Carvalho Nogueira é mestranda em Direito pela Faculdade de Direito de Ribeirão Preto da USP/RP e graduada pela mesma faculdade. Advogada.

(1) WATANABE, Kazuo. A mentalidade e os meios alternativos de solução de conflitos no Brasil. In: GRINOVER, Ada Pellegrini; WATANABE, Kazuo; LAGRASTA NETO, Caetano (Coord.). *Mediação e gerenciamento do processo*: revolução na prestação jurisdicional: guia prático para a instalação do setor de conciliação e mediação. São Paulo: Atlas, 2008. p. 10.

(2) MAIOR, Jorge Luiz Souto. *O conflito entre o novo CPC e o processo do trabalho.* Disponível em: <http://www.jorgesoutomaior.com/uploads/5/3/9/1/53916439/o_conflito_entre_o_novo_cpc_e_o_processo_do_trabalho.pdf>. Acesso em: 13 jul. 2016.

nativos de solução de conflitos não sirvam apenas como instrumentos de celeridade processual, mas, sobretudo como instrumentos que garantam o efetivo acesso à justiça dos trabalhadores, possibilitando que as partes obtenham uma solução mais justa e adequada de seus conflitos de interesses[3].

2. CONFLITO, SISTEMA DE MULTIPORTAS E MÉTODOS DE SOLUÇÃO DE CONTROVÉRSIAS

O conflito corresponde à contraposição de interesses entre duas ou mais pessoas sobre o mesmo bem. Para Dinamarco, a melhor definição de conflito parte da compreensão da ideia de lide realizada por Carnelutti, ou seja, "conflito de interesses qualificado por uma pretensão resistida"[4]. A partir disso, Dinamarco apresenta o seguinte conceito de conflito:

> *Conflito*, assim entendido, é a situação existente entre duas ou mais pessoas ou grupos, caracterizada pela pretensão a um bem ou situação da vida e impossibilidade de obtê-lo – seja porque negada por quem poderia dá-lo, seja porque a lei impõe que só possa ser obtido por via judicial. Essa situação recebe tal denominação porque significa sempre o choque entre dois ou mais sujeitos, como causa da necessidade do uso do processo"[5] (Grifo do autor).

A diversidade de natureza dos conflitos presentes na sociedade exige diferentes mecanismos de solução de controvérsias, de modo que os interesses das partes envolvidas sejam satisfeitos da melhor forma possível. A partir dessa premissa ganha destaque o sistema de multiportas (Tribunal Multiportas) criado pelo professor da Faculdade de Direito de Harvard, Frank E. A. Sander. O sistema defendido por Sander consiste na disponibilização de diversos mecanismos de solução de conflitos para os processos judiciais[6]. Desse modo, os processos são direcionados para os métodos mais adequados à solução do caso concreto, garantindo a observância da efetividade, da celeridade e da economia processual.

Como gêneros dos métodos de solução de controvérsias destacam-se a autotutela, a autocomposição e a heterocomposição que serão analisados a seguir. Ressaltamos que os métodos podem ser utilizados tanto de forma extraprocessual quanto endoprocessual (judicial), ou seja, sem que haja nenhum processo em curso ou na pendência de processo já instaurado, sendo este, priorizado no presente trabalho.

No tocante aos termos autocomposição e heterocomposição, Dinamarco ressalta que, apesar de a doutrina tradicionalmente conceituar a composição como o estabelecimento das normas que disciplinam o conflito de interesses, na verdade o juiz ou o responsável pela solução de controvérsia é encarregado pela produção de resultados práticos socialmente úteis, com a eliminação do conflito e pacificação dos litigantes, não criando propriamente as normas[7].

2.1. Autotutela

A autotutela representa o gênero mais primitivo de solução de conflitos, na qual os conflitos de interesses são resolvidos pela imposição da vontade de alguma das partes, privilegiando-se a mais forte do ponto de vista físico, econômico, político ou social, sacrificando-se os interesses da parte contrária[8].

Em regra, a autotutela é proibida nos ordenamentos jurídicos de Estados democráticos, configurando-se, inclusive, como crime de exercício arbitrário das próprias razões (CP, art. 345) e de exercício arbitrário ou abuso de poder (CP, art. 350).

Todavia, em algumas hipóteses, o próprio ordenamento jurídico permite que uma das partes resolva o conflito, como é o caso do art. 1.210, § 1º, do Código Civil que possibilita ao possuidor manter-se ou restituir-se na posse por sua própria força. A autotutela é permitida ainda nos casos de legítima defesa (CP,

---

(3) WATANABE, Kazuo. Capítulo 3: Acesso à Justiça e meios consensuais de solução de conflitos. In: ALMEIDA, Rafael Alves de; ALMEIDA, Tania; CRESPO, Mariana Hernandez (Org.). *Tribunal Multiportas*: investindo no capital social para maximizar o sistema de solução de conflitos no Brasil. Rio de Janeiro: Editora FGV, 2012. p. 89.

(4) DINAMARCO, Cândido Rangel. *Instituições de Direito Processual Civil*. São Paulo: Malheiros Editores, 2013. p. 120.

(5) *Ibidem*, p. 120 e 121.

(6) SALES, Lilia Maria de Morais; SOUSA, Mariana Almeida de. O Sistema de Múltiplas portas e o Judiciário brasileiro. *Direitos fundamentais e Justiça*, Ano 5, n. 16, p. 204-220, jul./set. 2011.

(7) DINAMARCO, Cândido Rangel. *Instituições de Direito Processual Civil*. São Paulo: Malheiros Editores, 2013. p. 125.

(8) LEITE, Carlos Henrique Bezerra. *Curso de Direito Processual do Trabalho*. 14. ed. de acordo com o novo CPC – Lei n. 13.105, de 16.03.2015. São Paulo: Saraiva, 2016. p. 139.

art. 25), a qual consiste no uso moderado dos meios necessários para repelir injusta agressão, atual ou iminente, a direito seu ou de outrem.

No direito do trabalho, no âmbito do conflito coletivo, como exemplo de autotutela, permite-se a paralisação das atividades por meio do exercício do direito de greve, garantido no art. 9º da Constituição Federal de 1988. De acordo com Carlos Henrique Bezerra Leite, é válido ressaltar que a greve, por si só, não soluciona nenhum conflito trabalhista, mas constitui-se como meio para a autocomposição ou heterocomposição[9].

Por sua vez, nos conflitos individuais de trabalho, são exemplos de autotutela o direito de resistência do empregado às alterações contratuais lesivas (CLT, arts. 468 e 493) e o poder disciplinar do empregador[10].

2.2. Heterocomposição

A heterocomposição consiste na solução de conflitos por um terceiro imparcial que substitui a vontade das partes. Como exemplos de técnicas de heterocomposição destacam-se a jurisdição, o julgamento de conflitos por tribunal administrativo e a arbitragem.

De modo sucinto, a jurisdição representa a técnica pela qual o terceiro que irá solucionar o conflito representa o Poder Judiciário, integrante do poder estatal, conforme conceito apresentado por Fredie Didier Jr.:

> A jurisdição é a função atribuída a terceiro imparcial de realizar o Direito de modo imperativo e criativo (reconstrutivo), reconhecendo/efetivando/protegendo situações jurídicas concretamente deduzidas, em decisão insuscetível de controle externo e com aptidão para tornar-se indiscutível[11].

Além da jurisdição, os julgamentos realizados por tribunais administrativos, como é o caso do Tribunal Marítimo, Tribunal de Contas e das agências reguladoras também são considerados como espécies do gênero da heterocomposição, uma vez que a solução do conflito é dada por um terceiro imparcial. Destacamos que nesses casos, não há atividade jurisdicional, pois as decisões não possuem aptidão para a formação de coisa julgada material, nem são suscetíveis de controle externo[12].

Por fim, a arbitragem consiste em espécie de heterocomposição, uma vez que as partes buscam em um terceiro de sua confiança, a solução do litígio. A arbitragem é disciplinada pela Lei n. 9.307/1996, podendo ser convencionada quando as partes forem capazes e o conflito for relacionado a direitos patrimoniais disponíveis (convenção de arbitragem).

Na arbitragem há a possibilidade de escolha pelas partes das regras de direito que serão aplicadas, incluindo-se os princípios gerais de direito, usos e bons costumes à ordem pública (Lei n. 9.307/1996, art. 2º, §§ 1º e 2º).

A sentença arbitral proferida produz, entre as partes e seus sucessores, os mesmos efeitos da sentença proferida pelos órgãos do Poder Judiciário e, sendo condenatória, constitui título executivo. Dessa forma, não é necessária homologação judicial (Lei n. 9.307/1996, art. 31). O art. 33 da referida lei apenas possui previsão de que a sentença arbitral pode ser anulada caso presente algum dos vícios elencados no art. 32, quais sejam: I – for nulo o compromisso; II – emanou de quem não podia ser árbitro; III – não contiver os requisitos do art. 26 desta Lei; IV – for proferida fora dos limites da convenção de arbitragem; VI – comprovado que foi proferida por prevaricação, concussão ou corrupção passiva; VII – proferida fora do prazo, respeitado o disposto no art. 12, inciso III, desta Lei; e VIII – forem desrespeitados os princípios de que trata o art. 21, § 2º, desta Lei. Portanto, o controle judicial da sentença arbitral só ocorre com relação à sua validade, mas não com relação ao seu mérito.

Há divergências quanto à natureza jurisdicional da arbitragem. Parcela da doutrina defende que a arbitragem corresponde à jurisdição, "exercida por particulares, com autorização do Estado e como consequência do exercício do direito fundamental de autorregramento (autonomia privada)"[13]. A definição da arbitragem como jurisdição é justificada principalmente pela formação de coisa julgada material da sentença arbitral.

---

(9) LEITE, Carlos Henrique Bezerra. *Curso de Direito Processual do Trabalho*. 14. ed. de acordo com o novo CPC – Lei n. 13.105, de 16.03.2015. São Paulo: Saraiva, 2016. p. 139.

(10) SCHIAVI, Mauro. *Manual de direito processual do trabalho*. 9. ed. São Paulo: LTr, 2015. p. 38.

(11) DIDIER JR., Fredie. *Curso de direito processual civil*: introdução ao direito processual civil, parte geral e processo de conhecimento. 17. ed. Salvador: JusPodivm, 2015. p. 153.

(12) *Ibidem*, p. 169.

(13) *Ibidem*, p. 172.

Contudo, para outra parcela da doutrina, a arbitragem significa justamente a renúncia da jurisdição para a solução do conflito, não se confundindo com ela. Isso porque, há diferenças na própria natureza de cada método: a jurisdição é pública e a arbitragem é privada. Dessa forma, o árbitro é pago e escolhido pelas partes, tendo a função de resolver o conflito, enquanto na jurisdição estatal o julgador é agente público, remunerado pelo Estado e possui a função não apenas de resolver o conflito entre as partes, mas de criar e impor normas a toda a sociedade e dar sentido a valores públicos[14].

No tocante aos conflitos coletivos do trabalho, a arbitragem é expressamente permitida diante do princípio da equivalência dos entes coletivos, conforme previsto no art. 114, § 1º, da CF/1988: "frustrada a negociação coletiva, as partes poderão eleger árbitros".

Contudo, em relação aos conflitos individuais a jurisprudência é majoritária pela não aceitação da arbitragem como método de solução consensual, principalmente em razão da presença de subordinação jurídica do empregado ao estabelecer a convenção de arbitragem, da irrenunciabilidade de diversos direitos trabalhistas e da hipossuficiência do reclamante[15].

2.3. Autocomposição

A autocomposição corresponde à forma de solução de controvérsia pelo consentimento espontâneo dos polos do conflito, na qual observa-se o sacrifício do interesse próprio em detrimento dos interesses da outra parte. Juntamente com a arbitragem (heterocomposição), é denominada por parte da doutrina de "meio alternativo de solução de conflitos". Isso porque, trata-se de alternativa à solução de conflitos realizada pelo Estado (jurisdição).

Essa terminologia tem sido criticada pela doutrina, preferindo-se a utilização da expressão "adequadas" para nomear as técnicas de autocomposição e a arbitragem. Isso porque, em regra, num primeiro momento as controvérsias tendem a ser resolvidas pelas próprias partes interessadas (autocomposição) e, apenas nos casos em que não se atinge a solução, passa-se aos métodos de heterocomposição (jurisdição e arbitragem). Dessa forma, apenas os métodos de heterocomposição seriam verdadeiramente alternativos. Para evitar essa contradição, parte da doutrina denomina os métodos que não se enquadram na jurisdição estatal como "métodos adequados de solução de controvérsias"[16].

Ressaltamos que as espécies de autocomposição podem ocorrer dentro ou fora do processo jurisdicional (endoprocessual ou extraprocessual).

O processo civil atual tem estimulado as espécies de autocomposição como meio de solução de controvérsias, principalmente como forma de garantir a celeridade e a efetividade do processo, afastando do Poder Judiciário os conflitos que podem ser resolvidos pelas próprias partes.

Parte da doutrina inclusive defende a existência do princípio do estímulo da solução por autocomposição nos casos em que ela for recomendável, devendo servir como orientação em toda a atividade estatal na solução de conflitos jurídicos, incluindo-se a atividade jurisdicional e legislativa[17].

A autocomposição pode ser unilateral, quando uma das partes interessadas no conflito faz concessões, p. ex. a renúncia (NCPC, art. 487, III, "c"). Por sua vez, são exemplos de autocomposição bilateral, quando as partes fazem mútuas concessões para a solução do conflito, a transação, o reconhecimento da procedência do pedido (NCPC, art. 487, III, "a")[18], a conciliação e a mediação (NCPC, arts 165-175). Nos três primeiros casos (transação, renúncia e reconhecimento da procedência do pedido) apenas há a participação dos interessados no conflito, enquanto nos dois últimos (conciliação e mediação) verifica-se a participação de terceiros – mediadores e conciliadores.

Em razão da presença de terceiros, parte da doutrina classifica a conciliação e a mediação como espécies de heterocomposição. Todavia, considerando-se que o conciliador e o mediador apenas aproximam as partes e propõem soluções, acreditamos que devem ser enqua-

---

(14) Nesse sentido: MARINONI, Luiz Guilherme. *Teoria Geral do Processo*: 7. ed. São Paulo: Revista dos Tribunais, 2013. v. I. p. 160-164 e FISS, Owen. The forms of justice. *HeinOnline* — 93 Harv. L. Rev. 30 1979-1980. Disponível em: <http://digitalcommons.law.yale.edu/cgi/viewcontent.cgi?article=2201&context=fss_papers>. Acesso em: 13 jul. 2016. p. 30-31.

(15) SCHIAVI, Mauro. Manual de direito processual do trabalho. *Manual de direito processual do trabalho*. 9. ed. São Paulo: LTr, 2015. p. 60.

(16) CARMONA, Carlos Alberto. *Arbitragem e processo*: um comentário à Lei n. 9.307/1996. 3. ed. São Paulo: Atlas, 2009. p. 33.

(17) DIDIER JR., Fredie. *Curso de direito processual civil*: introdução ao direito processual civil, parte geral e processo de conhecimento. 17. ed. Salvador: JusPodivm, 2015. p. 166.

(18) *Ibidem*, p. 165.

dradas como modalidades de autocomposição[19]. Nesse sentido dispõe o art. 139, V, do NCPC:

> Art. 139. O juiz dirigirá o processo conforme as disposições deste Código, incumbindo-lhe:
> (...)
> V – promover, a qualquer tempo, a autocomposição, preferencialmente com auxílio de conciliadores e mediadores judiciais; (...)

Como vantagens dos métodos de autocomposição, em especial da conciliação e da mediação, destacamos a redução do custo financeiro do processo jurisdicional; a garantia do princípio da celeridade e a redução do formalismo processual[20].

De acordo com Kazuo Watanabe, o maior obstáculo à utilização das formas de autocomposição corresponde à formação acadêmica dos operadores do Direito que é voltada para a solução contenciosa e adjudicada dos conflitos, uma vez que, em regra, as faculdades de Direito não oferecem disciplinas voltadas à solução consensual dos conflitos[21].

Essa mentalidade formada nas faculdades e fortalecida na prática forense consolida o que o autor denomina de "cultura da sentença", na qual, os juízes preferem proferir sentenças em vez de tentar conciliar as partes. Todavia, o estímulo à conciliação e à mediação pelo CNJ e pelo legislador, conforme observado no NCPC, objetivam a paulatina substituição da "cultura da sentença" pela "cultura da pacificação"[22].

2.3.1. Conciliação

Na conciliação, o terceiro responsável possui papel ativo na negociação podendo, inclusive, propor soluções ao conflito. É por isso que a conciliação ocorre, preferencialmente, nos casos em que não houver vínculo anterior entre as partes (NCPC, art. 165, § 2º).

A conciliação, assim como a mediação, é informada "pelos princípios da independência, da imparcialidade, da autonomia da vontade, da confidencialidade, da oralidade, da informalidade e da decisão informada" (NCPC, art. 166, *caput*).

Para a solução do conflito, "admite-se a aplicação de técnicas negociais, com o objetivo de proporcionar ambiente favorável à autocomposição" (NCPC, art. 166, § 3º). Destacamos que é vedada a utilização de qualquer tipo de constrangimento ou intimidação para que as partes conciliem (NCPC, art. 165, § 2º).

Ademais, assim como a arbitragem, as regras aplicadas à conciliação, inclusive as procedimentais, são regidas conforme a livre autonomia dos interessados (NCPC, art. 166, § 4º).

2.3.2. Mediação

Na mediação, diferentemente da conciliação, o terceiro responsável pela solução do conflito possui papel menos ativo, tendo a função de estimular o diálogo dos sujeitos em disputa de modo que eles mesmos atinjam as soluções ao caso concreto, ocasionando benefícios mútuos. Dessa forma, o mediador não propõe soluções, sendo estas atingidas pelas próprias partes.

É por essa razão que o art. 165, § 3º, do NCPC declina que o mediador atuará, preferencialmente, nos casos em que houver vínculo anterior entre as partes, auxiliando os interessados a compreender as questões e os interesses em conflito, a fim de que eles possam, pelo restabelecimento da comunicação, identificar, por si próprios, soluções consensuais que gerem benefícios mútuos.

Assim como na conciliação, a mediação deve ser informada "pelos princípios da independência, da imparcialidade, da autonomia da vontade, da confidencialidade, da oralidade, da informalidade e da decisão informada" (NCPC, art. 166, *caput*). Nessa espécie de autocomposição, também se admite a aplicação de técnicas negociais (NCPC, art. 166, § 3º), sendo as regras, inclusive procedimentais, regidas conforme a escolha das partes interessadas (NCPC, art. 166, § 4º).

3. INCENTIVO À CONCILIAÇÃO E MEDIAÇÃO NA RESOLUÇÃO N. 125 E NA RECOMENDAÇÃO N. 50 DO CNJ

A Resolução n. 125 de 2010 do CNJ dispõe sobre a Política Judiciária Nacional de Tratamento Adequado

---

(19) Nesse sentido: SCHIAVI, Mauro. *Manual de direito processual do trabalho*. 9. ed. São Paulo: LTr, 2015. p. 38.
(20) Nesse sentido: DINAMARCO, Cândido Rangel. *Instituições de Direito Processual Civil*. São Paulo: Malheiros Editores, 2013. p. 128.
(21) WATANABE, Kazuo. A mentalidade e os meios alternativos de solução de conflitos no Brasil. In: GRINOVER, Ada Pellegrini; WATANABE, Kazuo; LAGRASTA NETO, Caetano (Coord.). *Mediação e gerenciamento do processo*: revolução na prestação jurisdicional: guia prático para a instalação do setor de conciliação e mediação. São Paulo: Atlas, 2008. p. 6.
(22) WATANABE, Kazuo. A mentalidade e os meios alternativos de solução de conflitos no Brasil. In: GRINOVER, Ada Pellegrini; WATANABE, Kazuo; LAGRASTA NETO, Caetano (Coord.). *Mediação e gerenciamento do processo*: revolução na prestação jurisdicional: guia prático para a instalação do setor de conciliação e mediação. São Paulo: Atlas, 2008. p. 10.

dos Conflitos de Interesses, no âmbito do Poder Judiciário, estimulando as diferentes espécies de autocomposição na solução dos litígios.

Referida resolução teve como objetivo assegurar a todos o direito à solução dos conflitos pelos meios adequados à sua natureza e peculiaridade, incumbindo ao Poder Judiciário antes da solução adjudicada mediante sentença, oferecer outros mecanismos de soluções de controvérsias, em especial os chamados meios consensuais, como a mediação e a conciliação, assim como prestar atendimento e orientação ao cidadão (CNJ – Res. n. 125, art. 1º). Trata-se de verdadeiro incentivo ao sistema multiportas preconizado por Frank Sander.

A Res. n. 125 definiu como competência do Conselho Nacional de Justiça a promoção de ações de incentivo à autocomposição de litígios e à pacificação social por meio da conciliação e da mediação (CNJ – Res. n. 125, art. 4º).

Para a consecução da Política Judiciária Nacional de Tratamento Adequado dos Conflitos De Interesses, o art. 7º da referida resolução estabeleceu que os tribunais deveriam criar, no prazo de 30 dias, Núcleos Permanentes de Métodos Consensuais de Solução de Conflitos, coordenados por magistrados e compostos por magistrados da ativa ou aposentados e servidores, preferencialmente atuantes na área.

Ademais, também imputa aos tribunais o dever de criação dos Centros Judiciários de Solução de Conflitos e Cidadania (Centros ou Cejuscs), unidades do Poder Judiciário, preferencialmente responsáveis pela realização ou gestão das sessões e audiências de conciliação e mediação que estejam a cargo de conciliadores e mediadores, bem como pelo atendimento e orientação ao cidadão (CNJ – Res. n. 125, art. 8º).

A Resolução n. 125 do CNJ define a forma de capacitação dos mediadores e conciliadores (Anexo I), bem como a organização dos Núcleos Permanentes e Fórum de Coordenadores de Núcleos (CNJ – Res. n. 125, art. 12-B, III).

Há inclusive a disciplina das Câmaras Privadas de Conciliação e Mediação ou órgãos semelhantes e de seus mediadores e conciliadores, para que possam realizar sessões de mediação ou conciliação incidentes a processo judicial (CNJ – Res. n. 125, art. 12-C).

Para garantir a publicidade das atividades realizadas pelos Centros Judiciários de Solução de Conflitos e Cidadania, o art. 13 da Res. n. 125 do CNJ estabelece a obrigação de os tribunais criarem e manterem banco de dados sobre as atividades de cada Centro. Ademais, prevê a criação do Portal de Conciliação, a ser disponibilizado no sítio do CNJ na rede mundial de computadores.

Observamos, portanto, que a Resolução n. 125 do CNJ possui disposições importantes para a concretização da mediação e da conciliação no âmbito dos órgãos do Poder Judiciário, coadunando-se com o princípio do acesso à justiça.

No tocante à aplicação das regras descritas na referida resolução ao Processo do Trabalho, o art. 18-B declina que "o CNJ editará resolução específica dispondo sobre a Política Judiciária de tratamento adequado dos conflitos de interesses da Justiça do Trabalho".

Até o momento, não foi editada resolução específica ao processo do trabalho. Todavia, a Recomendação n. 50 de 2014 do CNJ teve como objetivo recomendar aos Tribunais de Justiça, Tribunais Regionais do Trabalho e Tribunais Regionais Federais realização de estudos e de ações tendentes a dar continuidade ao Movimento Permanente pela Conciliação. Referida recomendação, todavia, não traz a disciplina necessária à aplicação dos métodos de autocomposição dos conflitos à Justiça do Trabalho, apenas trazendo recomendações aos Tribunais para assegurar a efetivação da Resolução n. 125 do CNJ.

4. MÉTODOS DE SOLUÇÃO DE CONFLITOS E O NCPC

A Exposição de Motivos do Anteprojeto do Novo CPC traz como uma de suas maiores preocupações na instituição de um novo paradigma de processo civil a efetividade e celeridade do processo, por meio, principalmente da simplificação do sistema, possibilitando que o juiz centre sua atenção no mérito da causa (princípio da primazia da decisão de mérito)[23].

Partindo dessa premissa, a Comissão estabeleceu como um de seus objetivos a criação de condições para que o juiz possa proferir decisão de forma mais próxima à realidade fática subjacente à causa. Nesse contexto, a Exposição de Motivos do NCPC declina que:

> Pretendeu-se converter o processo em instrumento incluído no contexto social em que produzirá efeito o seu resultado. Deu-se ênfase à possibilidade de as partes porem fim ao conflito pela via da mediação ou da conciliação. Enten-

---

(23) BRASIL. *Código de Processo Civil*: anteprojeto / Comissão de Juristas Responsável pela Elaboração de Anteprojeto de Código de Processo Civil. Brasília: Senado Federal, Presidência, 2010. p. 14

deu-se que a satisfação efetiva das partes pode dar-se de modo mais intenso se a solução é por elas criada e não imposta pelo juiz.[24]

A partir dos motivos apresentados, no Capítulo I do novel código, que determina as normas fundamentais do processo civil, o art. 3º, § 3º declina que "a conciliação, a mediação e outros métodos de solução consensual de conflitos deverão ser estimulados por juízes, advogados, defensores públicos e membros do Ministério Público, inclusive no curso do processo judicial".

Ademais, diante da importância dada à autocomposição no NCPC, os conciliadores e mediadores passaram a ser considerados como auxiliares da justiça (capítulo III, seção V) nos casos da conciliação e mediação judiciais.

De acordo com o NCPC, os tribunais devem criar centros judiciários de solução consensual de conflitos, responsáveis pela realização das audiências de conciliação e de mediação e por programas que estimulem a autocomposição. Tais centros devem observar as normas do Conselho Nacional de Justiça, como é o caso da Res. n. 125 (NCPC, art. 165).

O art. 166 do novel código estabelece que a conciliação e a mediação devem ser informadas pelos princípios da independência, da imparcialidade, da autonomia da vontade, da confidencialidade, da oralidade, da informalidade e da decisão informada. Tais regras encontram-se em consonância com as normas previstas na Res. n. 125 do CNJ.

A confidencialidade estende-se a todas as informações produzidas no curso do procedimento, cujo teor não poderá ser utilizado para fim diverso daquele previsto por expressa deliberação das partes. Desse modo, em razão do sigilo profissional do conciliador e mediador e dos membros de suas equipes, estes não poderão divulgar ou depor acerca de fatos ou elementos oriundos da conciliação ou da mediação. (NCPC, art. 166, §§ 1º e 2º).

A autonomia da vontade implica na possibilidade de a escolha das regras aplicáveis à mediação e conciliação, inclusive as relacionadas ao procedimento, sejam definidas pelas partes interessadas (NCPC, art. 166, § 4º).

O art. 165 do NCPC dispõe sobre a necessidade de inscrição em cadastro nacional e em cadastro de tribunal de justiça ou de tribunal regional federal dos mediadores e conciliadores judiciais. Referido cadastro apenas poderá ser requerido após preenchido o requisito da capacitação mínima, por meio de curso realizado por entidade credenciada, conforme parâmetro curricular definido pelo Conselho Nacional de Justiça em conjunto com o Ministério da Justiça (CNJ – Res. n. 125, art. 12).

Após referido cadastro, que poderá ser precedido de concurso público, o tribunal remeterá ao diretor do foro da comarca, seção ou subseção judiciária, os dados necessários para que o nome do conciliador ou mediador passe a constar da respectiva lista, a ser observada na distribuição alternada e aleatória, respeitado o princípio da igualdade dentro da mesma área de atuação profissional. Os conciliadores e mediadores judiciais cadastrados, se advogados, estarão impedidos de exercer a advocacia nos juízos em que desempenhem suas funções. A partir do credenciamento das câmaras e do cadastro de conciliadores e mediadores constarão todos os dados relevantes para a sua atuação, de modo a possibilitar a publicidade de suas informações para conhecimento da população e para fins estatísticos e de avaliação da conciliação, da mediação, das câmaras privadas de conciliação e de mediação, dos conciliadores e dos mediadores.

Apesar do referido cadastro no tribunal, as partes podem escolher, de comum acordo, o conciliador, o mediador ou a câmara privada de conciliação e de mediação que, inclusive não precisam estar cadastrados (NCPC, art. 168).

Os mediadores e conciliadores serão remunerados pelo tribunal, conforme parâmetros estabelecidos pelo Conselho Nacional de Justiça (NCPC, art. 169), ressalvadas as hipóteses de concurso público e os realizados como trabalho voluntário.

Os conciliadores e mediadores, no caso de impedimento, devem comunicar imediatamente o juiz, além de devolverem os autos ao juiz do processo ou ao coordenador do centro judiciário de solução de conflitos, que realizará nova distribuição (NCPC, art. 170).

Nos casos de impossibilidade temporária do exercício da função, o conciliador ou mediador informará o fato ao centro, preferencialmente por meio eletrônico, para que, durante o período em que perdurar a impossibilidade, não haja novas distribuições (NCPC, art. 171).

Ademais, o conciliador e o mediador ficam impedidos, pelo prazo de 1 (um) ano, contado do térmi-

---

(24) BRASIL. *Código de Processo Civil*: anteprojeto / Comissão de Juristas Responsável pela Elaboração de Anteprojeto de Código de Processo Civil. Brasília: Senado Federal, Presidência, 2010. p. 22.

no da última audiência em que atuaram, de assessorar, representar ou patrocinar qualquer das partes (NCPC, art. 172).

Nos termos do art. 173 do NCPC, mediante apuração em processo administrativo, será excluído do cadastro de conciliadores e mediadores aquele que: a) agir com dolo ou culpa na condução da conciliação ou da mediação sob sua responsabilidade ou violar qualquer doe seus deveres (NCPC, art. 166, §§ 1 e 2º) ou b) atuar em procedimento de mediação ou conciliação, apesar de impedido ou suspeito.

O juiz do processo ou o juiz coordenador do centro de conciliação e mediação, se houver, verificando atuação inadequada do mediador ou conciliador, poderá afastá-lo de suas atividades por até 180 (cento e oitenta) dias, por decisão fundamentada, informando o fato imediatamente ao tribunal para instauração do respectivo processo administrativo (NCPC, art. 173, § 2º).

Além do estímulo à conciliação judicial, o NCPC ainda prevê a criação de câmaras de mediação e conciliação, com atribuições relacionadas à solução consensual de conflitos no âmbito administrativo pela União, Estados, Distrito Federal e Municípios (NCPC, art. 174).

No presente artigo, conforme já mencionado, iremos abordar de forma mais detida a autocomposição judicial. O art. 334 do NCPC declina que, antes de apresentada a contestação pelo polo passivo da demanda, será designada pelo juízo audiência de conciliação ou de mediação com antecedência mínima de 30 dias, devendo o réu ser citado com pelo menos 20 dias de antecedência.

A audiência de conciliação ou de mediação é realizada pelo conciliador/mediador onde houver, observando as diretrizes do NCPC e das leis de organização judiciária, podendo ocorrer em mais de uma sessão, desde que não exceda a dois meses da data de realização da primeira sessão, desde que necessárias à composição das partes (NCPC, art. 334, §§ 1º e 2º). A intimação do autor para a audiência é realizada na pessoa de seu advogado (NCPC, art. 334, § 3º).

No processo civil, a audiência de conciliação ou de mediação apenas não é realizada quando ambas as partes, expressamente, demonstrarem desinteresse na composição consensual e quando não se admitir a autocomposição (seja pelo objeto da demanda ou pelas partes). O desinteresse é demonstrado pelo autor na petição inicial e pelo réu em petição apresentada com dez dias de antecedência da data da audiência. Quando houver litisconsórcio, o desinteresse deve ser demonstrado por todos os litisconsortes (NCPC, art. 334, §§ 4º a 6º).

O não comparecimento das partes na audiência é considerado como ato atentatório à dignidade da justiça e será sancionado com multa de até dois por cento da vantagem econômica pretendida ou do valor da causa, revertida em favor da União ou do Estado (NCPC, art. 334, § 8º).

Na audiência, as partes devem estar acompanhadas por seus advogados ou defensores públicos, podendo constituir representante, por meio de procuração específica, com poderes para negociar e transigir (NCPC, art. 334, §§ 9º e 10).

Se obtida a autocomposição, ela deverá ser reduzida a termo e homologada por sentença (NCPC, art. 334, § 11). A pauta das audiências de conciliação ou de mediação será organizada de modo a respeitar o intervalo mínimo de vinte minutos entre o início de uma e o início da seguinte (NCPC, art. 334, § 12).

A autocomposição obtida será reduzida a termo e homologada por sentença (NCPC, art. 334, § 11). Não alcançada a autocomposição, terá início o prazo para apresentação da contestação (NCPC, art. 335, I).

5. CONCILIAÇÃO E MEDIAÇÃO NO PROCESSO DO TRABALHO

A conciliação possui grande destaque na Justiça do Trabalho, conforme se observa pelo art. 764 da CLT:

> Art. 764 – Os dissídios individuais ou coletivos submetidos à apreciação da Justiça do Trabalho serão sempre sujeitos à conciliação.
>
> § 1º – Para os efeitos deste artigo, os juízes e Tribunais do Trabalho empregarão sempre os seus bons ofícios e persuasão no sentido de uma solução conciliatória dos conflitos.
>
> § 2º – Não havendo acordo, o juízo conciliatório converter-se-á obrigatoriamente em arbitral, proferindo decisão na forma prescrita neste Título.
>
> § 3º – É lícito às partes celebrar acordo que ponha termo ao processo, ainda mesmo depois de encerrado o juízo conciliatório.

No procedimento ordinário, a conciliação deve ser tentada, obrigatoriamente, em dois momentos pelo juiz: na abertura da audiência inicial e antes da apresentação da defesa (CLT, art. 846) e após as razões finais (CLT, art. 850). No rito sumaríssimo, a solução conciliatória do litígio pode ocorrer em qualquer fase da audiência (CLT, art. 852-E).

A Constituição Federal de 1988, em seu art. 114, *caput*, declinava que competia à Justiça do Trabalho **conciliar e julgar** os dissídios individuais e coletivos (...). Após a EC n. 45/04, o dispositivo teve sua redação alterada, passando a dispor que a Justiça do Trabalho possui competência para **processar e julgar** (...).

Concordando com a doutrina majoritária[25], acreditamos que a alteração realizada não minimizou a importância da autocomposição e, mais especificamente, da conciliação na Justiça do Trabalho, mas apenas deixou, de forma expressa, a ampliação de sua competência, mesmo porque, as formas consensuais de solução de conflitos são estimuladas pela atual tendência do processo.

É possível observar que a conciliação estimulada na Justiça do Trabalho é aquela realizada de forma endoprocessual, pelo próprio Juiz do Trabalho. De acordo com dados elaborados pela Coordenadoria de Estatística e Pesquisa do TST a porcentagem de Conciliações realizadas na Justiça do Trabalho, entre 1980 e 2013, superam 40%. No ano de 2013, 40,9% dos litígios foi solucionado por meio da conciliação[26].

A conciliação extrajudicial é também expressamente prevista nos arts. 625-A a 625-H da CLT, que disciplinam as Comissões de Conciliação Prévia. Referidas comissões são instituídas por empresas ou sindicatos de composição paritária, com representantes dos empregados e dos empregadores e a atribuição de tentar conciliar os conflitos individuais do trabalho. As comissões também podem ser constituídas por grupos de empresas ou ter caráter intersindical.

No tocante à mediação, não há regra específica na legislação trabalhista. O art. 42, parágrafo único, da Lei n. 13.140/2015, que regulamenta a mediação entre particulares como meio de solução de controvérsias e sobre a autocomposição de conflitos no âmbito da administração pública declina que "a mediação nas relações de trabalho será regulada por lei própria". Apesar de ainda não haver referida legislação, a doutrina majoritária tem apontado a necessidade de estímulo da conciliação e da mediação, tanto realizadas de forma extrajudicial quanto de forma judicial[27].

De acordo com Bacellar, em países nos quais a mediação é amplamente implementada, é possível que os empregados resolvam seus conflitos com os empregadores sem que isso prejudique a relação de emprego. Isso porque, a mediação é indicada justamente nos casos em que há vínculo anterior entre as partes, possibilitando o restabelecimento do diálogo e soluções consensuais que gerem benefícios mútuos[28].

Dessa forma, é importante o estímulo não apenas da conciliação, como também da mediação na Justiça do Trabalho sendo esta a melhor forma de solução de conflitos quando ainda houver a pretensão da manutenção do vínculo anterior entre as partes litigantes.

O C. TST, devido ao regramento próprio na legislação trabalhista, no tocante à conciliação e mesmo aos atos processuais e audiências, declinou no art. 2º, IV, da Instrução Normativa n. 39/2016 que o art. 334 do NCPC, que versa sobre a audiência de conciliação e mediação, é inaplicável ao processo do trabalho.

Além disso, apesar de o art. 14 da IN n. 39/2016 do TST dispor que "não se aplica ao Processo do Trabalho o art. 165 do CPC, salvo nos conflitos coletivos de natureza econômica (Constituição Federal, art. 114, §§ 1º e 2º)", destacamos que alguns Tribunais Regionais do Trabalho criaram centros específicos para a realização da autocomposição, como é o caso do Núcleo de Conciliação Permanente da Justiça do Trabalho de Minas Gerais – TRT 3ª Região (Portaria n. 840/2012 de 04 de maio de 2012), do Núcleo Permanente de Métodos Consensuais de Solução de Conflitos Individuais do TRT da 2ª Região (Ato GP n. 03 de 2011) e dos Centros Integrados de Conciliação (CIC) do TRT da 15ª Região (Resolução Administrativa 12, de outubro de 2014), entre outros. Os fundamentos utilizados pelos TRTs compreendem a necessidade de atendimento à Resolução n. 125 do CNJ. Ademais, nos conflitos coletivos o C. TST permite a mediação e a conciliação pré-processual, assim como a arbitragem, em decorrência do art. 114, § 1º, da CF/1988, as quais são disciplinadas pelo Ato n. 168/TST.GP/2016.

Contudo, os referidos núcleos especializados, em regra, possuem como foco a conciliação, de modo que o terceiro responsável pela condução da solução do conflito não apenas favorece o diálogo entre as partes, mas também propõe as soluções.

Os núcleos são organizados por atos internos de cada tribunal, mas, também podem contar com a super-

---

(25) LEITE, Carlos Henrique Bezerra. *Curso de Direito Processual do Trabalho*. 14. ed. de acordo com o novo CPC – Lei n. 13.105, de 16.03.2015. São Paulo: Saraiva, 2016. p. 109 e SCHIAVI, Mauro. *Manual de direito processual do trabalho*. 9. ed. São Paulo: LTr, 2015. p. 45-46.

(26) CESTP – TST. Coordenadoria de Estatística e Pesquisa do TST. *Percentual de Conciliações no país de 1980 a 2013*. Disponível em: <http://www.csjt.jus.br/conciliacao-na-jt>. Acesso em: 10 jul. 2016.

(27) SCHIAVI, Mauro. *Manual de direito processual do trabalho*. 9. ed. São Paulo: LTr, 2015. p. 41.

(28) BACELLAR apud MENEZES, Marcelo Paes. A "crise da justiça" e a mediação. *Rev. Trib. Reg. Trab. 3ª Reg.* – Belo Horizonte, v. 33, n. 63, p. 23-31, jan./jun.2001. p. 28.

visão de Juízes do Trabalho e participação de conciliadores e mediadores voluntários que contribuam com a solução consensual do conflito.

A doutrina tem apontado que em determinadas situações, as partes possuem mais facilidade de solucionar os conflitos de forma consensual se estiverem na presença de conciliadores e mediadores em vez de serem conduzidos por um magistrado, aumentando-se a probabilidade de acordo[29].

Acreditamos que mesmo quando as conciliações e mediações forem realizadas por magistrados, é importante que estes assumam o papel de facilitadores do diálogo e propositores de soluções (no caso da conciliação), não exercendo funções de julgamento, típicas da atividade jurisdicional.

É válido destacar que tanto na conciliação como na mediação o Juiz do Trabalho não está obrigado a homologar o acordo apresentado pelas partes, nos termos da Súmula n. 418 do TST[30]. Isso porque, o juiz possui a função de assegurar a preservação da ordem pública, "garantindo que verdadeiramente ocorra conciliação e não mera renúncia de direitos, mormente no direito do trabalho, em que o trabalhador é a parte hipossuficiente da relação"[31].

Cabe ainda ressaltar que o Juiz também pode homologar a autocomposição realizada de forma extrajudicial, sendo a decisão considerada como título executivo judicial (NCPC, art. 515, III). A doutrina admite a aplicação do dispositivo na Justiça do Trabalho desde que sejam observadas algumas precauções pelo magistrado:

> (...) pensamos que o Juiz do Trabalho deva tomar algumas cautelas para homologar eventual transação extrajudicial. Deve designar audiência, inteirar-se dos limites do litígio e ouvir sempre o trabalhador. Acreditamos que somente em casos excepcionais deve o juiz homologar o acordo extrajudicial com eficácia liberatória geral[32].

Acreditamos que, em razão das particularidades das reclamações trabalhistas, o juiz deve possuir um papel ativo na homologação da conciliação e da mediação realizadas judicialmente ou extrajudicialmente, de modo que não haja mera supressão de direitos e garantias fundamentais dos trabalhadores.

Assim, apesar de defendermos a realização e o estímulo aos métodos de autocomposição, sustentamos que na Justiça do Trabalho tais métodos não poderão ser totalmente desprovidos do controle estatal, havendo limitação à autonomia privada das partes em conflito.

O juiz do trabalho também é capaz de analisar os meios de solução consensual do conflito mais adequados ao caso concreto, de forma a fornecerem às partes o acesso à ordem jurídica justa e possibilitar a implementação de uma Justiça Trabalhista Multiportas. A partir desse pressuposto, o magistrado trabalhista, ao analisar determinado processo terá como primeira providência avaliar qual o método de solução de controvérsias mais adequado e estimular que as partes utilizem o método escolhido para a composição do conflito.

Jorge Luiz Souto Maior elenca algumas condições fáticas que devem ser observadas na realização da autocomposição extrajudicial na Justiça do Trabalho:

> a) a criação dos modos alternativos não pode ser vista como efeito da ineficiência do processo e sim como um resultado natural da necessária complementaridade que deve existir entre os diversos modos de solução de conflitos; b) a via processual deve ser continuamente evoluída; c) a via extrajudicial deve ser instituída como via alternativa, e não como oposição ao processo, no sentido de se constituir um obstáculo à via processual; d) as vias extrajudiciais devem respeitar as garantias do contraditório, da igualdade de armas, da ampla defesa, que não são, em verdade, garantias do processo, mas garantias constitucionais da cidadania; e) as questões de ordem pública devem ser necessariamente respeitadas; f) as vias alternativas não devem se servir ao propósito de institucionalizar a renúncia dos direitos sociais; g) as vias alternativas devem se integrar ao sistema de solução de conflitos que busca, no todo, a efetivação dos direitos sociais[33].

---

(29) SCHIAVI, Mauro. *Manual de direito processual do trabalho.* 9. ed. São Paulo: LTr, 2015. p. 41.

(30) Súmula n. 418. Mandado de segurança visando à concessão de liminar ou homologação de acordo. A concessão de liminar ou a homologação de acordo constituem faculdade do juiz, inexistindo direito líquido e certo tutelável pela via do mandado de segurança.

(31) MIESSA, Élisson; CORREIA, Henrique. *Súmulas e Orientações Jurisprudenciais do TST comentadas e organizadas por assunto.* 7. ed. Salvador: JusPodivm, 2016. p. 1094.

(32) SCHIAVI, Mauro. *Manual de direito processual do trabalho.* 9. ed. São Paulo: LTr, 2015. p. 41.

(33) MAIOR, Jorge Luiz Souto. Os modos extrajudiciais de solução dos conflitos individuais do trabalho. *Revista do Tribunal Regional do Trabalho da 15ª Região,* Campinas – Direção e Coordenação da Escola da Magistratura. n. 18. São Paulo: LTr, 2002. p. 46-47.

Apesar de o autor estabelecer as condições necessárias aos métodos extrajudiciais de solução de conflitos, acreditamos que tais pressupostos são também aplicados à conciliação e mediação realizadas judicialmente.

6. CONCLUSÃO

A partir da teoria dos métodos consensuais de solução de conflitos, pensamos que as formas de autocomposição são importantes na garantia de uma ordem jurídica justa, devendo, portanto, serem implementadas de forma efetiva pela Justiça do Trabalho.

Isso porque, a natureza de cada conflito é que deve definir o método a ser aplicado ao caso concreto, ou seja, *a priori* nenhum método pode ser considerado melhor que o outro, mas sim, mais adequado à resolução de determinada controvérsia em específico. Partindo dessa premissa, ganha destaque a ideia de Tribunal Multiportas que garante que o conflito, ao ser judicializados, passará por uma prévia análise do juiz ou servidor especializado de modo a ser encaminhado ao método mais adequado de solução de controvérsia.

Assim, a conciliação e a mediação não devem ser encaradas como oposições à jurisdição, mas sim como complemento, uma vez que a natureza dos diferentes conflitos exige uma forma de composição própria.

A Justiça do Trabalho tem a conciliação como um de seus princípios basilares, conforme se extrai do art. 764 da CLT. Todavia, ainda se percebe a ausência de estímulos à mediação, método consensual de conflitos que pode, inclusive, servir para a manutenção da relação de trabalho em discussão.

Com o objetivo de efetivar as disposições da Resolução n. 125 do CNJ, diversos Tribunais Regionais do Trabalho criaram centros judiciários de solução consensual de conflitos. A criação desses centros, porém, não é obrigatória na Justiça do Trabalho, tendo o C. TST, inclusive, estabelecido que o art. 165 do NCPC[34] não se aplica ao processo trabalhista, salvo nos conflitos coletivos de natureza econômica (IN n. 39/2016, art. 14).

Acreditamos, entretanto, que a criação dos referidos centros é importante ao estímulo dos métodos de solução de conflitos, inclusive possibilitando a estrutura necessária à implementação de uma Justiça do Trabalho Multiportas, que encaminhe os litígios aos métodos mais adequados e propicie maior satisfação das partes.

Todavia, destacamos que a mediação e a conciliação exigem profissionais capacitados para a composição do conflito e, mesmo quando feitos pelos próprios juízes do trabalho, estes não devem praticar atos típicos da jurisdição, mas apenas estimular o diálogo e propor soluções (no caso da conciliação), de modo que as partes não se sintam inibidas ao comporem o conflito.

Por fim, acreditamos que a autocomposição deve ser empregada como instrumento de efetivação de direitos sociais e não como institucionalização de sua renúncia, mormente frente à realidade própria da Justiça do Trabalho. Isso só é possível com o papel ativo do juiz do trabalho na homologação dos termos estabelecidos entre as partes, de modo a garantir o acesso à justiça trabalhista sem prejuízo aos direitos sociais do trabalhador.

7. REFERÊNCIAS

BRASIL. *Código de Processo Civil*: anteprojeto / Comissão de Juristas Responsável pela Elaboração de Anteprojeto de Código de Processo Civil. Brasília: Senado Federal, Presidência, 2010.

CARMONA, Carlos Alberto. *Arbitragem e processo*: um comentário à Lei n. 9.307/1996. 3. ed. São Paulo: Atlas, 2009.

CESTP – TST. Coordenadoria de Estatística e Pesquisa do TST. *Percentual de Conciliações no país de 1980 a 2013*. Disponível em: <http://www.csjt.jus.br/conciliacao-na-jt>. Acesso em: 10 jul. 2016.

DIDIER JR., Fredie. *Curso de direito processual civil*: introdução ao direito processual civil, parte geral e processo de conhecimento. 17. ed. Salvador: JusPodivm, 2015.

DINAMARCO, Cândido Rangel. *Instituições de Direito Processual Civil*. São Paulo: Malheiros Editores, 2013.

FISS, Owen. The forms of justice. *HeinOnline — 93 Harv. L. Rev. 30 1979-1980*. Disponível em: <http://digitalcommons.law.yale.edu/cgi/viewcontent.cgi?article=2201&context=fss_papers>. Acesso em: 13 jul. 2016.

---

(34) Art. 165. Os tribunais criarão centros judiciários de solução consensual de conflitos, responsáveis pela realização de sessões e audiências de conciliação e mediação e pelo desenvolvimento de programas destinados a auxiliar, orientar e estimular a autocomposição.

§ 1º A composição e a organização dos centros serão definidas pelo respectivo tribunal, observadas as normas do Conselho Nacional de Justiça.

§ 2º O conciliador, que atuará preferencialmente nos casos em que não houver vínculo anterior entre as partes, poderá sugerir soluções para o litígio, sendo vedada a utilização de qualquer tipo de constrangimento ou intimidação para que as partes conciliem.

§ 3º O mediador, que atuará preferencialmente nos casos em que houver vínculo anterior entre as partes, auxiliará aos interessados a compreender as questões e os interesses em conflito, de modo que eles possam, pelo restabelecimento da comunicação, identificar, por si próprios, soluções consensuais que gerem benefícios mútuos.

LEITE, Carlos Henrique Bezerra. *Curso de Direito Processual do Trabalho*. 14. ed. de acordo com o novo CPC – Lei n. 13.105, de 16.03.2015. São Paulo: Saraiva, 2016.

MAIOR, Jorge Luiz Souto. *O conflito entre o novo CPC e o processo do trabalho*. Disponível em: <http://www.jorgesoutomaior.com/uploads/5/3/9/1/53916439/o_conflito_entre_o_novo_cpc_e_o_processo_do_trabalho.pdf>. Acesso em: 13 jul. 2016.

_____. Os modos extrajudiciais de solução dos conflitos individuais do trabalho. *Revista do Tribunal Regional do Trabalho da 15ª Região*, Campinas – Direção e Coordenação da Escola da Magistratura. n. 18. São Paulo: LTr, 2002.

MARINONI, Luiz Guilherme. *Teoria Geral do Processo*: 7. ed. São Paulo: Revista dos Tribunais, 2013. v. I.

MENEZES, Marcelo Paes. A "crise da justiça" e a mediação. *Rev. Trib. Reg. Trab. 3ª Reg.* – Belo Horizonte, v. 33, n. 63, p. 23-31, jan./jun. 2001.

MIESSA, Élisson; CORREIA, Henrique. *Súmulas e Orientações Jurisprudenciais do TST comentadas e organizadas por assunto*. 7. ed. Salvador: JusPodivm, 2016.

SALES, Lilia Maria de Morais; SOUSA, Mariana Almeida de. O Sistema de Múltiplas portas e o Judiciário brasileiro. *Direitos fundamentais e Justiça*. Ano 5, n. 16, jul./set. 2011.

SCHIAVI, Mauro. *Manual de direito processual do trabalho*. 9. ed. São Paulo: LTr, 2015.

WATANABE, Kazuo. A mentalidade e os meios alternativos de solução de conflitos no Brasil. In: GRINOVER, Ada Pellegrini; WATANABE, Kazuo; LAGRASTA NETO, Caetano (Coord.). *Mediação e gerenciamento do processo*: revolução na prestação jurisdicional: guia prático para a instalação do setor de conciliação e mediação. São Paulo: Atlas, 2008.

_____. Capítulo 3: Acesso à Justiça e meios consensuais de solução de conflitos. In: ALMEIDA, Rafael Alves de; ALMEIDA, Tania; CRESPO, Mariana Hernandez (Org.). *Tribunal Multiportas*: investindo no capital social para maximizar o sistema de solução de conflitos no Brasil. Rio de Janeiro: FGV, 2012.

O Meio Ambiente de Trabalho Seguro como Direito Fundamental do Trabalhador

Márcia Cristina Sampaio Mendes[(*)]

1. INTRODUÇÃO

Ao contrário do que se costuma pensar, a preocupação com meio ambiente de trabalho é temporalmente remota, embora o regramento que prevê sua completa proteção date de poucos séculos. A justificativa para este distanciamento talvez resida no objeto das primeiras lutas dos trabalhadores, rumo à intervenção estatal nas relações de emprego, objetivando o direito à limitação da jornada de trabalho e à retribuição financeira para os trabalhos prestados, bandeiras então consideradas mais urgentes nos primórdios da legislação do trabalho.

Para Wada (1990), o ambiente de trabalho pode ser definido como sendo um conjunto de fatores interdependentes, materiais ou abstratos, que atua direta e indiretamente na qualidade de vida das pessoas e nos resultados dos seus trabalhos.

Assim, considerando que o trabalho humano pode ser desempenhado em vários locais internos ou externos, como um escritório, uma fábrica, uma instituição bancária ou ainda ao ar livre, pode-se afirmar que o ser humano necessita encontrar aí condições suficientes que lhe proporcionem o máximo de proteção à sua higidez psicofísica, e ao mesmo tempo, este ambiente de trabalho deve ser capaz de gerar uma satisfação, uma sensação de prazer ao obreiro (BRANDÃO, 2010).

O ambiente de trabalho é composto de uma universalidade de fatores, que são comumentemente agrupados em dois blocos: (I) fatores físicos e (II) fatores organizacionais do ambiente de trabalho. É importante ressaltar que, não há uma hierarquização entre os ditos valores, pois um ambiente de trabalho é, na verdade, produto da contribuição indissociável desses diversos fatores (NAVARRO, 2007).

Hoje já não mais se tem dúvidas de que o ambiente do trabalho sadio é importante fator de segurança e qualidade de vida dos trabalhadores, já que em determinados casos, somado o tempo de deslocamento de sua residência para o local de trabalho e vice-versa, o empregado pode ficar até de 70% de seu tempo diário nesse ambiente. Os efeitos deletérios de um ambiente de trabalho não sadio são sentidos em diversos outros aspectos da vida do trabalhador e pode comprometer sua vida pessoal e social.

Deste modo, impossível não conceber que o ambiente de trabalho deve se revestir das condições mais salubres possíveis com a finalidade de que os trabalhadores se sintam bem (NAVARRO, 2007) e que atinjam a plenitude da atividade laborativa como assegurador da dignidade da pessoa humana, direito fundamental inserido no ordenamento pátrio como pilar do Estado brasileiro.

Muito embora o ambiente de trabalho sadio precise ser compreendido como direito humano, portanto todo indivíduo é dele credor, a despeito de qualquer outra circunstância, Farias (2006) leciona um aspecto individual deste direito, sustentando que um trabalhador satisfeito é um trabalhador mais confiante e também mais motivado, circunstâncias que gerarão bons efeitos inclusive para o empregador.

A proteção à saúde como direito fundamental do empregado não consta das primeiras preocupações do Direito conforme se informou alhures, mas gradativamente foi incorporada a ele como temática essencial,

---

(*) Márcia Cristina Sampaio Mendes é Juíza Federal do Trabalho no TRT da 15ª Região. Especialista em Economia Social do Trabalho pela UNICAMP. Mestranda em Direito pela UNAERP.

sendo por ele regulamentado. Antes, porém de o direito incorporar esta preocupação, outros ramos da ciência a ele se dedicaram a seu estudo, especialmente a medicina, como se pode verificar de documento escrito mais de dois mil anos antes de Cristo no Egito Antigo, denominado papiro Anastacius V. Mais tarde, a Idade Média conheceu algumas regras de proteção da saúde do trabalhador, mas a regulamentação genérica desta modalidade de compra teve espaço antes da consagração do trabalho livre e remunerado em benefício alheio.

A pesquisa desta normatização mais sólida remete o investigador à segunda metade do século XVIII e início do século XIX, quando as ideias do liberalismo político se consolidavam na Europa a partir do afastamento do Estado da tutela individual civilista. Combinado a isto, tem-se o aspecto econômico que valorizava a livre iniciativa e estimulava a concorrência, proporcionando o desenvolvimento do capitalismo, especialmente na França, Grã-Bretanha e, posteriormente nos Estados Unidos, Alemanha, Holanda e Bélgica; entretanto, em relação a estes últimos em menor grau (BRANDÃO, 2015), criando o ambiente socioeconômico fértil ao desenvolvimento de um ramo científico que tratasse de forma diferente a relação jurídica de trabalho.

Historicamente, nesse período, verifica-se que a classe trabalhadora convivia com uma situação de extrema penúria e exploração, sendo considerado por muitos como uma mercadoria qualquer, sujeita às mesmas regras da oferta e da procura (BRANDÃO, 2015) que os demais produtos colocados no mercado. A super exploração do trabalho, é bem verdade, não surge com a revolução industrial, já que a história já tinha experimentado e erradicado oficialmente a escravidão e a servidão. O fator distintivo da super exploração verificada no século XIX consiste no fato de coincidir com o surgimento da classe trabalhadora, reunida em ambientes coletivos para o trabalho e em aglomerados que se instalavam dando origem a cidades. Desta convivência, nasce o sentimento de classe e as reivindicações por uma tutela que afastasse a barbárie que se instalava.

Nesta época, inexistia o Direito do Trabalho sendo as relações de trabalho tuteladas pelos Código Civis ao redor do planeta, todos influenciados pelo Código Civil de Napoleão, de índole indisfarçavelmente liberal, prevendo a autonomia da vontade e livre contratação a partir do suposto da igualdade entre os contratantes.

"A criação da Organização Internacional do Trabalho em 1919 (OIT, 2016) foi considerada um ponto determinante e decisivo na compreensão da necessidade de especial regulação e proteção do trabalho ser humano em favor de outrem, resguardando o obreiro de toda sorte de exploração, inclusive contra o meio ambiente hostil de trabalho". Nesta perspectiva a OIT inseriu no preâmbulo de sua Constituição a necessidade de "proteção dos trabalhadores contra as enfermidades gerais ou profissionais e os acidentes resultantes do trabalho" dispositivo este reproduzido na Declaração de Filadélfia, de 1944[1] (NAVARRO, 2007) e posteriormente seguido pelas Cartas Magnas de diversos outros Estados.

A partir dessa mudança de perspectiva pela qual passou a ciência jurídica, o trabalhador passa a ser considerado como sujeito pleno de direitos e proteção do Estado, que abandona a posição de espectador das lutas entre as classes envolvidas no trabalho. Consolida-se entendimento no sentido de que o trabalho digno é direito fundamental do trabalhador e, via de consequência, o meio ambiente de trabalho protegido de nocividade também se encontra no rol daqueles que são fundamentais a pessoa humana.

2. ASPECTO HISTÓRICO DA PROTEÇÃO AO MEIO AMBIENTE DE TRABALHO

Lima (2009) leciona que o papiro Anastacius V, um documento egípicio antigo, é reportado como sendo a mais remota compilação de informações sobre meio ambiente do trabalho, embora seja forçoso reconhecer a inexistência de regra para proteção dos que estavam inseridos naquele local. O documento registra as precárias condições de trabalho dos operários da construção daquela época, assumindo grande relevância no estudo da temática, notadamente para demonstrar que no ano 2000 a.C. as condições em que os trabalhadores realizavam seus misteres foram objeto de preocupação.

No mesmo Egito, e na mesma época, se registrou uma insurreição de trabalhadores escravos nas minas de cobre reivindicando melhorias das condições de trabalho e vida dos mesmos, o que levou o faraó a implementar medidas protetivas que, ainda que episódicas e insuficientes, revelam um movimento importante na conscientização que posteriormente se universalizaria.

É atribuída a Aristóteles e a Platão a preocupação com os adoecimentos dos obreiros, em especial do esqueleto dos trabalhadores em minas, o que de certa

---

(1) Declaração resultante da Conferência Geral, realizada em Filadélfia no mês de maio, quase ao final da 2ª Guerra Mundial, relativa aos fins e objetivos da OIT, incorporada, como anexo, à Constituição daquela Organização (Fonte: BRANDÃO, 2010).

forma se contradiz com a tolerância que estes filósofos tinham com a figura da escravidão na idade antiga (ANVISA, 2009).

Analisando a proteção ao meio ambiente de trabalho sadio sob a perspectiva do pensamento filosófico na antiguidade, verifica-se a construção de justificação e uma tolerância àquela modalidade de trabalho compulsório e degradante. Aristóteles (384 a 322 a.C.), embora seja considerado um filósofo humanista por contribuir com a construção da ideia de política da sociedade, deu voz àqueles que à época defendiam a escravidão, ao fundamento que ela se demonstrava útil tanto ao escravo quanto ao senhor. Para ele, a escravidão decorria de uma natural divisão na sociedade, na qual existe quem naturalmente está predisposto a comandar e quem está predisposto a ser comandado. Os pensamentos filosóficos somente viriam a romper com este relacionamento tolerante com a escravidão na modernidade, com o surgimento das ideias iluministas.

Russomano[2], se manifestando sobre o trabalho escravo na Antiguidade, leciona:

> Se olharmos para trás e avistarmos, entre as névoas de tantos séculos, a sociedade romana, não deixará de nos parecer surpreendente que aquele povo, com agudo senso de respeito à pessoa do homem, tenha reduzido à condição de simples coisa os seus semelhantes condenados ao martírio e à ignomínia da escravidão.
>
> Os governantes e os sociólogos, mesmos os gênios, como César, Platão e Aristóteles, sofre o peso e a influência daquilo que se costuma chamar o espírito da época. O talento e a inspiração os elevam às alturas imensuráveis, mas o meio, o preconceito, os hábitos individuais, os costumes, a família, a sociedade, as tradições que puxam para a terra do que já existe. Eis porque, mesmo nas sociedades ideais dos filósofos, mesmo na república platônica e na política aristotélica, o trabalhador, submetido à escravatura, não recebeu o título e as honras do cidadão, permanecendo às margens da vida.
>
> Sendo assim é facilmente compreensível porque no Direito Romano reina o silêncio profundo a respeito da regulamentação do trabalho: o trabalhador era escravo e escravo não era homem, era objeto de direito de propriedade e tratado, pelas leis e pelos cidadãos, como as coisas de que dispomos.

Através do médico Hipócrafes, a ciência demonstrou dar maior contorno à preocupação com a perda da saúde do trabalhador em razão das atividades que ele desempenhava em favor de seu empregador. O objeto de estudos deste cientista era o saturnismo, contaminação do trabalhador capaz de atingir o sistema nervoso central pelo contato com chumbo, matéria-prima muito utilizada à época, adoecimento que tirava vida de muitos trabalhadores e se constituía como uma epidemia.

Dando forma à preocupação que se instalava, medidas de prevenção de acidentes e adoecimentos começaram a ser gestadas, primeiramente pelo naturalista francês Gaius Plinius Secundus, na enciclopédia denominada "História Natural", considerada um marco na sistematização do meio ambiente sadio de trabalho.

Durante os séculos XIV e XVI, a Europa conviveu com índices de doenças e acidentes de trabalho em números alarmantes, vitimando principalmente trabalhadores mineiros na atividade relacionada à extração de ouro e prata. Em decorrência, em plena Revolução Mercantil, o médico Ulrich Ellenbog publica estudos que comprovam a ação tóxica do monóxido de carbono, do mercúrio e do ácido nítrico no organismo do trabalhador. A ele se seguiram Paracelso, estudando as moléstias dos mineiros, George Bauer e Ysbrand Diemerbrock que pesquisavam os diversos padecimentos relacionados com o trabalho, notadamente a chamada "asma dos mineiros".

No ano de 1700, o médico italiano Bernardino Ramazzini publicou a conhecida obra *De Morbis Artificum Diatriba"* (Discurso sobre as doenças do trabalho), que serviu de base teórica para a medicina preventiva no trabalho e para a preservação do meio ambiente de trabalho até a Revolução Industrial (ROSEN, 1994, p. 85).

Segundo o mesmo autor, as condições em que os trabalhadores laboravam na Europa do início da Revolução Industrial eram demasiadamente precárias e cercada de epidemias como o tifo exantemático, que dizimava centenas de pessoas.

Todavia, os primeiros estudos sobre a necessidade de se garantir ao trabalhador um meio ambiente de trabalho sadio não encontrava ressonância no Direito, já que o Estado se movia pelos ideais liberais que consagravam seu distanciamento das relações jurídicas, reguladas pela livre iniciativa.

Estas péssimas condições de trabalho ocorrentes na Inglaterra acabaram por justificar a criação das Comissões de Inquérito no Parlamento Britânico, das

---

(2) RUSSOMANO, Mozart Victor. *O empregado e o empregador no direito brasileiro*. 6. ed. rev. e atual. São Paulo: LTr, 1978. p. 11.

quais resultou a aprovação da chamada "Lei de Peel" em 1802, criando restrições ao trabalho noturno e infantil na indústria do algodão e estabelecendo limitações na jornada de trabalho.

No ano de 1842, foi publicada a Encíclica Papal *Rerum Novarum*, escrita pelo Papa Leão XIII em cujo conteúdo a Igreja Católica assumia posição em defesa da proteção da saúde do trabalhador, denunciando que nenhum cristão poderia exigir trabalho de um ser humano em condições e locais que não respeitassem sua dignidade.

Os estudos e pesquisas que se desenvolviam acerca desta matéria foram fortalecendo o entendimento pela defesa do meio ambiente de trabalho decente e sadio e em 1919 foi criada a Organização Internacional do Trabalho (OIT) como resposta à necessidade de proteção efetiva do trabalhador, em especial à garantia de um ambiente de trabalho sadio, capaz de garantir sua dignidade humana. Fruto da constituição da OIT, várias Convenções e Tratados foram firmados como propósito de se assegurar que o trabalho seja capaz de dignificar o homem, especialmente através de ambiente que não atente contra sua higidez psicofísica. O ideal protetivo que emanou das Convenções e Tratados da OIT impregnou o direito positivado de todo planeta, inspirando várias Constituições Federais, incluindo a brasileira.

É neste cenário, de inserção deste direito ao rol de fundamental à dignidade da pessoa humana que o presente artigo irá se debruçar, sem pretensão de esgotá-lo.

3. A DIFÍCIL CONCEITUAÇÃO DE MEIO AMBIENTE DO TRABALHO

O primeiro registro de utilização da expressão meio ambiente (*milieu ambiance*) é creditado a Gefrrrey de Saint-Hilaire, naturalista francês, na obra intitulada *Etudes progressives d'um naturaliste*, data de 1835.

No Brasil repercutiram as discussões que cercam a temática e que tem início já no questionamento sobre a redundância do termo, que conteria duas palavras com significados muito parecidos. Para Freitas (2001), citado por Moreira:

> A expressão meio ambiente, adotada no Brasil, é criticada pelos estudiosos, porque meio e ambiente, no sentido enfocado, significam a mesma coisa. Logo, tal emprego importaria em redundância. Na Itália e em Portugal usa-se, apenas, a palavra ambiente.

No mesmo sentido, José Moyá (2007, *on line*) que, durante a Conferência das Nações Unidas sobre o Meio Ambiente realizada no Rio de Janeiro, no ano de 1992, afirmou a inexistência do "meio ambiente", ao fundamento que existiria "é um todo global e integrado, cujos elementos se combinam interdependentemente, formando uma unidade indissolúvel" que deve então ser denominado apenas de ambiente.

Para além da questão semântica, o termo segue sendo utilizado de forma consagrada, dado que se popularizou como designação dos assuntos relacionados à natureza, sendo usado por vários organismos internacionais e nacionais e incorporado à legislações constitucionais e infraconstitucionais de todo o mundo.

É neste sentido, a lição de Edis Milaré (2001, p. 63):

> Tanto a palavra meio quanto o vocábulo ambiente passam por conotações, quer na linguagem científica quer na vulgar. Nenhum destes termos é unívoco (detentor de um significado único), mas ambos são equívocos (mesma palavra com significados diferentes). Meio pode significar: aritmeticamente, a metade de um inteiro; um dado contexto físico ou social; um recurso ou insumo para se alcançar ou produzir algo. Já ambiente pode representar um espaço geográfico ou social, físico ou psicológico, natural ou artificial. Não chega, pois, a ser redundante a expressão meio ambiente, embora no sentido vulgar a palavra identifique o lugar, o sítio, o recinto, o espaço que envolve os seres vivos e as coisas. De qualquer forma, trata-se de expressão consagrada na língua portuguesa, pacificamente usada pela doutrina, lei e jurisprudência de nosso país, que, amiúde, falam em meio ambiente, em vez de ambiente apenas.

A árdua tarefa que se segue é a definição do meio ambiente, mister que se mostra dificultosa até mesmo aos estudiosos do tema e como bem pontua Milaré (2003, p. 165), "o meio ambiente pertence a uma daquelas categorias cujo conteúdo é mais facilmente intuído que definível, em virtude da riqueza e complexidade do que encerra".

Para Padilha (2002, p. 20), o ambiente pode ser conceituado como:

> É tudo aquilo que cerca um organismo (o homem é um organismo vivo) seja o físico (água, ar, terra, bens tangíveis para o homem), seja o social (valores culturais, hábitos, costumes, crenças), seja o psíquico (sentimento do homem e suas expectativas, segurança, angústia, estabilidade), uma vez que os meios físico,

social e psíquico são os que dão as condições interdependentes necessárias e suficientes para que o organismo vivo (planta ou animal) se desenvolva na sua plenitude.

Transportando a atenção para nosso objeto de pesquisa, Laboissiere Junior (2011) descreve que a expressão "meio ambiente do trabalho" aproxima dois ramos do direito apenas recentemente analisados de forma conjunta: o Direito do Trabalho e o Ambiental. A união destas duas disciplinas cientificamente autônomas se desenvolve especificamente na área da Saúde e Segurança do Trabalho (SST), cujo fundamento jurídico é amplo, englobando diplomas normativos de âmbito nacionais e internacionais. Além disso, a aproximação desses dois ramos jurídicos apresenta um efeito positivo no aspecto de evitar um tratamento privatístico da saúde do trabalhador, atribuindo-lhe, pelo menos em tese, uma maior segurança normativa, visando tratar-se de direito indisponível.

No Brasil, embora a Consolidação das Leis do Trabalho tenha destinado desde 1943 um capítulo específico ao tema (Da Segurança e Medicina do Trabalho, Capítulo V, com dezesseis seções) não há conceito legal para o meio ambiente de trabalho que é referenciado pelo legislador constituinte de 1988, especificamente no art. 200, parágrafo VIII (FREITAS, 2012):

> Art. 200. Ao sistema único de saúde compete, além de outras atribuições, nos termos da lei:
> (...)
> VIII – colaborar na proteção do meio ambiente, nele compreendido o do trabalho.

Como a Constituição Federal de 1988 não conceitua meio ambiente, a tarefa que foi desempenhada em sede pátria pelo art. 3º, I, da Lei n.. 6.938/1981, que dispõe sobre a Política Nacional do Meio Ambiente:

> o conjunto de condições, leis, influências e interações de ordem física, química e biológica, que permite, abriga e rege a vida em todas as suas formas.

A já explanada ausência de conceito legal decorre do fato de o próprio conceito jurídico de meio ambiente ainda não encontrar consenso no meio científico, havendo posicionamentos diversos em relação a sua definição. Entretanto, isso não resulta em maiores obstáculos à sua proteção normativa, a qual, conforme mencionado, é presentemente ampla, muito embora ainda seja objeto de demanda por efetividade pela sociedade e, principalmente, pelos trabalhadores (NASCIMENTO, 2011).

A falta de um conceito por parte da Constituição Federal obriga a doutrina à busca por referências normativas de relevância, buscando ainda avançar rumo à construção conceitual de meio ambiente de trabalho, desiderato cumprido por Brandão (2010) que utiliza do auxílio inserto no art. 3, alínea 'c', da Convenção n. 155 da OIT:

> Art. 3 – Para os fins da presente Convenção:
> (...)
> c) a expressão 'local de trabalho' abrange todos os lugares onde os trabalhadores devem permanecer ou onde têm que comparecer, e que estejam sob o controle, direto ou indireto, do empregador; (SUSSEKIND, 2007, p. 274)

Essa definição, ainda que venha a ser considerada insuficiente por parte da doutrina tem merecido reconhecimento dado estar contida em uma Convenção Internacional e consolida a percepção de que o ambiente laboral não se restringe unicamente ao estabelecimento do tomador de serviços, admitindo uma interpretação bem mais abrangente (BRANDÃO, 2015).

Uma grande construção doutrinária se firma para emprestar à expressão "meio ambiente de trabalho" um conteúdo que possibilite o surgimento da proteção ampla que o instituto exige.

Sirvinskas (2015, p. 753) descreve o meio ambiente do trabalho de maneira simplificada como sendo "o local onde o trabalhador desenvolve suas atividades", sem atribuir a ele a necessidade de se garantir a saúde do trabalhador.

Silva (2009, p. 24), em sua análise, apresenta o meio ambiente laboral de forma mais completa, compatível com a atual maturação do Direito do Trabalho. Para o mencionado autor, o meio ambiente de trabalho engloba "um complexo de bens imóveis e móveis de uma empresa ou sociedade, objeto de direitos subjetivos privados e invioláveis da saúde e integridade física dos trabalhadores que a frequentam".

Ao delimitar o conceito de meio ambiente de trabalho, Rocha (2002, p. 127-128) leciona existirem componentes variados, inclusive psicológicos na configuração deste local, de natureza dinâmica e não estática:

> (...) locus dinâmico, composto por todos os componentes que integram as relações de trabalho e que tomam uma forma no dia-a-dia laboral; não se restringe ao espaço interno da fábrica ou da empresa e alcança, por isso mesmo, o próprio local de morada ou o ambiente urbano; representa (...) todos os elementos,

inter-relações e condições que influenciam o trabalhador em sua saúde física e mental, comportamento e valores reunidos no *locus* do trabalho; é o ponto de partida para que se assegure a saúde no trabalho, que representa o resultado da interação dos diversos elementos do ambiente (bens, maquinários, instalações, pessoas etc.), (...) provocando ou não o bem-estar no trabalho.

Santos (2010, p. 38) também adverte sobre a necessidade de se analisar o local onde o empregado coloca sua força de trabalho em disponibilidade ao empregador de maneira menos restritiva:

> Ressalte-se que não é que o local de trabalho não tenha importância, porém, juridicamente associar a pessoa humana do trabalhador na relação de trabalho, ao meio ambiente, é mais relevante. Incluem-se todos os trabalhadores, incluindo a dona de casa que presta serviço gratuito à sua família, o voluntário etc. Com outras letras, não há separação antagônica (dualismo) entre meio ambiente do trabalho e a pessoa humana do trabalhador na relação laboral, de modo que, de alguma forma, o conceito deste deve ser incluído naquele.

Buscando conferir atualidade ao tema, Romita (2009, p. 409), descreve que o conceito de ambiente do trabalho deve se compatibilizar com as novas modalidades de prestação de serviço, como forma de estender a teia protetiva ainda em construção:

> (...) recolher o resultado das transformações ocorridas nos últimos tempos nos métodos de organização do trabalho e nos processos produtivos, que acarretam a desconcentração dos contingentes de trabalhadores, não mais limitados ao espaço interno da fábrica ou empresa. Por força das inovações tecnológicas, desenvolvem-se novas modalidades de prestação de serviços, como trabalho em domicílio e telemarketing, de sorte que o conceito de meio ambiente de trabalho se elastece, passando a abranger também a moradia e o espaço urbano.

A preocupação com os efeitos deletérios que um ambiente de trabalho hostil pode causar no empregado passa paulatinamente a tomar espaço na doutrina pátria. Fiorillo (2016, p. 73), leciona no sentido de haver uma inquestionável relação entre meio ambiente de trabalho e incolumidade psicofísica do empregado:

> (...) o local onde as pessoas desempenham suas atividades laborais relacionadas à sua saúde, sejam remuneradas ou não, cujo equilíbrio está baseado na salubridade do meio e na ausência de agentes que comprometam a incolumidade físico-psíquica dos trabalhadores, independente da condição que ostentem (homens ou mulheres, maiores ou menores de idade, celetistas, servidores públicos, autônomos etc.).

Figueiredo (2007, p. 40-41), em feliz conceituação leciona:

> Na busca do conceito de meio ambiente do trabalho, procura-se conjugar a ideia de local de trabalho à de conjunto de condições, lei, influências e interações de ordem física, química e biológica, que incidem sobre o homem em sua atividade laboral. (...), Não obstante possa à primeira vista surpreender uma transposição quase literal do conceito legal trazido pela Lei n. 6.938/1981 ao de meio ambiente de trabalho, certo é que – sem olvidar a relação capital/trabalho, de fundamental importância para o estudo de qualquer tema que diga respeito ao vínculo empregatício – aqueles são os elementos que merecem destaque na proteção do trabalhador em face dos riscos ambientais.

Ao contrário do que ocorre quanto à conceituação, existem alguns aspectos do meio ambiente laboral que não são objeto de discordância doutrinária, podendo-se citar como exemplo o fato de ser ele, ao lado do meio ambiente natural, artificial e cultural, um dos aspectos do meio ambiente ecologicamente equilibrado mencionado pelo *caput* do art. 225 da Constituição Federal de 1988. Também se demonstra consensual o posicionamento que relaciona o meio ambiente do trabalho ao local onde qualquer trabalhador desenvolve a sua atividade laborativa e o mesmo lhe dá sustento.

Assim, deve-se considerar o meio ambiente como uno, muito embora seja evidente que o mesmo envolva determinados aspectos naturais, artificiais, culturais e do trabalho, considerando esse último em um processo que se inter-relaciona com os demais, conforme a atividade exercida pelo trabalhador. A título de exemplo desta possibilidade, sugerimos duas situações: (i) o empregado cuja função seja de Guia Turístico e as suas atribuições sejam conduzir clientes de seu empregador ao interior da Mata Amazônica, apresentando-lhes as maravilhas tropicais. O ambiente de trabalho deste empregado é, ao mesmo tempo, considerado um ambiente natural, artificial e cultural, e (ii) o cientista que desenvolve suas pesquisas em plena floresta, que deve considerada, ao mesmo tempo, como um ambiente de trabalho para o mesmo e, ainda, natural (BRANDÃO, 2015).

Necessário que se aponte uma inegável vantagem no fato de meio ambiente de trabalho corresponder a um conceito jurídico indeterminado. De forma proposital inserido o legislador gera um espaço positivo de incidência da norma e evitar que ficassem fora do alcance do conceito em incontáveis situações que usualmente seriam por ele contempladas, caso houvesse uma definição precisa (ROMITA, 2014).

Dessa forma, a tutela ao meio ambiente de trabalho não pode ser restrita ao posto de trabalho exclusivamente. Deve se estender às circunstâncias, em seu derredor, que sejam afetadas com as condições materiais ou psicológicas em que o trabalho é desenvolvido também nele estão compreendidas, o que abrange a saúde do trabalhador (FREITAS, 2012).

Da análise combinada de todos esses conceitos, é possível considerar a conjugação do elemento espacial com a atividade laboral, o que possibilita qualificar qualquer aspecto do meio ambiente como de trabalho. Nessa trilha, o habitat laboral demonstra-se como "tudo que envolve e condiciona, direta e indiretamente, o local onde o homem obtém os meios para prover o quanto necessário para sua sobrevivência e desenvolvimento" (MANCUSO, 1999, p. 59).

Assim, considera-se que meio ambiente laboral nem sempre se confundirá com o local preciso onde o trabalhador desenvolve a sua atividade, não sendo aconselhável tentar definir o ambiente de trabalho de forma diversa da própria figura do trabalhador, o qual, em termos gerais, pode atuar nos mais diversos, variados e inusitados ambientes, considerados sim, todos os aspectos natural, artificial e cultural (LABOISSIERE JUNIOR, 2011).

Ultrapassada as questões conceituais, tem-se que a natureza jurídica do direito ao Meio Ambiente do Trabalho sadio é de Direito Difuso, em função de que o seu descumprimento atinge a toda a sociedade indistintamente, nesta e nas futuras gerações (REIS, 2005).

4. A JUSTIFICATIVA PARA A PROTEÇÃO DO MEIO AMBIENTE DE TRABALHO

Destaca-se que a segurança, saúde e bem-estar dos trabalhadores são preocupações intrínsecas e fundamentais de incontáveis profissionais em todo o mundo, sendo certo que a questão se desdobra para além dos empregados, atingindo os seus respectivos familiares, bem como todas as relações pessoais que o obreiro mantém em período concomitante com a prestação de serviços. Não se pode perder de vista, ainda que a salubridade do meio ambiente de trabalho tem influência sobre a produtividade, competitividade e sustentabilidade das empresas irradiando seus efeitos positivos para a economia nacional e local (NAVARRO, 2007).

É possível estimar que cerca de 2,3 milhões de pessoas morrem a cada ano resultante de acidentes de trabalho e de doenças ou lesões diretamente relacionadas ao trabalho. Outros 366 milhões de acidentes não fatais no local de trabalho resultam em uma média de três dias de trabalho perdidos por acidente, e 1,95 milhões de novos casos de doenças relacionadas ao trabalho ocorrem a cada ano (ILO, 2012). O resultado desta trágica estatística é que 8% do ônus global causado por doenças decorrentes de depressão são atualmente atribuídos aos riscos ocupacionais (ILO/WHO, 2005), portanto, evitáveis.

Os dados acima foram divulgados pela Organização Internacional do Trabalho (OIT) e pela Organização Mundial de Saúde (OMS), e consideram apenas as lesões e doenças que ocorrem em ambientes de trabalho, devidamente registrados. É nítida a subnotificação destes eventos mórbidos por parte das vítimas. Em diversos países, a grande maioria dos trabalhadores é empregado informal em fábricas e empresas onde não há registros de lesões e doenças relacionadas ao trabalho. À margem da contratação formal, estes empregados também não têm acesso a programas de prevenção de lesões ou doenças e precisam buscar a tutela jurisdicional para ver reparados os danos causados pelos adoecimentos e acidentes relacionados ao trabalho.

Toda a sociedade experimenta prejuízos com os acidentes e doenças do trabalho. Os altos custos financeiros assumidos pela Previdência Social em caso de afastamentos superiores a 15 dias são apenas um dos aspectos destes prejuízos. A perda da vida ou da capacidade laborativa tem inquietado ainda mais os estudiosos do problema. Nesta perspectiva, o comprometimento parcial ou não, definitivo ou provisório dos recursos humanos a longo prazo resultantes de locais de trabalho insalubres constitui-se necessariamente em um grande desafio para os governos federais, diversos setores econômicos, desenvolvedores de política e profissionais de saúde (PADILHA, 2011).

A redução destes danosos efeitos encontra-se no princípio da prevenção que, se implantado pelo empregador, é capaz de garantir um meio ambiente de trabalho sadio para todos os trabalhadores. O processo de adesão a esses princípios evita afastamentos e incapacidades laborais, minimizando os custos com saúde e os relacionados a alta rotatividade de trabalhadores, englobando a reposição de trabalhadores e treinamento, e ainda aumenta a produtividade a longo prazo bem como a qualidade dos produtos e serviços (NAVARRO, 2007).

Nota-se que, cada vez mais, o poder do consumidor está sendo aproveitado com a finalidade de buscar promover práticas para os ambientes de trabalho saudável, citando, como exemplo, diversos movimentos mundiais de empresários e consumidores que consideram a ética importante, inserindo selos de "comércio justo" que são atraentes para os consumidores de países desenvolvidos (PRUSS-USTUN; CORVALAN, 2010).

Esses selos têm por finalidade garantir que a saúde e o bem-estar social dos produtores, bem como proteções ambientais no que se refere ao processo produtivo (SILVA, 2008) e tem sido um forte aliado na luta pelo combate de formas desumanas de trabalho, como a escravidão, a exploração do menor no trabalho, entre outros. Extirpando do cenário do trabalho todas as condições degradantes de labor, o meio ambiente de trabalho sadio restaria assegurado, assim como a dignidade e a saúde do trabalhador.

O conceito de saúde passou por forte remodelagem desde sua primeira formulação que a relacionava à ausência de doenças. Segundo a Organização Mundial de Saúde (2010), a saúde pode ser definida como sendo um: "Um estado de completo bem-estar físico, mental e social, e não simplesmente a ausência de doença".

Imperioso construir, assim, o conceito de meio ambiente saudável (OMS, 2010, p. 7):

> Um ambiente de trabalho saudável é aquele em que os trabalhadores e os gestores colaboram para o uso de um processo de melhoria contínua da proteção e promoção da segurança, saúde e bem-estar de todos os trabalhadores e para a sustentabilidade do ambiente de trabalho levando em consideração as seguintes condições estabelecidas sobre as bases das necessidades previamente determinadas:
> - Questões de segurança e saúde no ambiente físico de trabalho;
> - Questões de segurança, saúde e bem-estar no ambiente psicossocial de trabalho, incluindo a organização do trabalho e cultura da organização;
> - Recursos para a saúde pessoal no ambiente de trabalho; e
> - Envolvimento da empresa na comunidade para melhorar a saúde dos trabalhadores, de suas famílias e outros membros da comunidade.

Wada (1990) assevera que o ambiente de trabalho (que pode ser definido como sendo o conjunto de fatores interdependentes, sejam eles materiais ou abstratos) atua direta e indiretamente na qualidade de vida das pessoas e nos resultados dos seus trabalhos (WADA, 1990), podendo comprometer ou potencializar a saúde do obreiro.

Parece não restar dúvidas que no local de trabalho o ser humano necessita encontrar condições de trabalho capazes de lhe proporcionar satisfação no desempenho de sua atividade laborativa, o que é obtido através da proteção, da segurança, da salubridade de que se reveste este espaço (NAVARRO, 2007).

5. DA TUTELA AMBIENTAL COMO DIREITO FUNDAMENTAL

A Constituição Federal de 1988 tem o mérito de ter sido a primeira Carta Magna nacional a tratar do meio ambiente. Antes disso o tema era tratado somente de forma indireta, mencionado em normas hierarquicamente inferiores.

Consta do Título VII, denominado da Ordem Social, o art. 225 que em seu *caput* estabelece que "todos têm direito ao meio ambiente ecologicamente equilibrado, bem de uso comum do povo e essencial à sadia qualidade de vida, impondo-se ao Poder Público e à coletividade o dever de defendê-lo e preservá-lo para as presentes e futuras gerações".

Com esta inserção o Direito Constitucional brasileiro inaugura uma nova categoria de bem, o chamado bem ambiental, considerado de uso comum do povo e essencial à sadia qualidade de vida. Por bem de uso comum são considerados aqueles que, em função de expressa previsão legal ou em decorrência de sua natureza, devem ser utilizados por todos em igualdade de condições.

É necessário ressaltar que o Título II da Constituição Federal de 1988, que se refere aos Direitos e Garantias Fundamentais, não relacionou de forma maneira direta dentre tais direitos o Meio Ambiente ou pelo menos não o fez de forma expressa. Evidentemente isso não significa que o Meio Ambiente não possua status de Direito Fundamental, em função de que o constituinte originário elencou no citado título, uma diversidade de direitos que dependem diretamente de um saudável e equilibrado meio ambiente (SILVA, 2012).

Fato é que no art. 200 da Constituição Federal de 1988 veio a atribuir a competência de colaborar na proteção ambiental ao Sistema Único de Saúde (SUS) demonstrando, mais uma vez, que Meio Ambiente é uma questão de Saúde pública e, por conseguinte, um Direito Fundamental (FREITAS, 2012).

Assim, verifica-se que

> O direito ao meio ambiente ecologicamente equilibrado é um direito à vida e à manutenção das bases que a sustentam. Destaca-se da garantia fundamental à vida exposta nos primórdios da construção dos direitos fundamentais, porque não é simples garantia à vida, mas este direito fundamental é uma conquista prática pela conformação das atividades sociais, que devem garantir a manutenção do meio ambiente ecologicamente equilibrado, abster-se de sua deterioração e construir sua melhoria integral das condições de vida da sociedade (DERANI, 1998, p. 97).

Ressalta-se que, além da natureza constitucional deste posicionamento, observa-se ainda existência do texto da Declaração Universal dos Direitos do homem, que robustece a teoria de estar o Meio Ambiente dentre os Direitos Fundamentais, conforme leciona Silva (2009, p. 36):

> A proteção ambiental, abrangendo a preservação da natureza em todos os seus elementos essenciais à vida humana e à manutenção do equilíbrio ecológico, visa tutelar a qualidade do meio ambiente em função da qualidade de vida, como uma forma de direito fundamental da pessoa humana(...) Esse novo direito fundamental foi reconhecido pela Declaração do meio Ambiente, adotada pela conferência das Nações Unidas, em Estocolmo, em junho de 1972, cujos vinte e seis princípios constituem prolongamento da Declaração Universal dos Direitos do Homem.

Deste modo, seja em função do aspecto da proteção da vida, seja pelo aspecto da proteção do trabalho, o Meio Ambiente conforme destacado engloba necessariamente o Meio Ambiente do Trabalho, o qual deve ser considerado um Direito Fundamental do Trabalhador tanto de forma individual quanto de forma coletiva. Deste modo, encontra-se inserido tanto na chamada segunda quanto na terceira geração dos fundamentais. Deve-se ainda neste ponto ressaltar, levando em consideração a natureza fundamental de tal direito, que o direito ao meio ambiente sadio (aí incluído o do trabalho) é considerado cláusula pétrea da Constituição Federal, não podendo, portanto, ser restringido ou suprimido (SILVA, 2012).

O presente raciocínio garante que Estados caracterizados pela fragilidade democrática possam garantir a inexistência de recuos e retrocessos neste aspecto, como, por exemplo, a validação da escravidão como modalidade lícita de contratação de mão de obra.

Sendo o direito ao meio ambiente de trabalho sadio considerado fundamental e cláusula pétrea em nosso ordenamento jurídico, necessário que se criasse ferramentas eficazes para sua garantia, devendo ser citado o movimento que teve curso no final da década de 1980 e que durou cerca de quinze anos, tendo resultado no chamado micro sistema processual coletivo, do qual a Ação Civil Pública é o grande destaque.

Celso Bastos descreve que em relação a direitos deste status, verifica-se que os direitos fundamentais "tornar-se-iam letra morta não fossem acompanhados de ações judiciais que pudessem conferir-lhes uma eficácia compatível com a própria relevância dos direitos segurados" (BASTOS, 2010, p. 231).

Nesse contexto:

> Ponto de partida para o reconhecimento de uma eficácia dos direitos fundamentais na esfera das relações privadas é a constatação de que, ao contrário do Estado clássico e liberal de Direito, no qual os direitos fundamentais, na condição de direitos de defesa, tinham por escopo proteger o indivíduo de ingerências por parte dos podres públicos na sua esfera pessoal e no qual, em virtude de uma preconizada separação entre Estado e sociedade, entre o público e o privado, os direitos fundamentais alcançavam sentido apenas nas relações entre os indivíduos e o Estado, no Estado social de Direito não apenas o Estado ampliou suas atividades e funções, mas também a sociedade cada vez mais participa ativamente do exercício do poder, de tal sorte que a liberdade individual não apenas carece de proteção contra os poderes públicos, mas também contra os mais fortes no âmbito da sociedade, isto é, os detentores do poder social e econômico, já que é nesta esfera que as liberdades se encontram particularmente ameaçadas (SARLET, 2006, p. 294).

Assim, em função do seu status Constitucional propriamente dito, princípio lógico e acima de tudo fundamental deverá necessariamente o Meio Ambiente do Trabalho ser protegido por instrumentos administrativos e judiciais, com a finalidade de efetivar sua aplicabilidade prática e propiciar a garantia de manutenção deste Ambiente Laboral sadio como deve ser (FREITAS, 2012).

6. CONSIDERAÇÕES FINAIS

Pelo exposto, pode-se observar que a pessoa humana possui um valor ético e jurídico cujos fundamentos remontam as questões de índole religiosa e filosófica. Apesar do conceito ético da dignidade da pessoa humana ser de complexa conceituação, a transposição desse princípio supremo para a Constituição e o seu reconhecimento como norma demanda de explicitação do seu caráter vinculativo.

Em relação ao direito pátrio constitucional especialmente no que se refere as normas atinentes aos direitos humanos, como é o caso da dignidade da pessoa humana, a preservação das condições de trabalho e um ambiente digno é um direito do trabalhador e obrigação do Estado.

O meio ambiente do trabalho se caracteriza como um espaço das relações de trabalho. Pensar nesse espaço laboral do colaborador demanda análise dos elementos das atividades desenvolvidas, condições e desempenho do trabalho, bem como dos riscos físicos, químicos, sociais e psicológicos, que podem atingir o indivíduo trabalhador.

Além disso, a preocupação com o meio ambiente natural e construído, sendo unicamente um dos fatores do direito ambiental, visto que o desequilíbrio ecológico gera determinadas consequências à qualidade de vida, inclusive ao trabalhador.

Por conseguinte, a Constituição Federal de 1988 ao especificar que a proteção ao meio ambiente, objetivou a proteção de toda vida cotidiana do cidadão, inclusive do trabalhador.

Nesse sentido, o desdobramento dos estudos do direito ambiental não tem como pretensão o seu esfacelamento, mas demonstrar que agressões ao meio ambiente podem ocorrer, mais especificamente em determinadas parcelas do meio ambiente, no caso em estudo, o meio ambiente do trabalho.

Assim, a proteção do meio ambiente laboral, a demandar uma ampliação de medidas que venham a assegurar uma maior efetividade a este direito fundamental do trabalhador.

Todavia, não se pode esquecer que para se obter a eficácia dos direitos dedicados ao ser humano, entre eles, o direito ao trabalho em condições hígidas, é fundamental que se cultive a convicção da importância da garantia dos direitos fundamentais da pessoa humana relacionada a uma nova restruturação dos meios de produção que tenha a pretensão de preservar o meio ambiente do trabalho de qualquer forma de degradação.

Por fim, pode-se concluir que a tutela ambiental do trabalho possui determinados mecanismos suficientemente para a efetivação das melhorias necessárias de forma a propiciar ao trabalhador um Meio Ambiente do Trabalho, saudável, digno e constitucionalmente assegurado.

REFERÊNCIAS

BASTOS, Celso Ribeiro. *Curso de Direito Constitucional*. 22. ed. São Paulo: Saraiva, 2010.

BRANDÃO, Felipe Gondim. O direito à redução dos riscos no meio ambiente do trabalho na perspectiva constitucional. In: BRANDÃO, Cláudio (Org.). *Os direitos fundamentais, o direito e o processo do trabalho*. Salvador: Podivm, 2010.

BRANDÃO, Cláudio. *Acidente de trabalho e responsabilidade civil do empregador*. 4. ed. São Paulo: LTr, 2015.

DERANI, Cristiane. *Meio Ambiente ecologicamente equilibrado*: Direito Fundamental e Princípio da Atividade Econômica. In: Temas de Direito Ambiental e Urbanístico. São Paulo, 1998.

ILO – International Labour Organization. *Facts on safety at work*. April 2012.

ILO/WHO joint press release. *Number of work-related accidents and illnesses continues to increase:* ILO and WHO join in call for prevention strategies. 28 april 2005.

FARIAS, Talden Queiroz. O conceito jurídico de meio ambiente. In: *Âmbito Jurídico*, Rio Grande, IX, n. 35, dez 2006.

FIGUEIREDO, Guilherme José Purvin de. *Direito ambiental e a saúde dos trabalhadores*: controle da poluição, proteção do meio ambiente, da vida e da saúde dos trabalhadores no direito internacional, na união européia e no MERCOSUL. 2. ed. São Paulo: LTr, 2007.

FIORILLO, Celso Antônio Pacheco. *Curso de direito ambiental brasileiro*. 24. ed. rev. atual. e ampl. São Paulo: Saraiva, 2016.

FREITAS, Ives Faiad. *Meio ambiente do trabalho equilibrado: direito fundamental*. **Revista Jus Navigandi**, ISSN 1518-4862, Teresina, ano 17, n. 3204, 9 abr. 2012. Disponível em: <https://jus.com.br/artigos/21455>. Acesso em: 9 maio 2017.

GIL, A. *Como elaborar projetos de pesquisa*. São Paulo: Atlas, 2007.

GROTT, João Manoel. *Meio ambiente do trabalho*: prevenção: a salvaguarda do trabalhador. Curitiba: Imprenta, Juruá, 2008.

LAKATOS, E. M., MARCONI, M.A. *Fundamentos da metodologia científica*. 4. ed. São Paulo: Atlas. 2010.

MANCUSO, Rodolfo de Camargo. Ação civil pública trabalhista: análise de alguns pontos controvertidos. *Revista do Processo*, São Paulo, ano 24, n. 93, p. 59, jan./mar. 1999.

MELO, Sandro Nahmias. *Meio Ambiente do Trabalho*: Direito Fundamental. São Paulo: LTr, 2001.

MILARÉ, Edis. *Direito do ambiente*. São Paulo: Revista dos Tribunais, 2001.

MOYÁ, José. "in" SILVA, Thomas de Carvalho. *O meio ambiente na Constituição Federal de 1988*. In: **Âmbito Jurídico**, Rio Grande, XII, n. 63, abr 2009. Disponível em: <http://www.ambito-juridico.com.br/site/?n_link=revista_artigos_leitura&artigo_id=5920&revista_caderno=5>. Acesso em: maio 2017.

NASCIMENTO, Carlos Francisco do. Direito Ambiental do Trabalho: uma nova orientação da tutela ambiental. In: *Âmbito Jurídico*, Rio Grande, XIV, n. 92, set. 2011.

NASCIMENTO, Amauri Mascaro. *Curso de direito do trabalho*: história e teoria geral do direito do trabalho: relações individuais e coletivas do trabalho. 26. ed. rev. e atual. São Paulo: Saraiva, 2011.

NAVARRO, Antônio Fernando. *O conceito de meio ambiente de trabalho*. Disponível em: <pt.slideshare.net/AntonioFernandoNavarro/o-conceito-de-ambiente-do-trabalho >. Acesso em: out. 2016.

OIT – Organização Internacional do Trabalho. *Constituição*. Disponível em: <http://www.ilo.org/public/portugue/region/ampro/brasilia/info/download/constituicao_oit.pdf>. Acesso em: nov. 2016.

OMS – Organização Mundial da Saúde. *Ambientes de trabalho saudáveis*: um modelo para ação: para empregadores, trabalhadores, formuladores de política e profissionais. Tradução do Serviço Social da Indústria. – Brasília: SESI/DN, 2010. 26p.

PADILHA, Norma Sueli. O equilíbrio do meio ambiente do trabalho: direito fundamental do trabalhador e de espaço interdisciplinar entre o direito do trabalho e o direito ambiental. *Rev. TST*, Brasília, v. 77, n. 4, out./dez. 2011.

_____. *Do meio ambiente do trabalho equilibrado*. São Paulo: LTr, 2002.

PRUSS-USTUN A; CORVALAN C. *Preventing disease through health environments*: towards an estimate of the environmental burden of disease. Geneva: WHO, 2010.

REIS, Jair Teixeira. *O ordenamento jurídico ambiental*. Verbo Jurídico, dez. 2005.

ROCHA, Júlio César de Sá da. *Direito ambiental do trabalho*. São Paulo: LTr, 2002.

ROMITA, Arion Sayão. *Direitos fundamentais nas relações de trabalho*. 5. ed. São Paulo: LTr, 2014.

ROSEN, George. *Uma história da saúde pública*. São Paulo: Hucitec, 1994.

SANTOS, Adelson Silva dos. *Fundamentos do direito ambiental do trabalho*. São Paulo: LTr, 2010.

SANTOS, Antônio Silveira R. dos. Meio ambiente do trabalho: considerações. *Revista Jus Navigandi*, Teresina, ano 5, n. 45, 1 set. 2000.

SANTOS, Enoque Ribeiro dos Santos. *Direitos Humanos e Meio Ambiente do Trabalho*. São Paulo: Imprenta, Faculdade de Direito da USP, 2006.

SARLET, Ingo Wolfgang. *A eficácia dos direitos fundamentais*. 12. ed. rev. atual. e ampl. Porto Alegre: Livraria do Advogado, 2015.

SILVA, José Afonso da. *Direito ambiental constitucional*. 7. ed. atual. São Paulo: Malheiros, 2009.

SILVA, Guilherme Oliveira Castanho. *O meio ambiente do trabalho e o princípio da dignidade da pessoa humana*. (2008). Disponível em: <http://www.lfg.com.br>. Acesso em: out. 2016.

SILVA, José Donizete da. *O saudável meio ambiente do trabalho: uma garantia constitucional*. Brasília-DF: Conteúdo Jurídico, 14 nov. 2012

SIRVINSKAS, Luís Paulo. *Manual de direito ambiental*. 13. ed. São Paulo: Saraiva, 2015.

SUSSEKIND, Arnaldo. *Convenções da OIT e outros tratados*. 3. ed. São Paulo: LTr, 2007.

WADA, C.C.B.B. Saúde: Determinante Básico do Desempenho. *Revista Alimentação e Nutrição,* n. 56, 1990.

Direitos da Mulher Trabalhadora: Conquistas e Desafios

Léa Elisa Silingowschi Calil[*]

O direito do trabalho surgiu como que na contramão de outros ramos do direito: um direito que veio para proteger um grupo específico, os hipossuficientes, em detrimento de outro grupo. Hoje reconhecido como o primeiro de outros direitos protetivos; na época, para alguns, uma excrecência que protegia o trabalhador em detrimento de quem gerava empregos e pagava os salários. Sua origem se deve à somatória de diversos fatores como: a industrialização e consequente concentração de pessoas nas fábricas, péssimas condições de trabalho somadas à conquista de alguns direitos humanos, como as liberdades individuais, mormente, a liberdade de expressão, esses trabalhadores começaram a reivindicar melhores condições de trabalho. Dessa demanda se originou o ramo que chamamos de direito do trabalho.

As condições de trabalho no início da revolução industrial eram tão ruins que qualquer conquista, por mínima que tenha sido (e elas foram mínimas) já era uma grande vitória. Mesmo com a marcha, lenta, de conquistas trabalhistas um revés logo se faz presente: a divisão sexual do trabalho chega às fábricas. Não há que olvidar que as conquistas dos trabalhadores como um todo, beneficiaram as mulheres que trabalham e trabalhavam, óbvio que toda legislação que surgiu para proteger o obreiro, protegeu também a obreira. Porém, essa mesma legislação, em alguns momentos, promoveu discriminação contra as mulheres.

Quando se fala em direito da mulher trabalhadora, muitos se questionam porque diferenciá-lo do direito do trabalhador, afinal, todo trabalhador está sujeito a abusos. E, sim, é verdade, a história nos demonstra que todo trabalhador, desprovido de direitos garantidos por lei, fica à mercê dos ditames do tomador de seus serviços. Porém, a mulher trabalhadora é ainda mais vulnerável a arbitrariedades. O que torna a mulher que trabalha uma vítima maior são uma série de fatores sociais: machismo, misoginia, maternidade, menor força física; enfim, uma somatória da condição biológica e do construto social.

A história do direito do trabalho feminino foi escrita juntamente ao lado da história do direito do trabalho, aquele que buscou, e busca até hoje, garantir condições mínimas e dignidade na prestação de serviços de qualquer trabalhador.

1. UM BREVE RELATO DA HISTÓRIA DO DIREITO DO TRABALHO DA MULHER

É impossível falar em direito do trabalho da mulher sem, obrigatoriamente, falar em gênero. A definição mais aceita de gênero é a identidade social de um indivíduo determinada pelo seu sexo de nascimento. E, através da história da humanidade, o papel social da mulher foi determinado pelo seu sexo biológico: o sexo frágil, a responsável pelo pecado original. Lou Andreas-Salomé refletiu sobre o assunto em 1899, em seu ensaio "a humanidade da mulher, esboço de um problema":

> (...), como em todo o resto do seu ser, a mulher é igualmente, bem mais do que o homem, determinada e ligada pela vida do seu corpo. Este é um ponto frequentemente negligenciado, em nome das mais banais convenções — e as mulheres, mais que ninguém, cometem este erro porque

---

[*] Léa Elisa Silingowschi Calil é advogada, professora universitária. Mestre e Doutora em Direito pela PUC/SP, Membro da Asociación Iberoamericana de Derecho del Trabajo y de la Seguridad Social (AIDTSS). Autora dos livros "História do Direito do Trabalho da Mulher" e "Direito do Trabalho da Mulher", ambos editados pela LTr.

preferem fingir que só seres femininos débeis são sensíveis às disposições variáveis do seu organismo. (ANDREAS-SALOMÉ, 1899, p. 610)

Assim, na toada da construção social do gênero feminino veio uma série de limitações impostas às mulheres, principalmente no tocante aos papéis e lugares que poderiam ocupar socialmente.

As mulheres de classe mais abastada não tinham muitas atividades fora do lar. Eram treinadas para desempenhar o papel de mãe e as chamadas 'prendas domésticas' – orientar os filhos, fazer ou mandar fazer a cozinha, costurar e bordar. Outras, menos afortunadas, viúvas ou de uma elite empobrecida, faziam doces por encomenda, arranjos de flores, bordados a crivo, davam aulas de piano e solfejo, e assim puderam ajudar no sustento e educação da numerosa prole. Entretanto, essas atividades, além de não serem muito valorizadas, não eram muito bem-vistas socialmente. Tornavam-se facilmente alvo de maledicência por parte de homens e mulheres que acusavam a incapacidade do homem da casa, ou observavam sua decadência econômica. Por isso, muitas vendiam o produto de suas atividades através de outras pessoas por não querer aparecer. Na época, era voz comum que a mulher não precisava, e não deveria ganhar dinheiro.

As mulheres pobres não tinham outra escolha a não ser procurar garantir seu sustento. Eram, pois, costureiras e rendeiras, lavadeiras, fiandeiras ou roceiras – estas últimas, na enxada, ao lado de irmãos, pais ou companheiros, faziam todo o trabalho considerado masculino: torar paus, carregar feixes de lenha, cavoucar, semear, limpar a roça do mato e colher. (FALCI, 1997, p. 249-150)

É em meio a esse cenário que os direitos da mulher trabalhadora irão surgir.

1.1. A fase da exclusão

O direito do trabalho da mulher passou por diferentes fases ao longo de sua história. Primeiramente, houve uma fase de exclusão: quando nem mesmo existia um direito do trabalho da mulher, mulheres não deveriam trabalhar e as que o faziam, o faziam à margem da lei, sem qualquer proteção legal vez que não havia qualquer legislação que regulamentasse a prestação de serviços, seja de homens ou mulheres.

"No espaço de tempo que se inicia no final do século XVIII e prossegue pelos mil e oitocentos, a par da renovação das idéias políticas e das repercussões sociais que destas resultaram, outra 'revolução' de igual porte também estava ocorrendo, traduzindo-se na passagem do artesanato para a manufatura fabril. Colocava-se, por isso, mais uma indagação, referente ao aproveitamento do trabalho feminino nessa transformação e expansão das atividades desenvolvidas nos centros industriais, e na possibilidade de compatibilizar suas tarefas domésticas com aquelas que as mulheres fossem desempenhar fora do lar. A solução não lhes foi benéfica, provocando, mais uma vez, desigualdade no seu estado, com reflexos diretos no salário, sempre mais baixo do que aquele pago aos homens; pior, esse tipo de trabalho, porque menos remunerado, era tido, também, como menos produtivo e, conseqüentemente, não se lhe dava igual valor e mérito." (AZEVEDO, 2001, p. 56-57)

Todavia, seria ledo engano imaginar que a mão de obra feminina, embora desvalorizada, não fosse desejada.

Não devemos nutrir ilusões quanto à situação da mulher trabalhadora. Em geral, mal ganhava o mínimo necessário para seu próprio sustento, muito menos para manter seus filhos. Os empregadores preferiam mulheres e crianças justamente porque essa mão-de-obra custava em média 30% menos. (FONSECA, 1997, p. 518)

A inexistência de qualquer proteção legislativa dava carta branca aos empregadores para explorar seus empregados, quanto mais vulneráveis, mais explorados, e era justamente esse o caso da mulher trabalhadora.

1.2. A época da proteção

No início do século passado começaram a surgir as primeiras legislações trabalhistas no Brasil. Em 1912, tramita no Congresso Nacional o projeto de um código de trabalho, que trazia em seu bojo legislação específica para o trabalho da mulher. O texto legal determinava que a mulher poderia contratar emprego independentemente da autorização marital, que lhe seria proibido o trabalho noturno, que sua jornada estaria limitada a 8 horas diárias e que poderia se licenciar entre 15 a 25 dias antes do parto e até 25 dias depois, garantido o retorno ao emprego e percepção de um terço do salário no primeiro período e metade no segundo.[1] Parte dos parlamentares se insurgiram contra os dispositivos que tratavam do trabalho da mulher, seu entendimento era que o trabalho feminino era algo ruim, tanto para a família como para a sociedade. Por fim, embora tenha sido discutido por trinta anos, o projeto jamais foi aprovado.

Desse modo, a primeira lei trabalhista específica para mulher surgiu no Estado de São Paulo: a Lei n. 1.596, de 29 de dezembro de 1917, que instituiu o Serviço Sanitário do Estado, proibiu o trabalho de mulheres em estabelecimentos industriais no último mês de gravidez e no primeiro puerpério. Apenas em 1923, o governo federal apresenta determinação idêntica com o Regulamento do Departamento Nacional de Saúde Pública, decreto n. 16.300, de 21 de dezembro, que facultava às mulheres, empregadas em estabelecimentos industriais e comerciais, descanso de trinta dias antes e mais trinta dias após o parto. Assim, as primeiras legislações protetivas ao trabalho feminino surgem exatamente na diferença biológica entre os sexos, são leis e regulamentos que visam proteger a maternidade.

A Organização Internacional do Trabalho (OIT) é fundada em 1919, portanto contemporânea a essas primeiras legislações nacionais de proteção à mulher trabalhadora. A OIT é criada pelo Tratado de Versalhes, com a justificativa de que há condições de trabalho que implicam em injustiça, miséria e privações para um grande número de pessoas e que uma nação não adotar um regime de trabalho humanitário se tornaria um impedimento aos esforços das demais em aprimorar as condições dos trabalhadores de seus próprios países.[2]

Deste modo, todas as convenções da OIT, desde sua origem em 1919 e após sua vinculação à ONU, têm como intuito promover a igualdade das condições de trabalho em todo o mundo como forma de dirimir as diferenças socioeconômicas existentes em âmbito global. As convenções n. 3 e 4 da OIT são ambas do ano de 1919, referem-se à mulher trabalhadora e foram as primeiras neste sentido.

A convenção n. 3 entrou em vigor a partir de 13 de junho de 1921; garantia à mulher trabalhadora uma licença remunerada compulsória de seis semanas antes e depois do parto e também previa dois intervalos de trinta minutos, durante a jornada de trabalho, para amamentação, além de garantir que durante seu afastamento a mãe recebesse dos cofres públicos uma remuneração suficiente para garantir sua manutenção e de seu filho, mediante a comprovação do parto por atestado médico. A dispensa da empregada durante o período da gravidez ou da licença compulsória seria considerada ilegal. Em 26 de abril de 1934, o Brasil ratificou essa convenção e a promulgou por meio do decreto n. 4, de 12 de novembro de 1935. Já a convenção n. 4 da OIT proibiu o trabalho noturno da mulher nas indústrias públicas ou privadas. Entendia-se por trabalho noturno aquele realizado no período entre 22h de um dia até as 5h do dia subsequente, permitindo que esse período de onze horas fosse reduzido em uma hora durante 60 dias no ano. Tal proibição não se estendia à obreira que realizava seus trabalhos em estabelecimento onde labutavam apenas membros de uma mesma família e poderia ser suspensa em casos de força maior ou perigo iminente de perda de matéria-prima que não fosse manipulada. Esta convenção foi também ratificada pelo Brasil, promulgada através do decreto n. 1.396, de 19 de janeiro de 1937, porém, posteriormente, denunciada.

Embora esse fosse o início de um período de conquistas, foi também um período em que o trabalho feminino sofreu com severas limitações que constrangiam seu exercício, inclusive com a exigência da outorga marital – não eram proibições apenas impostas às trabalhadoras, proibindo-lhes de laborar em determinadas atividades, mas também de imposições proibitivas, em que a legislação exigia o cumprimento de tantas regras aos empregadores de mulheres, regras de segurança e higiene que, mais tarde, se tornaram de ordem pública garantida a todos os trabalhadores, que sua melhor opção era não empregá-las. Todavia, eles o faziam, ao arrepio da lei, que ao impor tantas proibições com o intuito de salvaguardá-las, culminava por deixá-las desprotegidas. Esta proteção também se fez presente, muitas vezes, através de proibições como a do trabalho noturno (uma preocupação internacional, inclusive objeto da convenção n. 4 da OIT), só permitido nos casos em que a mulher laborava com membros de sua família ou mediante a apresentação de atestado de bons antecedentes; do trabalho insalubre ou perigoso, muitas vezes excepcionadas em convenções coletivas.

1.3. A era da promoção

Com o advento da Constituição Federal de 1988, a igualdade entre homens e mulheres – em todos os níveis, inclusive na questão do trabalho – foi promulgada e amplamente apregoada na legislação nacional. Foi

---

(1) VIANNA, Segadas. *Instituições de Direito do Trabalho*, 1957, p. 977.
(2) Parte XIII, Tratado de Versalhes, de 25 de janeiro de 1919.

nesse momento em que algumas proibições que ainda persistiam em alguns diplomas legais e limitavam o mercado de trabalho da mulher foram definitivamente eliminadas, inclusive pela recepção dessa legislação infraconstitucional.

Esta igualdade propalada pelo texto constitucional e sua observância pela legislação ordinária promoveu uma nova fase no direito do trabalho da mulher: o chamado direito promocional. Este direito promocional do trabalho da mulher trouxe, através da promoção do labor feminino, garantias de igualdade de acesso e busca da eliminação de toda a sorte de proibições, não apenas vetando limitações, mas principalmente incentivando que mulheres ingressassem no mercado de trabalho em condições isonômicas com seus pares do sexo masculino.

2. DIREITOS DA MULHER TRABALHADORA: CONQUISTAS

A garantia constitucional do princípio da igualdade é importante, pois age como balizador para a legislação infraconstitucional, particularmente como um direito negativo ao Estado, isto é, uma ordem de não fazer. Pois, muito embora, a Carta Magna garanta a isonomia, essa só acontecerá, de fato, como fenômeno na vida social, se as leis assegurarem que esse comando seja cumprido.

Desse modo, desde a promulgação da Constituição Federal em 1988, várias leis surgiram para garantir que o princípio da igualdade prescrito em seu texto seja efetivado.

2.1. Proteção ao mercado do trabalho da mulher

A proteção ao mercado de trabalho da mulher está prevista no inciso XX, art. 7º, da Constituição Federal e visa garantir que mulheres tenham o mesmo acesso e igual oportunidade de trabalho que homens, procurando afastar toda e qualquer forma de discriminação em relação à mulher. Uma das formas de evitar a discriminação é criar mecanismos que incentivem sua contratação por parte das empresas. Para Sérgio Pinto Martins, um dos incentivos já existentes é que o pagamento do salário-maternidade é feito pela Previdência Social e não pelo empregador[3]. Quando se fala no pagamento da licença-maternidade aqui no Brasil soa como direito básico, vez que há muito tempo está garantido em nossa legislação, que é importante fazer nota que nos Estados Unidos, p. ex., a licença-maternidade (*paid maternity leave*) não é pago em todos os estados e mesmo naqueles em que é pago, a duração da licença é inferior à média mundial[4] e, portanto, abaixo do tempo prescrito pela Convenção n. 183 da OIT, que prevê uma licença de 14 semanas.

2.1.1. Lei n. 9029/1995

A Lei n. 9.029, de 13 de abril de 1995, surgiu para combater uma prática discriminatória que se tornou comum após a promulgação da Carta de 1988: a exigência de atestado negativo de gravidez para as ingressantes no emprego ou da comprovação de esterilização tanto das postulantes ao emprego quanto das empregadas para a manutenção de seu emprego, como forma de evitar que a empregada gozasse da estabilidade à gestante. Desta forma, essa lei criminalizou a conduta do empregador pessoa física, do representante legal da empregadora e também do dirigente, direto ou por delegação, de órgãos públicos e entidades das administrações públicas direta, indireta e fundacional de qualquer dos Poderes da União, dos Estados, do Distrito Federal e dos Municípios que exigisse teste, exame, perícia, laudo, atestado, declaração ou qualquer outro procedimento relativo à esterilização ou a estado de gravidez.

Também foi considerado crime a adoção de quaisquer medidas, de iniciativa do empregador, que configurassem indução ou instigamento à esterilização genética ou promoção do controle de natalidade, assim não considerado o oferecimento de serviços e de aconselhamento ou planejamento familiar, realizados através de instituições públicas ou privadas, submetidas às normas do Sistema Único de Saúde (SUS).

Desta forma, a Lei n. 9.029 combateu, tornando crime, a prática nas duas frentes em que ela se manifestava: proibindo a exigência de atestados de gravidez ou de esterilização e o incentivo à esterilização ou controle de natalidade que não seguisse as normas do Sistema Único de Saúde (SUS).

2.1.2. Lei n. 9.799/1999

Promulgada em 26 de maio de 1.999, inseriu novos artigos no Capítulo III da CLT, que trata da proteção ao trabalho da mulher. As modificações no texto da Consolidação das Leis do Trabalho buscaram corrigir as distorções que afetam a formação profissional e o

---

(3) MARTINS, Sérgio Pinto. *Práticas discriminatórias contra a mulher e outros estudos*, 1996, p. 68.

(4) ADDATI, Laura; CASSIRER, Naomi and GILCHRIST, Katherine. 2001, p. 11.

acesso ao emprego, assim como as condições gerais de trabalho da mulher.

A principal finalidade dessa lei foi garantir o igual acesso de mulheres às vagas de emprego e, para tanto, vedou uma série de atividades que, se promovidas pelo empregador ou futuro empregador, dificultariam ou impediriam a consecução do emprego pela trabalhadora. Desse modo, a lei proíbe: publicação de anúncios de emprego cujo texto faça referência ao sexo, à idade, à cor ou situação familiar; recusa de emprego ou promoção, ou a dispensa do trabalho em razão de sexo, idade, cor, situação familiar ou estado de gravidez, ressalvados os casos em que a natureza da atividade exigir as medidas vedadas. Como também condena considerar sexo, idade, cor ou situação familiar como variável determinante para fins de remuneração, formação profissional e oportunidades de ascensão profissional; e, também, impossibilitar o acesso ou adotar critérios subjetivos para deferimento de inscrição ou aprovação em concursos, em empresas privadas, em razão de sexo, idade, cor, situação familiar ou estado de gravidez.

A lei também impôs que vagas de cursos de formação de mão de obra, sejam eles ministrados por instituições governamentais, pelos próprios empregadores ou por qualquer órgão de ensino profissionalizante, sejam oferecidas a empregados de ambos os sexos. E, na seção que versa sobre a proteção à maternidade, inseriu parágrafo que garante à empregada, durante a gravidez, sem prejuízo do salário e demais direitos sua transferência de função, quando sua condição de saúde assim o exigir, assegurada a retomada da função anteriormente exercida logo após o retorno ao trabalho e também a dispensa do horário de trabalho pelo tempo necessário para a realização de, no mínimo, seis consultas médicas e demais exames complementares.

2.1.3. Lei n. 10.224/2001

A Lei n. 10.244, de 15 de maio de 2001, incluiu o art. 216-A no Código Penal, tornando crime a conduta de assédio sexual nos seguintes termos: constranger alguém com o intuito de obter vantagem ou favorecimento sexual, prevalecendo-se o agente da sua condição de superior hierárquico ou ascendência inerentes ao exercício de emprego, cargo ou função, com pena de detenção de 1 (um) a 2 (dois) anos.

> Trata-se de crime próprio, ou seja, exige uma especial qualidade do sujeito ativo: deve ser praticado por 'superior hierárquico' ou por quem tenha 'ascendência' 'inerentes ao exercício de emprego, cargo ou função'. Entende-se por 'superior hierárquico' aquele que, autoridade ou funcionário público, numa relação de direito administrativo, pode dar uma ordem a outra autoridade ou funcionário público, que lhe é inferior. No conceito de 'superior hierárquico' não entram as relações de subordinação eclesiásticas, empregatícias ou domésticas, familiares ou de coabitação e convivência. No entanto, o tipo em questão abrange também aquele que se prevalece de 'ascendência' inerente ao exercício de 'emprego, cargo ou função'. Nesse aspecto, são abrangidas as relações empregatícias, formais ou não. Emprego, cargo ou função, isto é, relações de subordinação no exercício laborativo, com nome e estipêndio correspondentes ou não, ou com atribuições ou misteres específicos àquela atividade, ainda que sem designação formal. (ARAÚJO e ARAÚJO *apud* SCAVONE JR, 2001, p. 62-63)

A lei apenas criminalizou a conduta de assédio sexual no ambiente laboral. Outras formas de assédio sexual continuam sendo tipificadas em outros crimes previstos no código penal, como era o caso do próprio assédio antes desta lei. Para que o assediante seja enquadrado na lei pouco importa se sua posição hierárquica é contemplada ou não na hierarquia formal da empresa, basta apenas que haja efetiva ascendência sobre a vítima do assédio. Tampouco exclui do tipo penal o fato de a relação de emprego ser informal.

2.2. A garantia de emprego da Lei n. 11.340/2006

A Lei n. 11.340 de 2006, conhecida como Lei Maria da Penha, criou mecanismos para coibir a violência doméstica e familiar contra a mulher, todavia, sua importância contra a esta modalidade de violência é tão grande que os juízes e tribunais a tem aplicado até mesmo em casos em que a vítima não é uma mulher, mas vítima de violência doméstica ou familiar, como irmãos, filhos e pais idosos.

Contudo, as estatísticas apontam que a grande vítima da violência doméstica é mesmo a mulher, assim essa lei veio para combatê-la em todas as suas frentes: combater o agressor, garantir assistência à vítima, impor medidas protetivas de urgência. E a lei não descuidou de ponto algum, assim o inciso II, do § 2º, do art. 9º trouxe a garantia da manutenção do vínculo trabalhista por até seis meses, quando necessário o afastamento da vítima do local de trabalho. Dessa forma, a vítima de violência pode se afastar do seu local de trabalho, quando necessário para sua segurança, porém podendo retornar, com garantia de seu emprego.

2.3. A recepção pela Constituição Federal do art. 384, CLT

O art. 384 da CLT prevê um intervalo de 15 (quinze) minutos antes do início de uma jornada extraordinária, como o artigo está inserido sob o Capítulo III, da proteção do trabalho da mulher, ele se aplica apenas às trabalhadoras e não aos trabalhadores em geral.

Atualmente, esse artigo encontra-se sob repercussão geral no STF (RE 658312) e o parecer do relator, Ministro Dias Toffoli, foi favorável à recepção do artigo pela atual Carta Magna:

> 2. O princípio da igualdade não é absoluto, sendo mister a verificação da correlação lógica entre a situação de discriminação apresentada e a razão do tratamento desigual.
>
> 3. A Constituição Federal de 1988 utilizou-se de alguns critérios para um tratamento diferenciado entre homens e mulheres: i) em primeiro lugar, levou em consideração a histórica exclusão da mulher do mercado regular de trabalho e impôs ao Estado a obrigação de implantar políticas públicas, administrativas e/ou legislativas de natureza protetora no âmbito do direito do trabalho; ii) considerou existir um componente orgânico a justificar o tratamento diferenciado, em virtude da menor resistência física da mulher; e iii) observou um componente social, pelo fato de ser comum o acúmulo pela mulher de atividades no lar e no ambiente de trabalho – o que é uma realidade e, portanto, deve ser levado em consideração na interpretação da norma.
>
> 4. Esses parâmetros constitucionais são legitimadores de um tratamento diferenciado desde que esse sirva, como na hipótese, para ampliar os direitos fundamentais sociais e que se observe a proporcionalidade na compensação das diferenças.
>
> 5. Recurso extraordinário não provido, com a fixação das teses jurídicas de que o art. 384 da CLT foi recepcionado pela Constituição Federal de 1988 e de que a norma se aplica a todas as mulheres trabalhadoras. (STF, Pleno, RE 658.312/SC, voto do Rel. Min. Dias Toffoli, j. 27.11.2014).

Este artigo também já foi objetivo de análise por Tribunais Regionais e pelo TST e, salvo divergências, as decisões são em favor da recepção do texto legal. Os argumentos a seu favor, em geral, lançam mão das diferenças biológicas entre homens e mulheres; por sua vez, as vozes contrárias, alegam infringência da isonomia constitucional. A questão aqui está além da diversidade fisiológica entre os sexos, mas situa-se no campo de direitos conquistados pelos trabalhadores. Ora, negar a recepção do art. 384, CLT, é retroceder, é negar um direito que até então era garantido a uma parcela dos trabalhadores. Reconhecer a recepção do artigo pelo texto constitucional é dar um passo para que ele seja estendido a todos os trabalhadores, não apenas às mulheres.

2.4. Lei n. 13.271/2016

A Lei n. 13.271, de 15 de abril de 2016, ampliou a proibição de revista íntima de funcionárias, já prevista na Lei n. 9799/1999, que inseriu o art. 373-A na CLT, protegendo também clientes do sexo feminino.

Convém definir os termos usados pela lei revista íntima se refere especificamente à revista do corpo, isto é, a revista feita por meio de apalpação. Tal especificação, proibindo apenas a revista íntima em mulheres, pode gerar a ideia de preconceito, porém, é fato comum, que tal ato é mais incômodo para mulheres e, em breve, os tribunais, na interpretação da lei, deverão se pronunciar sobre a revista às pessoas transgêneras e nesse caso, entra a questão de identificar como sexo feminino o sexo biológico ou de identificação da pessoa.

2.5. A estabilidade da gestante e a licença-maternidade sob a Lei n. 11.770/2008

A Constituição Federal ao garantir a licença-maternidade (Art. 7º, XVIII, CF) e a estabilidade da gestante (Art. 10, II, *b*, ADCT) criou um sistema que garantia tranquilidade e segurança à mãe trabalhadora: a gestante sabia que seu emprego estava garantido desde a confirmação da gravidez até o quinto mês após o parto, desta forma ela poderia retornar ao trabalho ainda sob a proteção da estabilidade provisória garantida à gestante, ao final dos 120 dias de licença-maternidade.

A Lei n. 11.770/2008 criou o programa Empresa Cidadã, que permite às empresas que aderem ao programa estender por mais 60 dias a licença-maternidade. Isto é, soma-se mais 60 dias aos 120 garantidos constitucionalmente, estes pagos diretamente pelo INSS, os demais pagos pela empresa, porém às custas do erário público, já que seus valores podem ser descontados do imposto de renda devido, portanto, modalidade de renúncia fiscal.

Óbvio que é impossível criticar 180 dias de licença-maternidade, índice que colocaria o Brasil em uma lista de 42 países no mundo que asseguram 18 ou mais semanas de licença-maternidade a suas trabalhadoras[5]. Porém, se não se pode criticar os 180 dias de licença,

---

(5) ADDATI, Laura; CASSIRER, Naomi and GILCHRIST, Katherine, 2001, p. 9

pode-se criticar o pouco alcance do programa. O programa só é elegível para empresas que declaram imposto de renda sobre lucro real, assim empresas pequenas que utilizam o Sistema Simples não podem oferecer o benefício às suas empregadas. É corrente que grandes empresas já oferecem melhores benefícios a seus empregados, soma-se então a possibilidade de garantir mais tempo de licença-maternidade. Não há como não enxergar aqui a lei promovendo uma forma de discriminação, o benefício deveria ser obrigatoriamente estendido a todas as trabalhadoras, independentemente do tamanho da empresa para a qual laboram. Da forma como foi concebido, o programa jamais alcança a todas as trabalhadoras. Por último, quanto à questão da estabilidade da gestante, com a extensão de mais 60 dias na licença-maternidade, quando a mãe retorna ao trabalho, ela não está mais protegida pela estabilidade provisória, podendo assim ser demitida no dia seguinte do retorno ao trabalho. A extensão da licença, sem a mesma extensão da estabilidade, tornou essa última inútil no período pós-parto. O sistema seguro criado na Constituição Federal fica rompido assim.

3. IGUALDADE: O GRANDE DESAFIO

A luta para garantir igualdade no trabalho da mulher é uma marcha contínua, que se depara com obstáculos, que, muitas vezes, entre avanços, enfrenta retrocessos. A questão não é apenas garantir igualdade à mulher no ambiente de trabalho, mas garantir também na sociedade. A igualdade deve estar presente em todos os âmbitos, não há como ter isonomia em um sem que ela esteja presente no outro.

Há outros indicadores das diferenças de oportunidades entre homens e mulheres, mas nenhum, talvez, seja mais patente quanto a diferença salarial entre os sexos. Pesquisa do CEPAL (Comissão Econômica para a América Latina e o Caribe) da ONU, aponta que homens recebem, em média, 25,6% a mais do que mulheres[6] no Brasil. A demanda por salários iguais é antiga, a Convenção n. 100 da OIT, de 23 de maio de 1953, já tratava do assunto:

> a) O termo 'remuneração' abrange o salário ou o vencimento ordinário, de base ou mínimo, e todas as outras regalias pagas directa ou indirectamente, em dinheiro ou em natureza, pelo patrão ao trabalhador em razão do emprego deste último.

> b) A expressão 'igualdade de remuneração entre a mão-de-obra masculina e a mão-de-obra feminina por um trabalho de igual valor' refere-se às tabelas de remuneração fixadas sem discriminação fundada no sexo. (OIT, Convenção n. 100, Art. 1º)

Não há como conquistar igualdade no âmbito social se se permite que a injustiça se perpetue em qualquer nicho que seja. A consecução da igualdade de gênero em todos os níveis, mas principalmente no âmbito do trabalho é importante porque a desigualdade tem um custo para o país.

> Desigualdades de gênero dificultam o desenvolvimento. Enquanto disparidades em direitos básicos; em educação, crédito e trabalho, ou na capacidade de participar das tomadas de decisão em nível governamental atingem mais diretamente mulheres e meninas, o custo real da desigualdade entre os sexos afeta, na verdade, a todo mundo. (...) ignorar desigualdades de gênero custa muito caro – para o bem-estar das pessoas e para a capacidade do país de um desenvolvimento sustentável, de governar de forma eficiente, e, assim, de reduzir a pobreza. (WORLD BANK, 2001, p. XI)

Em julho de 2011, a Assembleia Geral da ONU aprovou uma resolução incentivando seus membros a medirem a felicidade das pessoas de sua nação[7], de modo que as políticas públicas sejam promovidas de forma a gerar a maior felicidade possível. O termo "felicidade" tal qual foi usado nesse estudo deve ser compreendido como a sensação de se sentir bem e a pesquisa concluiu que "pessoas que se sentem mais felizes, que consideram suas vidas mais satisfatórias, são mais propensas a serem mais saudáveis, produtivas e sociáveis. Esses benefícios se voltam às suas famílias, locais de trabalho e comunidade onde estão inseridas."[8] Ora, uma das formas das pessoas se sentirem felizes é justamente vivenciarem em sociedade experiências que garantam a igualdade, onde nenhuma pessoa ou grupo social se sinta discriminado.

Assim, grande desafio que se apresenta para o Brasil, para seus legisladores, operadores do direito, aplicadores da lei, — além da crise econômica, dos problemas originados pelas mudanças climáticas, pelas demandas sociais geradas por uma das piores dis-

---

(6) CEPAL, anuário 2015. p 32.

(7) World Happiness Report 2013. p. 3.

(8) *Idem*, p. 4.

tribuições de renda do mundo, — é justamente garantir que mulheres conquistem espaço na sociedade, que o princípio da igualdade previsto no texto constitucional faça-se acontecer como fenômeno social. Não há como construir uma sociedade justa, sem que a justiça social seja distribuída isonomicamente a todos os seus membros.

REFERÊNCIAS

ADDATI, Laura; CASSIRER, Naomi; GILCHRIST, Katherine. *Maternity and paternity at work*: Law and practice across the world, Geneva: OIT, 2014. Disponível em: <http://www.ilo.org/global/publications/ilo-bookstore/order-online/books/WCMS_242615/lang--en/index.htm>. Acesso em: 28 jun. 2016

DUBY, Georges; PERROT, Michelle. *História das mulheres*, o século XIX. Porto: Afrontamento, 1991.

AZEVEDO, Luiz Carlos de. Estudo histórico sobre a Condição Jurídica da Mulher no Direito Luso-Brasileiro desde os anos mil até o Terceiro Milênio. São Paulo: *Revista dos Tribunais*; Osasco, SP: Centro Universitário FIEO – UniFIEO, 2001.

CALIL, Léa Elisa Silingowschi. *Direito do Trabalho da Mulher*. São Paulo: LTr, 2007.

CEPAL. Statistical Yearbook for Latin America and The Caribbean. Santiago: ONU, 2015. Disponível em: <http://repositorio.cepal.org/bitstream/handle/11362/39867/S1500739_mu.pdf>. Acesso em: 28 jun. 2016

FALCI, Miridan Knox. Mulheres do Sertão Nordestino. In: DEL PRIORE, Mary (Org.) *História das mulheres no Brasil*. São Paulo: Contexto, 1997.

FONSECA Cláudia. Ser mulher, mãe e pobre. In: DEL PRIORE, Mary (Org.) *História das mulheres no Brasil*. São Paulo: Contexto, 1997.

HELLIWELL, John; LAYARD, Richard; SACHS, Jeffrey. World Happiness Report, 2013. Disponível em: <http://unsdsn.org/wp-content/uploads/2014/02/WorldHappinessReport2013_online.pdf>. Acesso em: 28 jun. 2016.

MARTINS, Sérgio Pinto. *Práticas discriminatórias contra a mulher e outros estudos*. São Paulo: LTr, 1996.

SCAVONE JR., Luiz Antonio. *Assédio sexual*: responsabilidade civil. São Paulo: Saraiva, 2001.

SUSSEKIND, Arnaldo; MARANHÃO, Délio; VIANNA, José de Segadas. *Instituições de Direito do Trabalho*. Rio de Janeiro: Freitas Bastos, 1957.

WORLD BANK. Engendering development: through gender equality in rightsm resources, and voices. *World Bank policy research report*. Oxford: Oxford University Press, 2001.

Decisão Surpresa e sua Inaplicabilidade no Processo do Trabalho

Paula Rodrigues de Araújo Lenza[*]

1. Introdução

Há anos que o revogado Código de Processo Civil de 1973 tenta atualizar-se às necessidades sociais. Se só há direito em sociedade ("*ubi societas, ibi jus*"), é esta quem dita os caminhos que a norma jurídica deve percorrer para que galgue a devida efetividade, sob pena de cair em desuso e tornar inócua sua existência.

Neste sentido, diversas legislações foram elaboradas com o intuito de modernizar o processo civil, facilitando o acesso à justiça, fenômeno que recebeu o nome doutrinário e jurisprudencial de *"ondas renovatórias processuais"*[1]. Por meio destas alterações se intentou diminuir os procedimentos burocráticos e impeditivos da concretização das pretensões reconhecidas judicialmente, tudo em tempo hábil.

O ponto maior desta atualização (pelo menos quanto a *"mens legislatoris"*, diga-se de passagem) se deu com a publicação do atual Código de Processo Civil (2015), que, entre outras finalidades, absorveu (dentro do possível) os escopos priorizados pelas ondas renovatórias processuais e pretendeu a simplificação dos procedimentos jurisdicionais[2].

De outro lado, a Consolidação das Leis do Trabalho, com vigência desde 1943, influenciada pela emergência do direito material e alimentar do trabalhador que visa tutelar, foi vanguardista ao adotar, desde o seu início, um iter procedimental simples e enxuto, sendo inequívoca sua influência na formulação de leis como a dos juizados especiais e também em variados aspectos do novel CPC.

Ciente de que a simplicidade do Processo do Trabalho é uma das suas principais virtudes, há que se ter o máximo cuidado com o translado de dispositivos legais exógenos a seara trabalhista para o interior do processo laboral, a fim de que a complementaridade entre os sistemas não coloque em xeque seu prático funcionamento[3].

Ganha maior relevo, por consequência, a interpretação do art. 769 da CLT, ao atuar como cláusula de barreira para que as normas do processo comum só

(*) Paula Rodrigues de Araújo Lenza é Juíza do Tribunal Regional do Trabalho da 15ª Região.

(1) Mauro Cappelletti e Bryant Garth escreveram a obra "acesso à justiça", preconizando possibilidades de alterações legislativas para que o processo se tornasse acessível a todas as pessoas, principalmente à população carente.

(2) Na exposição de motivos do Anteprojeto do CPC de 2015, ficou certo que sua elaboração se orientou precipuamente por cinco objetivos: "*1) estabelecer expressa e implicitamente verdadeira sintonia fina com a Constituição Federal; 2) criar condições para que o juiz possa proferir decisão de forma mais rente à realidade fática subjacente à causa; 3) simplificar, resolvendo problemas e reduzindo a complexidade de subsistemas, como, por exemplo, o recursal; 4) dar todo o rendimento possível a cada processo em si mesmo considerado; e, 5) finalmente, sendo talvez este último objetivo parcialmente alcançado pela realização daqueles mencionados antes, imprimir maior grau de organicidade ao sistema, dando-lhe, assim, mais coesão*". Contudo, no que tange à simplificação, em especial ao dispositivo do art. 10º aqui tratado, o objetivo número "3" não foi alcançado.

(3) É impensável, dentro desse contexto, exigir do juiz do trabalho, norteado pelos princípios do Direito do Trabalho que estão fincados na raiz do Direito Social e impulsionado pelos ditames da ordem pública, ao qual, por isso mesmo, se atribuem amplos poderes instrutórios e de criação do direito, com apoio, inclusive, no princípio da extrapetição, que aplique no processo do trabalho as diretrizes do novo CPC que representam um grave retrocesso na própria concepção de Estado Democrático de Direito (MAIOR, Jorge Luiz Souto. O conflito entre o novo CPC e o processo do Trabalho. Disponível em: <http://www.anamatra.org.br/index.php/artigos/o-conflito-entre-o-novo-cpc-e-o-processo-do-trabalho>. Acesso em: 24 out. 2016).

se apliquem ao direito processual do trabalho quando houver compatibilidade entre a novidade e os escopos buscados pelo direito material tutelado.

2. DECISÃO SURPRESA

É nesta toada que analiso o cabimento do art. 10º do CPC de 2015 sob os meandros processuais trabalhistas. Reproduzo aqui o teor do dispositivo em análise:

> O Juiz não pode decidir, em grau algum de jurisdição, com base em fundamento a respeito do qual não se tenha dado às partes oportunidade de se manifestar, ainda que se trate de matéria sobre a qual tenha de decidir de ofício.

Trata-se do que a doutrina e a jurisprudência definem como "*vedação à decisão surpresa*", "*não surpresa*", "*decisão de terceira via*" ou "*decisão solidária*", por meio do qual uma decisão judicial, seja em qualquer fase do processo, só pode ser dada após devidamente oportunizada às partes o direito de manifestação.

Preconiza-se, assim, uma ampliação da garantia ao contraditório, em consonância com o devido processo legal substancial, dispositivo esse com precedentes no direito comparado português e alemão, por exemplo.

Sob um primeiro olhar, toda norma que venha a ampliar a aplicabilidade de uma garantia do jurisdicionado tende a ser interpretada como benéfica. Contudo, ao aprofundarmos a análise do instituto, é possível perceber que sua aplicação "pura e simples" representa nítido retrocesso social[4]. Vejamos.

a) Princípio da Eventualidade

O princípio da eventualidade predispõe que as partes, na peça inicial e na contestação, apresentem seus argumentos de ataque e defesa.

São incabíveis, portanto, inovações quanto a causa de pedir e argumentações defensivas extemporâneas, por preclusão, sob pena de ofensa ao princípio da isonomia, contraditório e ampla defesa.

Por consequência destes limites impostos ao juiz pelas partes, a decisão que aborda o tema alegado na inicial ou na contestação já é legitimamente fundamentada (art. 93, IX da CRFB), bem como qualquer pronunciamento judicial alheio a isso é viciado (sentença *citra, extra* ou *ultra petita*) e corrigível na esfera recursal, sem qualquer necessidade de aplicação do art. 10 do CPC de 2015[5].

b) Disposição própria do Processo do Trabalho

O art. 840, § 1º da CLT, plenamente vigente e atuante, descreve que a decisão juslaboral necessita possuir uma "*breve exposição dos fatos de que resulte o dissídio*".

Não há qualquer necessidade, assim, de serem abordados todos os fundamentos suscitados pelas partes durante a instrução processual e, por consequência, inexiste obrigação de manifestação prévia e particularizada antes do *decisum*.

c) "*Iura novit curia*"

O brocardo "*iura novit curia*" já não dispõe que o juiz conhece o direito, autorizando-o a proferir julgamentos que são pautados em fundamentos jurídicos de notório conhecimento da ciência jurídica (como os pressupostos processuais e condições da ação, por exemplo)?

Os brocardos nada mais são do que princípios gerais de direitos e, assim, dotados de força normativa tanto quanto o contraditório ampliado mencionado art. 10 do CPC de 2015.

d) Princípio inquisitivo

Vale lembrar que o processo do trabalho possui como princípio peculiar a inquisitoriedade, que recrudesce o magistrado de poderes para direcionar o andamento processual sem que isso represente qualquer ofensa ao contraditório (art. 765 da CLT).

---

(4) O PL n. 6.025/2010 introduzia no sistema processual civil brasileiro a obrigatoriedade de se oportunizar a manifestação prévia da parte interessada antes de qualquer decisão judicial que possa afetar o seu interesse (vide os respectivos artigos 9º, 10º, 301, 469, parágrafo único, etc.), inclusive em casos de matéria de cognição incondicionada (=conhecimento *ex officio*). Onde o contraditório fora até então diferido (à luz do CPC de Buzaid), sem quaisquer transtornos (mesmo porque, em residuais hipóteses de nulidade, sempre houve a possibilidade de recurso à instância seguinte), passa a ser, agora, um contraditório obrigatório, prévio e pleno. Outra vez o fenômeno da "*ordinarização procedimental*" (...), agora no regime jurídico da solução das objeções processuais, tornando o processo civil mais burocrático e menos efetivo nesta parte (FELICIANO, 2015, p. 278).

(5) (...) não há necessidade de se limitar o poder decisório do juiz, quando à mercê de objeções processuais, a um procedimento contraditório prévio. O princípio do contraditório (art. 5º, LV da CRFB) já estará atendido com a inarredável possibilidade de revisão do "*decisum*", em sede de recurso, caso uma das partes se entenda "surpreendida" ou contrariada com a subsunção jurídica que o magistrado imprimiu a determinado fato ou circunstância (decadência, prescrição cogniscível "*ex officio*", coisa julgada, litispendência, carência da ação, ausência de pressuposto processual objetivo ou subjetivo, etc.) (SILVA, 2016, p. 36).

Além do mais, a maior parte das questões abordadas em decisões judiciais trabalhistas diz respeito a mérito, precisamente a valoração de provas. Como exigir que o juiz dê vista prévia à parte de seu convencimento acerca de determinado meio de prova que já se encontra nos autos, quando tal atividade demanda e decorre da própria atividade jurisdicional?

A esse respeito, Guilherme Guimarães Feliciano:

> Faz todo sentido pensar em contraditório obrigatório, prévio e pleno, antes da aniquilação objetiva de direitos materiais, mormente em sede de tutela de direitos humanos fundamentais. Mas torná-lo regra quase absoluta, ao ensejo de qualquer ato judicial decisório – ainda que sobre matéria processual – parece conter desproporcionalidades. A simples positivação do princípio da cooperação (art. 5º do projeto) comandaria melhor a questão, sem necessidade de quaisquer outros preceitos, apreciando-se caso a caso a necessidade de um contraditório prévio e eventual (FELICIANO, 2016, p. 830).

e) Caso concreto

Aqui, entre parênteses, é necessário dizer que no plano empírico (infelizmente!) são muitos os escritórios de advocacia que elaboram peças de modo padronizado, com articulações alijadas dos fundamentos de fato e de direito discutidos na *lide*.

Exigir do juízo manifestação sobre todas as matérias ventiladas, de modo prévio a qualquer decisão, é "dar arma" ao protelatório, ofendendo o princípio fundamental da razoável duração do processo (art. 5º, LXVIII da CRFB).

f) Hipóteses de contraditório "*a posteriori*"

O ordenamento jurídico, há muitos anos, comina hipóteses em que o direito de manifestação da parte é relegado para um segundo plano, demonstrando que a garantia do contraditório encontra aplicação proporcional e concordância prática com outros princípios e garantias protegidos pelo sistema e que se mostrem mais importantes casuisticamente.

Por amostragem, o instituto da tutela antecipada "*inaudita altera parte*" e da limitação das matérias passíveis de serem alegadas nos embargos à execução.

g) "*Jus postulandi*"

E não esqueço da figura do "*jus postulandi*", plenamente vigente em nosso ordenamento e que possibilita a própria parte atuar em juízo sem patrocínio por advogado.

Como atribuir a parte desacompanhada de advogado o dever de se manifestar sobre questões jurídicas antes de uma decisão judicial, a fim de que, apenas depois disso, o juízo tenha legitimidade para proferir seu entendimento? Parece que qualquer intimação prévia, neste caso, seria plenamente inócua e formalista, destituída de efeito prático.

Os dispositivos legais encontram sua legitimação quando adequados ao seio da sociedade em que incidem. E, por consequência, não se esperam interpretações legais ou judiciais que aflijam princípios como da razoabilidade, da efetividade e cooperação.

Infelizmente, o TST adotou raciocínio antagônico na Instrução Normativa n. 39, ao entender por aplicável o art. 10 do CPC de 2015 em meandros trabalhistas. Certo é, todavia, que referida normatização não é vinculante aos magistrados trabalhistas, sequer aos próprios ministros do C. TST.

3. CONCLUSÃO

A ampliação do contraditório para o fim de evitar "decisões surpresas" é tema novo e, como tal, demanda amadurecimento no bojo da doutrina e jurisprudência para fins de sedimentação dos entendimentos.

Contudo, não se pode perder de vista que o atual desenvolvimento da ciência e prática jurídica, principalmente no que tange a força normativa dos princípios e ativismo judicial, concedeu às interpretações jurisdicionais, bem como às condutas das partes, terceiros e magistrados, contornos nitidamente diferentes do que havia outrora.

Se em tempos passados se esperava do magistrado a análise da causa com a perquirida imparcialidade, "dando ou não o direito" para quem por ele pretendia, hoje se almeja desta figura algo transcendente a esta premissa.

Inspirado em modelos como o dos "juízes de Stuttgart", o cenário atual da magistratura demanda que tal função seja exercida com cooperação e lealdade, com vistas a galgar a entrega do bem da vida a quem dele faça jus, com mínimo dispêndio de tempo, aplicando o direito com soberania principiológica quando comparada com a frieza da letra legal posta.

Este papel diferenciado do magistrado vem ao encontro dos direitos e garantias fundamentais presentes em nosso ordenamento, não representando ofensa à garantia do contraditório, de maneira que não se pode interpretar tais institutos de modo antagônico.

Conforme explica Guilherme Guimarães Feliciano:

> (...) segurança jurídica não se obtém com a automatização dos juízos, mas com o reco-

nhecimento dogmático dos limites do sistema, a serem esclarecidos e estabilizados de modo nacional e discursivo, sem prejuízo da mobilidade e da abertura sistêmicas. Daí ser dado ao magistrado expressar-se como ser sociopolítico, sem renunciar às suas convicções pessoais e aos elementos de cultura que configuram sua visão de mundo (FELICIANO, 2016, p. 831).

A garantia do contraditório pode e deve conviver harmonicamente com o dever de fundamentação da decisão judicial, mas sem que se exija do magistrado posturas inócuas e meramente formais, em "ordinarização procedimental"[6], o que encontra óbice na aplicação proporcional do contraditório quando colidente com os princípios da efetividade, simplicidade, cooperação e razoável duração do processo.

A simplicidade que qualifica o processo do trabalho não pode ser usurpada por imposições legais destituídas de racionalidade e praticidade, eis que comprometeriam a entrega do bem da vida ao trabalhador, bem este normalmente revestido de caráter emergencial e alimentar.

Por todo o exposto, a cláusula de barreira do art. 769 da CLT enuncia a ausência de compatibilidade entre o art. 10 do CPC de 2015 com o Processo do Trabalho.

REFERÊNCIAS

BOMFIM, Vólia. *Direito do Trabalho*. 7. ed. Rio de Janeiro: Método, 2012.

BRANCO, Ana Paula Tauceda. *A colisão de princípios constitucionais no direito do trabalho*. São Paulo: LTr, 2007.

DELGADO, Maurício Godinho. *Curso de Direito do Trabalho*. 11. ed. São Paulo: LTr, 2012.

FELICIANO, Guilherme Guimarães. *O princípio do contraditório sob os ventos da mudança* – aproximações e críticas (inclusive à luz da IN TST n. 39/2016). São Paulo: LTr, 2016.

MAIOR, Jorge Luiz Souto. *O conflito entre o novo CPC e o processo do Trabalho*. Disponível em: <http://www.anamatra.org.br/index.php/artigos/o-conflito-entre-o-novo-cpc-e-o-processo-do-trabalho>. Acesso em: 24 out. 2016.

MALLET, Estêvão. *Notas sobre o problema da chamada "decisão surpresa"*. Disponível em: <http://www.revistas.usp.br/rfdusp/article/view/89239/0>. Acesso em: 24 out. 2016.

SARLET, Ingo Wolfgang. *Curso de direito constitucional*. São Paulo: Revista dos Tribunais, 2012.

SILVA, José Antônio Ribeiro de Oliveira. *Comentários ao novo CPC e sua aplicação ao processo do trabalho*. São Paulo: LTr, 2016. v. I: parte geral (arts. 1º ao 317).

SCHIAVI, Mauro. *Manual de direito processual do trabalho*. 10. edição de acordo com o Novo CPC. São Paulo: LTr, 2016.

---

(6) "Ordinarização procedimental" ou "normalização" são expressões utilizadas por Guilherme Guimarães Feliciano para definir diversos ritos procedimentais que tomam por base as formalidades do rito ordinário trabalhista.

REMUNERAÇÃO VARIÁVEL, MERITOCRACIA E A SAÚDE FÍSICA E MENTAL DO TRABALHADOR

Áretha Michelle Casarin[*]

INTRODUÇÃO

A maneira como é organizada a gestão de pessoas no âmbito empresarial atravessa grandes mudanças em todo o mundo. Mudanças que estariam sendo motivadas na inconformidade dos modelos clássicos de gestão de pessoas com o atendimento às necessidades e às perspectivas das empresas (DUTRA, 2004).

De acordo com Souza (2005), o desafio das empresas estaria relacionado à adequação das remunerações aos custos, de forma que motivem o desempenho em alto nível dos seus colaboradores. Defende-se, no campo da administração de empresas, que as mudanças no mundo das organizações, ocasionam reflexos no ambiente e no modo de trabalho e impulsionam novos sistemas de remuneração. A modernização da gestão empresarial e a adoção de novos modelos de organização do trabalho tendem a tornar as formas tradicionais de remuneração antiquadas (WOOD; PICARELLI, 2004).

Porém, Loebler (2010) observa que a legislação trabalhista representa barreiras à elaboração e à implementação de novos modelos de remuneração, procurando resguardar princípios das relações trabalhistas de proteção e igualdade entre os trabalhadores nas mesmas funções.

É inegável que as inovações tecnológicas e a globalização econômica (marcada pela acirrada concorrência em nível mundial), ocasionaram transformações significativas no mundo do trabalho, entre elas a solidificação de novas formas de gestão e remuneração do trabalhador, boa parte delas pautadas na apuração do desempenho.

Não se ignora o contexto econômico dessa mudança. Lado outro, não se pode ignorar que o poder diretivo e as exigências do empregador estão condicionados aos limites da razoabilidade, diretrizes e princípios constitucionais como o da dignidade da pessoa e da função social do trabalho.

Melhor dizendo, não há como se falar em direito ilimitado na cobrança de produtividade, uma vez que essa cobrança não pode insultar a função social do trabalho, muito menos diminuir o empregado em sua dignidade e integridade mental, moral, física e social. Uma vez excedido o limite, a ação válida passa à ilicitude por aplicação da teoria do abuso do direito, encampada pela legislação pátria (art. 187 do Código Civil).

A dignidade da pessoa humana é uma referência unificadora de todos os direitos fundamentais. Eis a razão da Constituição Federal de 1988 ter asseverado que tal princípio é um dos pilares do Estado Democrático de Direito, implicando não só o exercício das liberdades constitucionais, mas também a garantia de condições mínimas para o exercício do trabalho digno.

Dessa maneira, o meio ambiente de trabalho deve assegurar a dignidade da pessoa humana, sendo apto a conciliar produção e proteção à integridade física e psicológica do trabalhador, ao que se denomina meio ambiente do trabalho equilibrado. É nesse contexto que devem ser discutidas as políticas de gestão empresarial e não apenas sob a lente da otimização do lucro.

Contudo, com as transformações que o mundo do trabalho vem experimentando nas últimas décadas, configura-se uma nova era de precarização estrutural

---

[*] Áretha Michelle Casarin é advogada, Gerente Jurídica da Tasso Pereira e Salvador Advogados Associados. Pós-Graduada em Direito Material e Processual do Trabalho pela EPD – Escola Paulista de Direito e possui MBA em Gestão Empresarial pela Fundação Getúlio Vargas.

do trabalho (ANTUNES, 2013), que advém tanto das condições de uso da força de trabalho como da sua forma de contratação e gestão, diante das novas exigências de flexibilização e redução dos custos de reprodução da força de trabalho.

Assim, são fatores desfavoráveis ao equilíbrio do meio ambiente de trabalho, entre outros: a remuneração variável e os planos de metas (não raro acompanhados de jornada extraordinária), os mecanismos de "retaliação" por baixa produtividade (inclusive a ameaça constante de dispensa) etc.

Portanto, a gestão de pessoas revela-se matéria de interesse comum à Administração e ao Direito, sendo relevante que os profissionais de ambos os campos reflitam sobre os impactos dos modelos de gestão hodiernos na saúde física e mental dos trabalhadores.

REMUNERAÇÃO VARIÁVEL

A remuneração variável é um conjunto de instrumentos de recompensa variável que complementa o salário fixo do trabalhador. Sua prática é antiga em diversas situações específicas, sobretudo no setor de vendas, e se manifesta por mecanismos de comissões sobre as vendas, prêmios por produção e outras formas similares.

A vinculação da remuneração variável ao desempenho é estratégia adotada como forte fator motivacional, especialmente para atrair e reter os profissionais (WOOD; PICARELLI, 2011).

É corrente a sustentação, na ciência administrativa, da necessidade de mudanças, novas alternativas de remuneração, sendo a remuneração variável uma nova oportunidade de ganho para o empregado. Sua principal característica não é substituir o salário, mas aumentá-lo, conforme as possibilidades do empregador e, sobretudo, não maximizar os custos da organização, pois seu custeio está atrelado ao aumento da produtividade.

De acordo com D'Annibale (2009, p. 148), "a remuneração variável, para fazer jus a esse nome, não pode ser confundida com salário, não pode substituí-lo, mas deve representar algo a mais". Fixa-se como fator motivador, mas ao mesmo tempo solidário com o desempenho da empresa, ou seja, ambos os lados, de um, o acionista ou empregador, e de outro, o empregado, devem participar dos resultados.

Conforme entendimento de Souza (2005), a remuneração variável é um elemento de resolução nos pacotes de remuneração das organizações modernas e atrela a remuneração ao desempenho, pois cria estruturas de incentivo, visando o alcance dos objetivos e a superação das dificuldades periódicas ou rotineiras das empresas, que afetam equipes e indivíduos.

Ainda, segundo Souza (2005), analisando-se as vantagens e desvantagens do alcance dos resultados, verifica-se que é imprescindível a adequação dos objetivos desse sistema com as demais estratégias da organização, pois poderá servir de motivação e estímulo a todos os envolvidos, como também poderá gerar competição e acomodação entre outros.

A doutrina especializada destaca que os sistemas de remuneração das grandes empresas, hoje em dia, têm a finalidade de motivar a autonomia de seus profissionais, valorizar o trabalho em equipe e disseminar uma visão sistêmica do "negócio", de modo que todos, da copeira ao presidente da empresa, tenham uma noção do todo. Por isso, a opção por uma política de remuneração "mais flexível", que contemple o mérito individual e das equipes, associado ao alcance dos objetivos empresariais. (SILVA, 2002)

Para Souza (2006), a função principal da remuneração variável é "vincular remuneração ao desempenho, criando mecanismos de incentivo para o alcance de objetivos e superação de desafios que se colocam periodicamente para as empresas, equipes e indivíduos". A adoção de práticas gerenciais que promovem a vinculação de recompensa ao esforço e ao resultado é tendência global, sendo reiteradamente defendida a necessidade delas devido a maior complexidade das organizações, que precisam empregar e reter os trabalhadores mais competentes.

Em síntese, a remuneração variável é um sistema cuja premissa básica para reconhecimento e recompensa do trabalhador é o alcance dos objetivos desejados.

Argui-se que sua previsão legal está contida na Consolidação das Leis do Trabalho (CLT), a qual estipula em seu art. 461 que:

> Art. 461 – Sendo idêntica a função, a todo trabalho de igual valor, prestado ao mesmo empregador, na mesma localidade, corresponderá igual salário, sem distinção de sexo, nacionalidade ou idade.
>
> § 1º – Trabalho de igual valor, para os fins deste Capítulo, será o que for feito com igual produtividade e com a mesma perfeição técnica, entre pessoas cuja diferença de tempo de serviço não for superior a 2 (dois) anos.
>
> § 2º – Os dispositivos deste artigo não prevalecerão quando o empregador tiver pessoal organizado em quadro de carreira, hipótese em que as promoções deverão obedecer aos critérios de antigüidade e merecimento (BRASIL, 2012).

Referida norma, como se sabe, fundamenta a equiparação salarial em consequência de critérios objetivos (trabalho de igual valor, prestado ao mesmo empregador e na mesma localidade).

Para Russo (2009), a remuneração estratégica pode ser qualificada como remuneração funcional, salário indireto, remuneração por habilidades, por competências, variável, previdência complementar, participação acionária, entre várias alternativas criativas.

Todavia, é importante reiterar que o poder atribuído ao empregador não deve nem pode extrapolar as barreiras da dignidade do empregado, visto que a Dignidade da Pessoa Humana é o princípio soberano da Carta Magna brasileira, necessário ser sempre respeitado. A exigência feita pelo empregador ou por quem os representa, necessita ser praticada na medida da sua necessidade e de forma ponderada, para que tal conduta não se configure em assédio moral, ou psicoterrorismo. (ASSE, 2004)

Conforme pesquisa realizada pela consultoria de recursos humanos Hay Group para a revista Exame, na qual foram entrevistados 1161 executivos de 27 empresas espalhadas por todo o país, a remuneração variável atrelada ao desempenho do funcionário vem, nos últimos dez anos, "substituindo a burocracia dos contracheques"[1]. Cada vez mais, o mundo dos negócios tenta acabar com a meta comum dos profissionais. (TEICH, 2006)

Essa é uma transformação para os padrões do ambiente empresarial do país, pois o conceito básico de remuneração no Brasil por décadas foi ancorado no salário fixo (a quantia paga ao fim de cada mês, sobre a qual incidem encargos previdenciários, tributários e outros tipos de desconto) mais o 13º a cada fim de ano. Tal sistema, porém, não "acompanha a necessidade de metas, as exigências cada vez maiores do mercado financeiro, o acirramento da concorrência dentro e fora do país". (TEICH, 2006).

Modificado o mundo dos fatos, torna-se necessário que o Direito acompanhe essas mudanças e suas repercussões, sendo que, no campo trabalhista, essa atualização exige constantemente (e concomitantemente) a consideração dos valores sociais e humanos incidentes.

A MERITOCRACIA

Entende-se por meritocracia um sistema ou modelo de hierarquização e premiação baseado nos méritos pessoais de cada indivíduo. Etimologicamente significa "poder do mérito", união da expressão *meritum* (do latim) com o sufixo *cracía*, cujo significado é poder. Neste modelo, atrela-se a condição social dos indivíduos às suas aptidões pessoais, profissionais, seus esforços e qualificação, sendo pouco considerados elementos outros, como o contexto de vida e origem de cada um.

Sobre a meritocracia, Barbosa esclarece, "no nível ideológico como um conjunto de valores que postula que as posições dos indivíduos na sociedade devem ser consequência do mérito de cada um" (2003, p. 22), o que, segundo a autora, pode ter duas dimensões: "a afirmativa e a negativa, sendo que a negativa rejeita os privilégios e nega a influência de valores e posições sociais e poder econômico na ascensão do indivíduo. Pois este será avaliado independentemente disso e sim pelo seu desempenho".

Na temática em estudo, é evidente a inspiração dessa forma de visão da vida em sociedade. Afinal, no sistema de remuneração variável, dissemina-se a ideia de relação direta entre os resultados obtidos pelo trabalhador com o seu esforço/desempenho e qualidades, pouco importando, por exemplo, suas condições pessoais (naturais ou circunstanciais) em comparação com outros trabalhadores de uma mesma equipe ou mesmo fatores externos.

AS EMPRESAS

As empresas, como espécie de organização social, assimilam e reproduzem essa perspectiva de sociedade, sendo que os atuais modelos de remuneração, acima referidos, são reflexos dessa introjeção. Nesse sentido, segundo Barbosa (1999), a meritocracia é um exemplo de gestão, fundamentado apenas na realização de metas e objetivos, que não dá valor a variáveis sociais como origem, posição social, econômica e poder político. A meritocracia pondera o desempenho súbito do colaborador, como fator chave da conciliação da sua remuneração.

Na pesquisa já citada[2], por exemplo, destacou-se a avaliação do desempenho como conector entre estratégia organizacional, carreira e critérios meritocráticos. Manifestações das melhores e maiores empresas do Brasil, segundo os critérios daquele veículo de mídia, mostraram a satisfação das pessoas e das organizações com a meritocracia, salientando que é possível atender

---

[1] TEICH, Daniel Hessel. O desempenho faz o salário. *Revista Exame* 22.05.2006. Disponível em: <http://exame.abril.com.br/revista-exame/edicoes/868/noticias/o-desempenho-faz-o-salario-m0082065>. Acesso em: 17 jul. 2016.

[2] Idem.

aos interesses organizacionais e das pessoas, por meio de uma investigação de desempenho que contemple os aspectos comportamentais relevantes para o negócio e o resultado financeiro.

Em algumas empresas, conceitos como inovação e criatividade são também associados à implantação de uma cultura meritocrática, vista como uma das chaves para o "enfrentamento da concorrência e da globalização" (BARBOSA, 2014).

REMUNERAÇÃO VARIÁVEL, PODER DIRETIVO E A SAÚDE DO TRABALHADOR

Feitas breves considerações sobre o contexto econômico, político e social de ampliação dos modelos de remuneração variável e demonstrada a visão da matéria pela ótica das ciências voltadas à administração das empresas, cumpre analisar a temática sob a perspectiva do Direito do Trabalho e princípios que o orientam.

O modelo remuneratório em comento, não raro é, aos olhos do Direito do Trabalho, uma fonte de abuso do poder diretivo. Geralmente, se faz acompanhar da discussão sobre emprego de gestão abusiva, prática de assédio moral (vertical e também horizontal, quando as metas são de um grupo) e sobrejornada. Sem falar nas hipóteses de fadiga extrema e às vezes fatal, como o caso da remuneração por produção nas atividades braçais, das quais é emblema o corte manual de cana de açúcar.

A proteção ao ambiente de trabalho resguarda direitos fundamentais como a saúde, a segurança e a vida, reconhecidos na Constituição Federal de 1988. A efetivação desses direitos pressupõe a redução dos riscos inerentes ao trabalho por meio do implemento das normas de saúde, higiene e segurança, o respeito aos limites de jornada e às normas trabalhistas em geral.

No entanto, temos que o atual contexto de competitividade e modelos de remuneração acima mencionados vão de encontro a este ideal. A pressão para o atingimento das metas estabelecidas e o constante "incentivo" à sobrejornada, além das outras práticas, concorrem para o aparecimento de distúrbios ou doenças ocupacionais. Em muitos casos, como fator agravante desse cenário, o empregado que não atinge as expectativas fixadas sofre discriminação, ou mesmo perseguição via assédio moral.

Sobre essa prática ilícita, a psicóloga Marie-France Hirigoyen (2002, p. 17) pontua que o configura: "qualquer conduta abusiva, seja gesto, palavra, comportamento ou atitude, que atente, por sua repetição ou sistematização, contra a dignidade ou integridade psíquica ou física de uma pessoa, ameaçando seu emprego ou degradando o clima de trabalho".

Questão discutida no campo trabalhista é a possibilidade de a exigência de cumprimento de metas configurar assédio moral, ou se é prática natural à dinâmica empresarial.

As metas determinadas pelas empresas necessitam especificar as opções de negócio, norteando o processo decisório em toda a organização. Simony Jara Russo (2009) assevera que:

> [...] é necessário saber, que a política de metas não é só cobrar resultados dos funcionários, tem todo um trabalho por trás disso, por exemplo, antes de o vendedor trabalhar a venda do produto, a produção e o fornecimento precisam estar estruturados, o marketing deve estar bem posicionado. O produto já deve estar praticamente aceito junto à sociedade, antes da cobrança de se alcançar vendas exorbitantes.

De outro modo, a demarcação das políticas de metas deve ser consciente, para que esta seja benéfica à organização, bem como aos seus colaboradores, o que significa que não deve haver uma cobrança por resultados grandiosos, sem que exista uma estrutura mercadológica compatível com tal cobrança.

A competitividade é qualidade de qualquer organização que quer lograr êxito, razão pela qual o planejamento e acompanhamento de metas razoáveis se fazem necessários para atingir resultados satisfatórios.

Nessa trilha, entendemos que os atos do empregador especificadamente como avaliação de desempenho, obrigação de metas altas, cobranças e críticas ao trabalho, se realizados do modo objetivo e respeitoso, são verdadeiras manifestações do poder diretivo do empregador e, por isso, não configuram assédio moral.

Entretanto, quando essas condutas passam a ser hostis, reiteradas e sem fundamento admissível para tanto, constrangendo o colaborador e o maltratando psicologicamente, tem-se espaço, conforme as condições apuradas do caso concreto, a configuração do assédio.

Nesse sentido, cabe reproduzir algumas decisões sobre o tema:

> EMENTA: DANO MORAL. EXIGÊNCIA DE CUMPRIMENTO DE METAS. O trabalho sob pressão é, hoje, inerente à sociedade moderna, sendo diferente a forma como cada pessoa a ela reage. Condições tidas por insuportáveis para alguns indivíduos, para outros não o são. A prática de estabelecer metas é demandada pelos tempos atuais em razão da exigência do mercado competitivo e na busca

de um desempenho profissional positivo. Não se constatando nos autos que a empresa ou quaisquer de seus prepostos tenham agido ilicitamente com o intuito de constranger, humilhar ou mesmo destratar o autor a fim de lhe causar dor, vergonha, tristeza, angústia, perda ou qualquer outro sentimento capaz de lhe afetar o lado psicológico, mostra-se indevida a indenização por dano moral pleiteada. (TRT/SP Processo n.. 0000718 14.2011.5.02.0007. Relatora: Des.(a) Kyong Mi Lee. Órgão Julgador: 16ª Turma)[3]

EMENTA: ASSÉDIO MORAL. CUMPRIMENTO DE METAS. EXTRAPOLAÇÃO DO PODER DIRETIVO DO EMPREGADOR. A exigência de cumprimento de metas, por si só, não configura o assédio moral, pois amparada no exercício regular do poder diretivo. Esse direito, contudo, não faculta ao empregador ameaçar publicamente, mesmo que indiretamente, aqueles que não alcançam os padrões de qualidade desejados pelo empregador. Verificada a prática de assédio moral no âmbito do trabalho, de modo frequente, há extrapolação do poder diretivo do empregador na exigência de produtividade, o que justifica a indenização por danos morais. TRT-4 – Recurso Ordinário: RO 00013125520135040022 RS 0001312-55.2013.5.04.0022. Data de publicação: 01/09/2015.[4]

Portanto, para que haja configuração de assédio moral decorrente da política de metas é imprescindível que se identifique na análise das práticas, ter o empregador incorrido em excessos que caracterizem afronta aos direitos da personalidade do obreiro. A comprovação do assédio necessita de práticas abusivas apuradas no caso concreto.

A questão tem relevo na medida em que cresce sua relação com o desenvolvimento de doenças do trabalho. A fadiga mental não se dissocia da fadiga física e, em conjunto, pode levar a um cansaço geral (SELIGMANN-SILVA, 2011b), representado pelo esgotamento. Esse cansaço geral nada mais é do que o acumulado ao longo dos anos, a pressão por parte do empregador, que também leva à fadiga patológica, da qual são sintomas entre outros: os distúrbios de sono, irritabilidade, desânimo, dores generalizadas e falta de apetite.

As tensões e frustrações do trabalhador no sistema meritocrático extremo resultam em problemas físicos, sociais e morais originados pela violência e degradação do ambiente laborativo.

O desgaste emocional causado pelas novas configurações do trabalho e exigências da produção tem sido crescentemente associado ao desenvolvimento de transtornos mentais ou psicopatologias, tais como estresse, depressões, ansiedade patológica, síndrome do pânico, fobias ou doenças psicossomáticas. Os indivíduos atingidos por essas psicopatologias não respondem, ou respondem deficientemente às demandas do trabalho e, geralmente, encontram-se irritáveis e deprimidos (DEJOURS, 2003).

Há uma linha tênue entre o direito e o poder do empregador de atribuir metas e cobrar produtividade e o direito do empregado de ter preservada sua capacidade física e mental. Os exageros tornam a conduta patronal agressiva e abusiva.

O assédio organizacional ocorre pela intimidação e confronto entre os trabalhadores, pois são forçados a ultrapassar os próprios limites, sob a forma de sadismo disfarçado, que revela o lado perverso das exigências da organização; pode significar uma estratégia da organização para a submissão, com ameaças de aplicação de sanções, à carga de trabalho e à obtenção da produtividade máxima, embora, muitas vezes, o assédio se realize como forma de perseguição ou perversidade de um chefe (SELIGMANN-SILVA, 2011a).

Mendes e Leite (2004) alertam sob a qualidade de vida encontrar-se relacionada diretamente ao trabalho, sem estar isolada da vida do indivíduo fora da empresa. Portanto, a QVT (qualidade de vida no trabalho) representa uma relação entre a qualidade de vida do indivíduo dentro e fora do ambiente profissional.

Pilatti e Bejarano (2005), por sua vez, observam que a ideia de QVT deve ser calcada na humanização do trabalho e na responsabilidade social da empresa. Tal responsabilidade inicia-se com a ponderação entre o objetivo empresarial (lucro) e os limites humanos dos seus trabalhadores.

CONSIDERAÇÕES FINAIS

A ideologia meritocrática refletida nos modelos de gestão hodiernos concorre negativamente para a qualidade de vida no trabalho, pois maximiza a pressão por resultados, nem sempre ao alcance dos funcionários.

A política de metas está sedimentada na economia global, assim como é crescente a adoção de modelos de remuneração atrelados diretamente à produção do

---

(3) Disponível em: <http://www.trtsp.jus.br/jurisprudencia/pesquisa-jurisprudencial>. Acesso em: 1º jul. 2016.

(4) Disponível em: <http://www.jusbrasil.com.br/jurisprudencia/busca?q=Exig%C3%AAncia+de+Cumprimento+de+Metas+de+Trabalho>. Acesso em: 1º jul. 2016.

trabalhador. Todavia, a dignidade é princípio central do ordenamento jurídico, razão pela qual devem ser reprimidos atos abusivos que afrontem a estrutura psíquica e social do trabalhador, como, por exemplo, o assédio moral.

A dignidade da pessoa humana é uma referência unificadora de todos os direitos fundamentais. Eis a razão de a Constituição Federal de 1988 ter asseverado que tal princípio é um dos pilares do Estado Democrático de Direito, implicando não só o exercício das liberdades constitucionais, como também a garantia de condições mínimas para o exercício do trabalho digno.

O meio ambiente de trabalho equilibrado, capaz de conciliar produção e proteção à integridade física e psicológica do trabalhador é uma responsabilidade nuclear do empregador no contrato de trabalho. Portanto, inafastável que integre os objetivos do planejamento e execução das políticas de gestão empresarial. Apenas assim se fará possível a concretização da harmonia entre livre iniciativa e o valor social do trabalho, disposta como fundamento da nossa República (art. 1º, inc. IV, da CF/1988).

REFERÊNCIAS

ANTUNES, Ricardo. A nova morfologia do trabalho e suas principais tendências. In: _____ (Org.). *Riqueza e miséria do trabalho no Brasil II*. São Paulo: Boitempo, 2013.

ASSE, Vilja Marques. *Um fenômeno chamado psicoterrorismo*. Revista LTr, v. 68, n. 07, jul. 2004.

BARBOSA, Livia. *Igualdade e Meritocracia, a ética do desempenho nas sociedades modernas*. Rio de Janeiro: FGV, 1999.

_____. *Entrevista com a Profª. Lívia Barbosa*. Talentos e Resultados. Mar. 2003. Disponível em: <http://www.talentoseresultados.com/materiac.htm>. Acesso em: 05 out. 2016.

_____. Meritocracia e a sociedade brasileira. *Revista de Administração de Empresas*. n. 1. São Paulo, jan./fev. 2014. v. 54.

BELMONTE, Alexandre Agra. *Pejotização, intermediação de venda de seguros, participação em blogs de consultas e opiniões e contratos de figuração avulsa: algumas reflexões*. Suplemento Trabalhista n. 066/07. São Paulo: LTr, 2007.

BRASIL. *Consolidação das Leis Trabalhistas*. 38. ed. São Paulo: Saraiva, 2012.

D'ANNIBALE, José Francisco. *Como Implantar uma Estrutura de Remuneração na sua Empresa*. São Paulo: STS, 2006.

DEJOURS, J. C. *A loucura do trabalho*: estudo de psicopatologia do trabalho. PARAGUAY A. I., FERREIRA L. L., tradutores. 5. ed. ampl. São Paulo: Cortez, 2003.

_____. Entre o desespero e a esperança: como reencantar o trabalho? *Revista Cult*, v. 12, n. 139, p. 49-53, mar. 2010. Disponível em: <http://revistacult.uol.com.br/home/2010/03/reencantar-o-trabalho/>. Acesso em: 27 set. 2016.

_____. A carga psíquica do trabalho. DOMINGOS I, tradutor. In: DEJOURS J. C.; ABDOUCHELY E.; JAYET C. *Psicodinâmica do trabalho*. 1. ed. São Paulo: Atlas, 2011a. p. 21-32.

_____. Trabalho e saúde mental: da pesquisa à ação. VENTURA D. V. B., TONELLI M. J., tradutores. In: DEJOURS J. C.; ABDOUCHELY E.; JAYET C. *Psicodinâmica do trabalho*. 1. ed. São Paulo: Atlas, 2011b.

DUTRA, Joel Souza. *Competências*: conceitos e instrumentos para a gestão de pessoas na empresa moderna. São Paulo: Atlas, 2004.

HIRIGOYEN, Marie-France. *Assédio moral*: a violência perversa no cotidiano. 5. ed. Rio de Janeiro: Bertrand Brasil, 2002.

LOEBLER, Lucia Regina Bolson. *A remuneração e os seus reflexos na gestão de pessoas*. CONGREGA URCAMP. Alegrete: URCAMP, 2010. Disponível em: <http://urcamp.tche.br/congrega2010/revista/artigos/601.pdf>. Acesso em: 07 jul. 2016.

MENDES, R. A.; LEITE, N. *Ginástica laboral*: princípios e aplicações práticas. Barueri, SP: Manole, 2004.

PILATTI, L. A.; BEJARANO, V. C. Qualidade de Vida no Trabalho: Leituras e Possibilidades no Entorno. In: GONÇALVES, A.; GUTIERREZ, G. L.; VILARTA, R. (Org.). *Gestão da Qualidade de Vida na empresa*. Campinas: IPES, 2005.

RUSSO, Simony Jara. *Política de Metas em Pequenas Empresas*. Disponível em: <http://www.administradores.com.br/artigos/marketing/politica-de-metas-em-pequenas-empresas/32421/>. Acesso em: 09 de jul. 2016.

SELIGMANN-SILVA E. *Trabalho e desgaste mental*: o direito de ser dono de si mesmo. São Paulo: Cortez, 2011a.

_____. Da psicopatologia à psicodinâmica do trabalho: marcos de um percurso. In: DEJOURS, J. C.; ABDOUCHELY, E.; JAYET, C. *Psicodinâmica do trabalho*. 1. ed. São Paulo: Atlas, 2011b.

SOUZA, Maria Zélia de Almeida, et al. *Cargos, Carreiras e remuneração*. Rio de Janeiro: FGV, 2005.

TEICH, Daniel Hessel. O desempenho faz o salário. *Revista Exame* 22.05.2006. Disponível em: <http://exame.abril.com.br/revista-exame/edicoes/868/noticias/o-desempenho-faz-o-salario-m0082065>. Acesso em: 17 jul. 2016.

WOOD JR., T.; PICARELLI, V. *Remuneração estratégica*. 3. ed. São Paulo: Atlas, 2011.

WOOD JR., Thomaz; PICARELLI FILHO, Vicente. *Remuneração e carreira por habilidades e por competências*. 3. ed. São Paulo: Atlas, 2004.

O Novo CPC, o Incidente de Desconsideração da Personalidade Jurídica e o Processo do Trabalho

Ivani Contini Bramante[*]

1. TEMA

O presente articulado tem por desiderato o enfoque das alterações encravadas no novo Código de Processo Civil (NCPC) quanto à desconsideração da personalidade jurídica e sua aplicação no processo do trabalho.

A ordem jurídica foi inovada com a Lei n. 13.105, de 16 de março de 2015 (NCPC/2015), e o tema da desconsideração da personalidade jurídica ressurge em novas vestes, agora procedimentalizado em forma de "incidente" e submetido ao contraditório prévio (arts. 133/137).

O intuito foi homenagear o princípio maior do devido processo legal, nas vertentes do contraditório, ampla defesa, e segurança jurídica (art. 5º, *caput*, CF/1988), assim como evitar as "decisões surpresas".

2. CONCEITO DE PERSONALIDADE JURÍDICA

A personalidade jurídica de direito privado nasce com o ato constitutivo e o registro no órgão competente (art. 45, *caput*, Código Civil), razão da qual as pessoas jurídicas passam a ser sujeitos de direitos e obrigações nos negócios jurídicos

Em regra, vigora o princípio da autonomia patrimonial retratada na desvinculação do patrimônio da empresa e do patrimônio particular dos sócios. Assim, conforme art. 1024 do Código Civil, a princípio, os sócios não respondem pelos débitos contraídos pela sociedade com seu patrimônio pessoal.

3. DESCONSIDERAÇÃO DA PERSONALIDADE JURÍDICA. TEORIA MAIOR E TEORIA MENOR

Os bens da sociedade não se confundem com os bens particulares de seus sócios, por isso não respondem pelas obrigações sociais.

Entretanto, Fábio Ulhoa Coelho[1] ensina que há duas hipóteses para se formular a teoria da desconsideração da personalidade jurídica: (a) a teoria maior, quando o juiz deixa de lado a autonomia patrimonial da pessoa jurídica, coibindo-se a prática de fraudes e abusos; (b) a teoria menor, em que o simples prejuízo já autoriza o afastamento da autonomia patrimonial da pessoa jurídica.

As exceções que autorizam a desconsideração da personalidade jurídica são encontradiças nas seguintes normatividades: (I) na sociedade anônima, a responsabilidade do acionista, controlador e do administrador (arts. 115, 117 e 158 da Lei n. 6.404/1976; (II) art. 135 do CTN; (III) art. 28 e § 5º da Lei n. 8.078/1990 (CDC); (IV) art. 34 da Lei n. 12.519/2011, que determina a desconsideração da personalização da pessoa jurídica quando ocorrer infração à ordem econômica; (V) art. 50 do CC, que dita que em caso de abuso da persona-

---

(*) Ivani Contini Bramante é Desembargadora Federal do Trabalho. Mestre e Doutora pela Pontifícia Universidade Católica de São Paulo; Especialista em Relações Coletivas de Trabalho pela Organização Internacional do Trabalho; Professora de Direito Coletivo do Trabalho e Direito Previdenciário e coordenadora do Curso de Pós-Graduação em Direito das Relações do Trabalho da Faculdade de Direito de São Bernardo do Campo. Autora de diversos artigos jurídicos. Ex – Procuradora do Ministério Público do Trabalho; Membro do Conselho de Justiça e Ética do Conselho de Arbitragem do Estado de São Paulo; Membro da Asociación Iberoamericana de Derecho del Trabajo y de la Seguridad Social; Membro do Núcleo de Conciliação e Coletivo do TRT 2ª Região; Membro da Comissão de Trabalho Decente do TRT 2ª Região junto ao TST.

(1) COELHO, Fábio Ulhoa. *Curso de Direito Comercial*. 16. ed. São Paulo: Saraiva, 2012. v. 2, p 52-54.

lidade jurídica, caracterizado pelo desvio de finalidade ou pela confusão patrimonial, pode o juiz decidir, a requerimento da parte ou do Ministério Público quando lhe couber intervir no processo.

Assim, para certas e determinadas relações de obrigações, a lei autoriza o alcance dos bens particulares dos administradores ou sócios da pessoa jurídica para suporte da responsabilidade executiva secundária.

No Direito Civil e Empresarial, o art. 50 do Código Civil adotou a teoria maior e autoriza a desconsideração da personalidade jurídica para atingir os bens dos sócios, diante da comprovação do abuso de poder na forma de desvio de finalidade ou confusão patrimonial. Dispõe:

> Art. 50. Em caso de abuso da personalidade jurídica, caracterizado pelo desvio de finalidade, ou pela confusão patrimonial, pode o juiz decidir, a requerimento da parte, ou do Ministério Público quando lhe couber intervir no processo, que os efeitos de certas e determinadas relações de obrigações sejam estendidos aos bens particulares dos administradores ou sócios da pessoa jurídica.

Na relação de consumo, o Código de Defesa do Consumidor, à vista da vulnerabilidade do cliente, adotou a teoria maior no art. 28, *caput*, na qual se exige a prova do abuso de direito, excesso de poder, infração da lei, fato/ato ilícito ou violação dos estatutos ou contrato social. Ainda, adotou a teoria menor no § 5º, pois a desconsideração é possível diante do mero obstáculo impediente do ressarcimento de prejuízo causado ao consumidor. Eis as normas:

> Art. 28. O juiz poderá desconsiderar a personalidade jurídica da sociedade quando, em detrimento do consumidor, houver abuso de direito, excesso de poder, infração da lei, fato ou ato ilícito ou violação dos estatutos ou contrato social. A desconsideração também será efetivada quando houver falência, estado de insolvência, encerramento ou inatividade da pessoa jurídica provocados por má administração.
>
> § 5º Também poderá ser desconsiderada a pessoa jurídica sempre que sua personalidade for, de alguma forma, obstáculo ao ressarcimento de prejuízos causados aos consumidores.

Na relação tributária, à luz da preferência creditícia e do princípio da indisponibilidade dos créditos públicos, o Código Tributário Nacional alargou o campo da responsabilidade, pois prevê a possibilidade de desconsideração da personalidade jurídica em desfavor dos diretores, gerentes ou representantes de pessoas jurídicas de direito privado, para fins de responsabilidade em substituição. Entrementes, exige a prova de atos praticados com excesso de poderes ou infração de lei, contrato social, *in verbis*:

> Art. 135. São pessoalmente responsáveis pelos créditos correspondentes a obrigações tributárias resultantes de atos praticados com excesso de poderes ou infração de lei, contrato social ou estatutos: I – as pessoas referidas no artigo anterior; II – os mandatários, prepostos e empregados; III – os diretores, gerentes ou representantes de pessoas jurídicas de direito privado.

4. DESCONSIDERAÇÃO DA PERSONALIDADE JURÍDICA INVERSA

A aplicação da teoria da desconsideração da personalidade jurídica inversa faz com que a pessoa jurídica seja responsabilizada por débitos contraídos por sócios, administradores ou ex-sócios. É uma forma de se coibir a prática de fraudes por sócios, os quais transferem os seus bens para a pessoa jurídica, como forma de prejudicar os seus credores pessoais. Ao invés da responsabilidade do patrimônio do sócio, quem será responsabilizado é o patrimônio da pessoa jurídica. Tem-se a confusão entre o patrimônio da pessoa jurídica e o do sócio, o que deve ser punido, aplicando-se, assim, a inteligência do art. 50 do CC.

5. DESCONSIDERAÇÃO DA PERSONALIDADE JURÍDICA NO DIREITO DO TRABALHO

Na relação do trabalho, a desconsideração da personalidade jurídica não é disciplinada na Consolidação das Leis Trabalhistas.

Contudo, resta pacificada a ideia de aplicação, na relação de trabalho, do direito material acerca da responsabilidade dos sócios. Ainda, a doutrina trabalhista, secundada pela jurisprudência, acolhe a aplicação da Teoria Menor na desconsideração da personalidade jurídica diante do mero inadimplemento do débito trabalhista nas hipóteses em que o patrimônio da empresa não suporta o débito, consoante os fundamentos previstos no arts. 135 do CTN, art. 135; 50, 421, 422, 1.001 e 1.003 do CC; e art. 28, § 5º, do CDC, conforme autorização contida na CLT:

> Art. 8º – As autoridades administrativas e a Justiça do Trabalho, na falta de disposições legais ou contratuais, decidirão, conforme o caso, pela jurisprudência, por analogia, por eqüidade e outros princípios e normas gerais de direito, principalmente do direito do trabalho, e, ainda, de acordo com os usos e costumes, o direito comparado, mas sempre

de maneira que nenhum interesse de classe ou particular prevaleça sobre o interesse público.

Deste modo, diante da omissão na legislação laboral, remanesceu sedimentada a aplicação da desconsideração da personalidade jurídica no processo do trabalho, para fins de responsabilidade dos sócios, pelo princípio da subsidiariedade material (art. 8º da CLT) e subsidiariedade processual (arts. 769 e 889 da CLT), calcada em três fundamentos básicos: (I) a posição de vulnerabilidade do trabalhador, submetido a subordinação jurídica; (II) a necessidade de resguardo do salário de natureza alimentar; e (III) a teoria do risco-proveito, no sentido de que corre por conta do empregador o risco da atividade econômica (arts. 2º, § 2º, 10 e 448 da CLT).

6. APLICAÇÃO DO INCIDENTE DA DESCONSIDERAÇÃO DA PESSOA JURÍDICA DO NCPC/2015 NO PROCESSO DO TRABALHO

A questão da desconsideração da personalidade jurídica radica no rito, nas regras processuais, agora em forma de "incidente", consoante previsto no NCPC/2015, para fins de materialização e responsabilização dos sócios da empresa devedora e o alcance do patrimônio apto a suportar a execução judicial.

Não havendo normatividade ritualística no processo do trabalho a permitir o ingresso do sócio nos autos na condição do devedor, verifica-se a multiplicidade de procedimentos: ora de penhora imediata com contraditório postergado, ora com o contraditório prévio. Isso, segundo a ótica empresarial, traz insegurança jurídica e prejuízo ao direito de defesa.

Afirma-se que o "calcanhar de Aquiles" no processo do trabalho é a execução de sentença judicial, eis que sói acontecer a vitória de Pirro do empregado, que "ganha, mas não leva". Isto porque, há situações de frustração da execução trabalhista, seja pelo esvaziamento do patrimônio da empresa, patrimônio insuficiente ou ausência de bens livres e desembaraçados aptos a suportar o crédito trabalhista do empregado, judicialmente reconhecido.

Há, diuturnamente, em sede da Justiça do Trabalho, a aplicação da desconsideração da personalidade jurídica da empresa, com o objetivo de tornar efetiva a execução, porque a técnica viabiliza a responsabilização secundária dos sócios e ou ex-sócios, e respectivo alcance do patrimônio particular para suportar a execução trabalhista. O fundamento se esteia na teoria do risco-proveito, encravado no art. 2º, § 2º, da CLT, qual seja: se a empresa não possui patrimônio para saldar seu débito trabalhista, o gravame deve ser redirecionado ao patrimônio particular dos sócios e ex-sócios, que tiveram o patrimônio acrescido em razão do proveito da força de trabalho do empregado e da obtenção do lucro.

Assim, o sócio sempre foi incluído no processo trabalhista, na fase de execução, para fins de responsabilização secundária pela dívida constante da sentença judicial executada, com fundamento no direito material nas regras dos arts. 50 do CC; 135 do CTN; 28, § 5º, do CDC; e regras do direito processual preceituadas nos arts. 769 e 889 da CLT c/c 592, II, e 596 do CPC/1973.

Com efeito, quanto ao procedimento da desconsideração na Justiça do Trabalho e alcance dos bens dos sócios, vem sendo aplicado com as adaptações, por impulso do próprio Juízo, sem a necessidade de requerimento do interessado (art. 878 da CLT) e com abertura do contraditório postergado para após a penhora (art. 884 da CLT).

O mote é a celeridade e alcance da efetividade da execução, inclusive com as regras da responsabilidade executiva em substituição, pela aplicação do art. 135 do CTN, por força do art. 889 da CLT, que comanda a aplicação da Lei da Execução Fiscal.

Em resumo, não havendo bens da empresa para pagamento do débito trabalhista e ou diante do mero obstáculo, o Juiz do Trabalho, de ofício, redireciona os atos expropriatórios aos bens dos sócios ativos e ou retirantes, incluída a penhora *on line* dos valores existentes em contas bancárias.

O ritual da desconsideração da personalidade jurídica, no processo do trabalho, segue a Consolidação dos Provimentos da Corregedoria do TST[2], atualizada em 24 de fevereiro de 2016, a saber:

> Art. 78. Ao aplicar a teoria da desconsideração da personalidade jurídica, por meio de decisão fundamentada, cumpre ao juiz que preside a execução trabalhista adotar as seguintes providências:
>
> I – determinar a reautuação do processo, a fim de fazer constar dos registros informatizados e da capa dos autos o nome da pessoa física que responderá pelo débito trabalhista;
>
> II – comunicar imediatamente ao setor responsável pela expedição de certidões na Justiça do Trabalho a inclusão do sócio no polo passivo da execução, para

---

(2) Disponível em: <http://www.tst.jus.br/consolidacao-dos-provimentos>. Acesso em: 01 mar. 2017.

inscrição no cadastro das pessoas com reclamações ou execuções trabalhistas em curso;

III – determinar a citação do sócio para que, no prazo de 48 (quarenta e oito) horas, indique bens da sociedade (art. 795 do CPC) ou, não os havendo, garanta a execução, sob pena de penhora, com o fim de habilitá-lo à via dos embargos à execução para imprimir, inclusive, discussão sobre a existência da sua responsabilidade executiva secundária.

Art. 79. Comprovada a inexistência de responsabilidade patrimonial do sócio por dívida da sociedade, mediante decisão transitada em julgado, o juiz que preside a execução determinará ao setor competente, imediatamente, o cancelamento da inscrição no cadastro das pessoas com reclamações ou execuções trabalhistas em curso.

No âmbito da Justiça do Trabalho, em ponderação da urgência, do caráter alimentar do débito trabalhista e do princípio do devido processo legal, já se adota uma formalização jurídica procedimental compatível com aquela prevista no novo Código de Processo Civil. O problema é que muitos juízes não aplicam na inteireza o contraditório prévio e usam os poderes gerais de cautela para evitar esvaziamento da execução e dar efetividade a uma tutela jurídica adequada.

Vejamos, pois, quais são as novas regras do incidente de desconsideração da personalidade jurídica adotadas e sua compatibilidade com o processo do trabalho.

O novo Código de Processo Civil (NCPC/2015) acolheu o princípio da supletividade no processo do trabalho, em seu art. 15, diante da mera omissão, sem qualquer outra consideração, *in verbis*:

> Art. 15 – Na ausência de normas que regulem processos eleitorais, trabalhistas ou administrativos, as disposições deste Código lhes serão aplicáveis supletiva e subsidiariamente.

O NCPC/2015 inseriu a previsão legal acerca dos procedimentos à desconsideração da personalidade jurídica nos arts. 133 até 137, que sinteticamente comandam o seguinte ritual:

a) pode ser requerida na petição inicial, ou na fase execução, e neste caso será processada na forma de um incidente;

b) deverá ser requerida pela parte ou pelo Ministério Público e observar os pressupostos previstos em lei;

c) a instauração do incidente, caso não tenha sido requerido na inicial, suspende o processo;

d) o requerente deve demonstrar o preenchimento dos pressupostos legais específicos para desconsideração da personalidade jurídica;

e) o sócio e/ou a pessoa jurídica serão citados para manifestação e requerer a produção de provas no prazo de 15 (quinze) dias;

f) o incidente será julgado por decisão interlocutória;

A questão a ser deslinda é a seguinte: o incidente de desconsideração da personalidade jurídica, prevista no NCPC/2015 (arts. 133/137), é aplicável ao processo do trabalho? Restam atendidos dos requisitos da omissão e compatibilidade?

Afirma-se que doravante a execução do crédito trabalhista não comporta redirecionamento automático para alcance dos bens dos sócios, pois é mister assegurar a defesa prévia, em sacrifício a celeridade e a efetividade do processo e em prol do devido processo legal e segurança jurídica.

Destarte, por força da regra instituída pelos arts. 769 e 889 da CLT, combinados com o art. 15 do novo CPC, são aplicáveis as regras do processo comum ao processo do trabalho, obedecidos os seguintes requisitos: omissão e compatibilidade, a saber:

> Art. 769 – Nos casos omissos, o direito processual comum será fonte subsidiária do direito processual do trabalho, exceto naquilo em que for incompatível com as normas deste Título.
>
> Art. 889 – Aos trâmites e incidentes do processo da execução são aplicáveis, naquilo em que não contravierem ao presente Título, os preceitos que regem o processo dos executivos fiscais para a cobrança judicial da dívida ativa da Fazenda Pública Federal.

No que tange ao requisito omissão, de fato, a CLT não traz um rito processual específico para a desconsideração da personalidade jurídica, como de resto não havia regra processual específica no antigo CPC. Por isso, o TST tratou de editar uma normatividade mínima pela Corregedoria objetivando uniformizar procedimentos.

O art. 795, § 4º, do NCPC/2015 exige que para fins da desconsideração da personalidade jurídica se faça o "incidente processual". A questão de alta indagação jurídica está na compatibilidade ou não do "incidente" com os princípios próprios do processo do trabalho. Registre-se, assim, duas correntes firmes: uma pela aplicação e outra pela não aplicação do incidente de desconsideração da personalidade jurídica no processo do trabalho.

7. FUNDAMENTOS FAVORÁVEIS A APLICAÇÃO DO INCIDENTE DE DESCONSIDERAÇÃO DA PERSONALIDADE JURÍDICA NO PROCESSO DO TRABALHO

Vozes favoráveis à aplicação do NCPC/2015, na sua inteireza, quanto ao rito da desconsideração da personalidade jurídica, argumentam que o chamamento do sócio no processo na fase de execução, por ocasião da pós-penhora, constitui elemento "surpresa", ofensivo aos princípios do contraditório e ampla defesa e da segurança jurídica.

Dessarte, houve inserção do tema e diretriz para sua aplicação no processo do trabalho (art. 15 do NCPC/2015) exatamente para assegurar o devido processo legal, pois ninguém pode ter a constrição de seus bens sem ampla defesa.

Jocil Moraes Filho, em comentário ao artigo de Pedro Paulo Teixeira Manus, afirmou que:

> Sou de acordo que o NCPC se aplique de forma mais densa e ampla ao processo do trabalho. Observe-se que a primeira minirreforma do CPC atual buscou aproximar o processo comum do processo do trabalho, no entanto, o CPC projetado deu um *bypass* no processo do trabalho, não talvez em matéria de celeridade, mas naquilo que mais útil e valioso possa se entregar ao jurisdicionado, a segurança jurídica.
>
> Muito se discute, se o Incidente de Desconsideração da Personalidade Jurídica ou a Fundamentação Exaustiva das Decisões serão ou não aplicados ao processo do trabalho, e os defensores da aplicação construíram uma tese bem interessante sobre lacunas (normativas, ontológicas e axiológicas) enquanto que os opositores entendem que o NCPC somente vai se aplicar naquilo em que a CLT for omissa e, quanto a este particular, a opinião dessa corrente deve ser interpretada com todo o rigor que ela própria advoga, pois a CLT é omissa quanto ao incidente desconsideração da personalidade, como também o é quanto ao calendário processual, ao princípio da primazia do julgamento do mérito, ao IRDR, IAC, teoria dos precedentes, princípio da cooperação dentre outros.

Em suma, o rigor do art. 769, desserve à defesa da não aplicação do Incidente de Desconsideração ao processo do trabalho. O que não tenho observado em debates acerca da matéria é a aplicação do NCPC ao Processo do Trabalho, a partir da perspectiva constitucional, mormente do art. 7º da CF/1988, que ampliou o rol de direitos dos trabalhadores, para "além de outros que visem a melhoria da sua condição social", de modo que a manutenção do discurso rígido de aplicação da CLT apenas nos casos de omissão vem privando o trabalhador de direitos interessantes, como por exemplo o levantamento de valores (art. 475-O do CPC).[3]

Os defensores da aplicação do art. 15, combinado com os arts. 133/137 do NCPC/2015 no processo do trabalho, conjecturam os seguintes fundamentos:

a) o art. 15 do NCPC/2015 revogou o art. 769 da CLT;

b) a regra do art. 15 do NCPC/2015 é obrigatória, pois a aplicação do processo comum ao processo do trabalho decorre da regra legal e não da vontade ou da discricionariedade do juiz;

c) não há qualquer incompatibilidade ou colisão com os princípios do processo do trabalho. Não há ofensa à celeridade e à simplificação, na medida em que o Juiz do Trabalho está autorizado a adequar o procedimento ao processo do trabalho: (I) instaurar o incidente "*ex officio*" – "*art. 878 – A execução poderá ser promovida por qualquer interessado, ou ex officio pelo próprio Juiz ou Presidente ou Tribunal competente, nos termos do artigo anterior*"; (II) e adequar o prazo de 15 dias (art. 135 do NCPC/2015) para 8 dias, para manifestação do citado.

d) é necessária aplicação ao processo do trabalho para: dar segurança às partes; uniformidade de procedimento; respeitar o devido processo legal e o direito ao contraditório e à ampla defesa.

e) os princípios e normas do processo do trabalho, como de resto de todos os microssistemas processuais, submetem-se obrigatoriamente aos princípios constitucionais do

---

(3) MANUS, Pedro Paulo Teixeira. *Aplicação do novo CPC ao processo do trabalho trará segurança às partes*. Revista Consultor Jurídico. Disponível em: <http://www.conjur.com.br/2015-ago-14/reflexoes-trabalhistas-aplicacao-cpc-processo-trabalho-trara-seguranca>. Acesso em: 14 mar. 2017.

processo, com que o resta garantido o Estado Democrático de Direito.

f) o Supremo Tribunal Federal já se pronunciou no sentido de que negar vigência a texto de lei equivale declarar sua inconstitucionalidade; logo não cabe negar os dispositivos do NCPC.

g) O TST, por meio da Resolução n. 203, de 15 de março de 2016[4], prevê expressamente seu art. 6º que: *Aplica-se ao Processo do Trabalho o incidente de desconsideração da personalidade jurídica regulado no Código de Processo Civil (arts. 133 a 137), assegurada a iniciativa também do juiz do trabalho na fase de execução (CLT, art. 878).*

Pedro Paulo Teixeira Manus[5] e Francisco Jorge Ferreira Neto se posicionam a favor do procedimento, considerando que o incidente da desconsideração da personalidade jurídica seria *compatível com o processo trabalhista (art. 769, CPC; art. 15, NCPC), notadamente, por ser um procedimento que permite o respeito à segurança jurídica e ao devido processo legal quanto à pessoa do sócio ou ex-sócio*[6].

8. FUNDAMENTOS CONTRÁRIOS À APLICAÇÃO DO INCIDENTE DE DESCONSIDERAÇÃO DA PERSONALIDADE JURÍDICA NO PROCESSO DO TRABALHO

Em defesa da tese da incompatibilidade da aplicação do "incidente de desconsideração de personalidade jurídica" no processo do trabalho, é factível alinhavar os seguintes fundamentos:

a) quanto ao direito material sobre a responsabilidade dos sócios e à vista do princípio da aptidão da prova, não restam dúvidas de que para fins de acolhimento do incidente, o Judiciário Trabalhista irá adotar a Teoria Menor (art. 28, § 5º, do CDC) na análise da desconsideração da pessoa jurídica. De modo que o credor trabalhista não precisa demonstrar a culpa do sócio ou do ex-sócio na gestão patrimonial da pessoa jurídica.

b) quanto ao aspecto ritual, o Tribunal Superior do Trabalho, na Instrução Normativa n. 39/2016, deixa claro que o art. 15 do NCPC/2015 não revogou o art. 769, da CLT.

c) ademais, a aplicação do processo comum ao processo do trabalho decorre da regra legal e não da discricionariedade do juiz. Se há omissão do texto consolidado e compatibilidade entre a regra do processo comum e o processo do trabalho, a sua aplicação é obrigatória. Entretanto, ao juiz da causa, no caso concreto, cabe avaliar e fundamentar se há, concomitante, a omissão e incompatibilidade e aplicar ou não o NCPC/2015 de acordo com os fundamentos lançados.

d) é fato que o Supremo Tribunal Federal sinaliza que quando o juiz decide pela não aplicação válida da lei, equivale à declaração de sua inconstitucionalidade. Entretanto, a posição deve ser analisada *cum grano salis*, pois determinada norma jurídica pode deixar de ser aplicada quando há autorização legal para tanto, fundada na sua incompatibilidade com dado sistema jurídico específico, como é o caso do princípio da subsidiariedade previsto no art. 769 da CLT.

e) na linha da incompatibilidade da aplicação do incidente de desconsideração da personalidade jurídica do NCPC/2015, decidiu a plenária do 2º Seminário Regional de Magistrados Vitalícios das Circunscrições de Ribeirão Preto e Bauru da Justiça do Trabalho, em março/2015, sob a premissa de que a responsabilidade executiva do sócio nasce com a constatação da insolvência da empresa.

f) o ritual que já vem sendo aplicado à desconsideração da pessoa jurídica, no processo do trabalho, embora não atenda a forma "incidente", atende o devido processo legal, uma vez que o contraditório é exercitado, embora em momento próprio, postergado, à moda das cautelares e tutelas antecipadas, previstas na ordem jurídica, sem qualquer mácula de inconstitucionalidade.

g) o contraditório postergado não ofende o devido processo legal, apenas fica retardado no tempo,

---

(4) Disponível em: <http://www.tst.jus.br/documents/10157/429ac88e-9b78-41e5-ae28-2a5f8a27f1fe>. Acesso em: 17 mar. 2017.

(5) MANUS, Pedro Paulo Teixeira. Op. Cit.

(6) JORGE NETO, Francisco Ferreira. Desconsideração da personalidade jurídica no NCPC e o Processo do Trabalho. Disponível em: <http://www.cartaforense.com.br/conteudo/artigos/desconsideracao-da-personalidade-juridica-no-ncpc-e-o-processo--do-trabalho/15403>. Acesso em: 17 mar. 2017.

em perfeita harmonia e ponderação com a segurança jurídica e a efetividade do processo.

h) O Fórum Nacional de Processo do Trabalho aprovou, por maioria qualificada, o enunciado n. 30, de seguinte teor:

CLT, art. 769 e NCPC, arts. 133-137 C/C art. 789, 790, II e art. 792, IV. Incidente de desconsideração da personalidade jurídica. O incidente de desconsideração de personalidade jurídica (arts. 133 a 137 do NCPC) é incompatível com o Processo do Trabalho, uma vez que nesta a execução se processa de ofício, a teor dos arts. 876, parágrafo único e 878 da CLT, diante da análise do comando do art. 889 celetista (c/c art. 4º, § 3º da Lei n. 6.830/1980), além do princípio de simplificação das formas e procedimentos que informa o processo do trabalho, tendo a nova sistemática processual preservado a execução dos bens dos sócios (arts. 789, 790, II e art. 792, IV, do NCPC).

Francisco Ferreira Jorge Neto[7] expõe a compatibilidade, nos seguintes termos:

(I) o incidente de desconsideração da personalidade jurídica pode ser instaurado de ofício, na medida em que a execução pode ser processada por ato do magistrado (art. 878 da CLT e IN 39/TST);

(II) é cabível em todas as fases do processo de conhecimento, no cumprimento de sentença e na execução fundada em título executivo extrajudicial, não há qualquer incompatibilidade;

(III) diante da suspeita de dilapidação do patrimônio, o Juiz do trabalho poderá, de ofício ou a requerimento da parte, determinar as medidas cautelares necessárias para se assegurar a futura execução (arrecadação de bens; indisponibilidade dos bens do sócio, etc.).

(IV) a seguir o sócio e ou a pessoa jurídica será citado. O Juiz do Trabalho é diretor do processo (art. 765 da CLT) e poderá designar audiência de instrução, se necessária. Daí segue-se o julgamento, sendo que o incidente será resolvido por decisão interlocutória.

Na defesa, o sócio, demandado pelo pagamento da dívida, tem direito a exigir que sejam primeiro executados os bens da sociedade (art. 596, *caput*, do CPC; art. 795, *caput*, do NCPC). O sócio pode também se prontificar a pagar a dívida e poderá executar o devedor primário nos autos do mesmo processo (arts. 596, § 2º, do CPC e 795, § 3º, do NCPC).

No que se refere ao recurso cabível da decisão que julga o incidente de desconsideração da personalidade jurídica: se a decisão for proferida na fase de conhecimento, interlocutória ou em sentença definitiva, caberá recurso ordinário (art. 893, § 1º, da CLT); se a decisão for proferida na fase de execução, caberá agravo de petição (art. 897, "a", da CLT); se a decisão ocorrer na fase recursal cabível, será o agravo regimental.

Quanto à liquidação ou execução de sentença, após a decisão do incidente de desconsideração da personalidade jurídica, *a priori*, tem-se o direcionamento da execução em relação à pessoa do sócio ou ex-sócio. Após a garantia do juízo (art. 884, da CLT), o sócio poderá manejar os embargos à execução, cuja decisão comporta o recurso de agravo de petição (art. 897, "a", da CLT).

Nessa toada, no caso de procedência do pedido de desconsideração, a alienação ou oneração de bens, havida em fraude de execução, será ineficaz em relação ao requerente.

9. CONCLUSÃO

A análise do ideal perseguido pelo novo Código de Processo Civil, para fins do procedimento de desconsideração da personalidade jurídica, permite extrair ao menos quatro elementos: (I) a adoção da regra matriz, prevista no art. 50 do Código Civil, para todas as relações negociais e não negociais travadas pela empresa; (II) o respeito, como regra geral, ao princípio da autonomia patrimonial da pessoa jurídica; (III) o levantamento de um véu protetor para a responsabilidade patrimonial dos sócios, permitindo-a apenas quando demonstrada a prática de fraude ou abuso de direito; e (IV) o dever do magistrado de dar oportunidade do exercício do direito de defesa prévia às partes interessadas, sem ignorar os postulados do devido processo legal e os princípios da ampla defesa e do contraditório, previstos na Constituição Federal.

Entretanto, resta saber se esse ideal é compatível com a natureza dos créditos trabalhistas, tendo em vista seu caráter alimentar superprivilegiado e sua conexão com o direito à vida e à dignidade da pessoa humana.

Nesse cenário, é mister pensar em outras seguranças específicas, como a criação do Fundo de Garantia de Execuções Trabalhistas ou uma outra espécie de seguro.

---

(7) JORGE NETO, Francisco Ferreira. Op. Cit.

REFERÊNCIAS

COELHO, Fábio Ulhoa. *Curso de Direito Comercial*. 16. ed. São Paulo: Saraiva, 2012. v. 2.

JORGE NETO, Francisco Ferreira. *Desconsideração da personalidade jurídica no NCPC e o Processo do Trabalho*. Disponível em: <http://www.cartaforense.com.br/conteudo/artigos/desconsideracao-da-personalidade-juridica-no-ncpc-e-o--processo--do-trabalho/15403>. Acesso em: 17 abr. 2017.

MANUS, Pedro Paulo Teixeira. *Aplicação do novo CPC ao processo do trabalho trará segurança às partes*. Revista Consultor Jurídico. Disponível em: <http://www.conjur.com.br/2015--ago-14/reflexoes-trabalhistas-aplicacao-cpc-processo-trabalho-trara-seguranca>. Acesso em: 14 abr. 2017.

RECURSO DE REVISTA NOS DISSÍDIOS INDIVIDUAIS DO TRABALHO. LEI N. 13.015/2014. CABIMENTO E REQUISITOS FORMAIS

Joselita Nepomuceno Borba[*]

INTRODUÇÃO

O processo trabalhista ressente da falta de uma legislação própria, condizente com as peculiaridades do Direito material. Para complementar as poucas disposições de normas processuais insertas na Consolidação das Leis do Trabalho – e em leis processuais trabalhistas esparsas – vale-se da lei processual comum.

O Código de Processo Civil, com as renovações experimentadas em 1973 e em 2015, serve de fonte supletiva ao processo trabalhista, desde que haja compatibilidade, conforme exigência do art. 769 da CLT.

Exatamente no exame dessa compatibilidade reside a maior dificuldade do operador do direito, pelas discussões e incertezas, potencializadas pela paralisia do processo trabalhista frente aos avanços incorporados pelo processo civil, inclusive de princípios constitucionais do processo.

É certo que o inconveniente (incerteza) que tanta insegurança gera, com irreparáveis prejuízos para o jurisdicionado e para a Justiça, pode ser amenizado – ou até mesmo neutralizado – pela sedimentação jurisprudencial, mas isso só ocorre a médio prazo.

Nesse contexto de evolução da legislação processual o legislador ordinário, por meio da Lei n. 13.015/2014, alterou o art. 896 da CLT, que cuida do Recurso de Revista, para introduzir requisitos formais de admissibilidade, a fim de esclarecer como o apelo deve ser elaborado e evitar que dificultem ou inviabilizem a análise da controvérsia, que somente tem acesso à instância extraordinária matéria eminentemente de direito, devidamente prequestionada, condição necessária à uniformização da jurisprudência trabalhista, sua missão precípua.

Essa modernização legislativa levou o Tribunal Superior do Trabalho a editar duas Instruções Normativas e a cancelar súmula e orientação jurisprudencial (Súmula n. 285 e OJ 377) por incompatibilidade.

A primeira Instrução Normativa TST, de n. 39, dispõe sobre normas do novo Código de Processo Civil aplicáveis ao Processo do Trabalho. No entanto, essa normatização interna tem como motivação principal a segurança jurídica, e não dar a última palavra sobre subsidiariedade ou supletividade, mesmo porque tratou de relacionar disposições não aplicáveis, aplicáveis ou aplicáveis em parte. Trata-se, portanto, de rol não taxativo.

O norte seguro e definitivo em matéria recursal é – e continua sendo – a regra do art. 769, da CLT, porta de entrada ao Processo do Trabalho para outros sistemas processuais, seja o civil comum, administrativo e coletivo, só para exemplificar.

No momento que essa regra essencial deixar de ser aplicada, até mesmo sob a justificativa de que a CLT deve ceder frente à norma processual mais benéfica – se essa tese viesse a prevalecer – o Processo do Trabalho se descaracterizaria, migrando de uma vez para o sistema comum.

Portanto, de acordo com a exposição de motivos e nos termos do art. 1º da referida IN-TST n. 39, "aplica-se o Código de Processo Civil, subsidiária e supletivamente, ao Processo do Trabalho, em caso de omissão e desde que haja compatibilidade com as normas e princípios do Direito Processual do Trabalho, na

---

(*) Joselita Nepomuceno Borba é Membro da Academia Brasileira de Direito do Trabalho. Doutora e Mestre em Direito do Trabalho pela PUC-SP. Procuradora do Trabalho aposentada. Professora convidada da COGEAE/PUC-SP. Advogada.

forma dos arts. 769 e 889 da CLT e do art. 15 da Lei n. 13.105, de 17.03.2015".

A segunda Instrução Normativa TST, de n. 40, dispõe sobre o cabimento de agravo de instrumento em caso de "admissibilidade parcial" de Recurso de Revista.

Por meio de tal instrução, o Tribunal Superior do Trabalho, a bem da segurança jurídica dos jurisdicionados e visando a orientação e planejamento dos Tribunais Regionais, explicita a necessidade de prequestionamento de matéria de direito objeto de Recurso de Revista também na admissibilidade, sendo ônus da parte o preparo do apelo até a instância extraordinária.

Levando-se em conta que a missão do Tribunal Superior do Trabalho é uniformizar a jurisprudência trabalhista, a tese deve ser posta de forma objetiva e fundamentada, com indicativo, por tema, da divergência jurisprudencial e da violação literal de dispositivo de lei, ou direta e literal para a Constituição.

Por isso, é ônus da parte opor (I) Embargos de Declaração para complementação da prestação jurisdicional se o acórdão que julgou o Recurso Ordinário for omisso; (II) arguir nulidade do acórdão se, porventura, não entregou a prestação jurisdicional em condição de viabilizar o Recurso de Revista.

De igual sorte, exercido o juízo de admissibilidade, se denegado seguimento ao apelo, mais uma vez, é ônus da parte averiguar se a decisão de admissibilidade enfrentou todos os "temas", na medida em que nessa espécie de recurso a devolutividade não é ampla. Com efeito, todos os capítulos deverão ser analisados, com os respectivos fundamentos pelos quais foram admitidos ou denegados. Admitido o recurso por um "fundamento", os argumentos não apreciados, inerentes àquele capítulo, serão devolvidos ao TST, nos termos do art. 12 da IN n. 39/2016.

Ainda pela nova sistemática normatizada pela IN-TST n. 40/2016, abriu-se a possibilidade de, concomitantemente, serem interpostos dois apelos: Recurso de Revista que segue com temas admitidos; Agravo de Instrumento de temas não admitidos.

Vê-se, portanto, a complexidade que envolve a questão e a habilidade exigida no momento da interposição de Recurso de Revista, razão pela qual se faz uma tentativa de sistematização mais de ordem prática de matéria tão desafiadora.

1. RECURSOS NOS DISSÍDIOS INDIVIDUAIS DO TRABALHO

Na sistemática do Processo do Trabalho, quando a atenção se volta especificamente para o Recurso de Revista, o primeiro aspecto a compreender é a organização judiciária trabalhista e a natureza do recurso.

1.1. Organização judiciária trabalhista

A Justiça Especializada do Trabalho teve seu embrião fora do âmbito do Poder Judiciário[1], somente integrando esse Poder a partir da Constituição Federal de 1946, quando se tornou plena sua autonomia.

A organização da Justiça do Trabalho começou com os Conselhos Permanentes de Comissões e Arbitragem. A partir de 1932, surgiram as Juntas de Conciliação e Julgamento (JCJs), as Comissões Mistas de Conciliação e o Conselho Nacional do Trabalho (CNT), funcionando este como tribunal arbitral.

A CLT entrou em vigor em 1943, permanecendo, linhas gerais, a integração dos órgãos da Justiça do Trabalho no Poder Judiciário: a representação classista e três graus de jurisdição, com previsão de dois recursos ordinários (JCJ e TRT) e um extraordinário (TST)[2].

As JCJs (hoje, Varas do Trabalho, conforme art. 112, da CF, com EC. 45/2004) são órgãos trabalhistas de primeiro grau, com competência e atribuições delimitadas por lei, encarregadas de conciliar, instruir e julgar as demandas trabalhistas (CLT art. 652) e, aos TRTs, em segundo grau de jurisdição, compete julgar ações de sua competência originária e recursos oriundos da primeira instância (CLT art. 678). A competência dos TRTs é ampla, funcionando como instância revisional de questões de direito e de fato levadas à apreciação em decorrência da aplicação do princípio da ampla defesa e do duplo grau de jurisdição.

Nos TRTs se encerram as instâncias ordinárias da estrutura legal organizacional da Justiça do Trabalho.

Na estrutura organizacional trabalhista, o TST (CLT art. 690) – que corresponde ao antigo Conselho Nacional do Trabalho (CNT) – ocupa espaço de instância extraordinária com missão institucional de uniformizar a jurisprudência.

Wilson de Souza Campos Batalha, ao traçar esboço histórico do recurso de revista, deixa claro que

---

(1) A Constituição Federal de 1937 não incluiu a Justiça do Trabalho entre os órgãos do Poder Judiciário.

(2) Sobre a organização judiciária trabalhista consultar, COSTA, Coqueijo. *Direito Processual do Trabalho. Revista, atualizada e adaptada à Constituição de 1988.* 4. ed. Atualizada por Washington Luiz da Trindade. Rio de Janeiro: Forense, 1995, p. 689/696.

a competência recursal do TST (recurso de revista)[3] sempre esteve limitada à *questio juris* não podendo envolver *questio facti*. E conclui, com apoio na doutrina de Toste Malta, que: "a competência do Tribunal Superior do Trabalho era ampla no que tange ao *direito em tese;* mas quanto à matéria de fato os Tribunais Regionais são soberanos, como o são também as Juntas nos casos de sua exclusiva alçada"[4].

Na organização judiciária trabalhista o Tribunal Superior do Trabalho ocupa, portanto, posição de instância extraordinária encarregada de uniformizar a jurisprudência trabalhista.

1.2. Recurso de estrito direito

Recurso em uma acepção ampla é, na síntese de José Augusto Rodrigues Pinto[5], "remédio jurídico para reparar agravo a direito", em uma visão processual é "instrumento conferido à parte ou a terceiro para reformar decisão contrária ao seu interesse", advertindo o citado autor para o fato de os processualistas adotarem definições analíticas de recurso, ante a complexidade substancial da figura a definir, embora todos os estudiosos se orientem numa única direção, o seu fundamento[6].

E o fundamento do recurso alicerça, primeiro, na consciência da falibilidade humana[7], depois, em princípios fundamentais, como amplo direito de defesa, contraditório e duplo grau de jurisdição[8].

Na mais ampla das compreensões, os recursos têm finalidades diversas, concebendo-os a sistemática recursal comum[9] em ordinários, especiais e extraordinários.

São ordinários, os recursos que permitem o livre reexame de substrato fático ou de prova que serviu de base para a fundamentação da sentença impugnada, com o propósito de mantê-la ou substituí-la por outra, enquanto os recursos especiais e extraordinários têm em vista impugnar questões de direito[10], motivo pelo qual recurso extraordinário, na visão de Fredie Didier Jr e Leonardo Carneiro Cunha[11], é recurso de *estrito direito*.

Nessa espécie de recurso não se admite reexame de fatos e provas, como, aliás, pacificou o TST[12] em relação ao Recurso de Revista.

O caráter de controle do direito objetivo inerente ao recurso extraordinário, voltado à interpretação do direito em tese aplicável ao caso concreto e, com essa elevada função, à preservação da unidade do direito, evita divergências ou disparidades de julgados com base na mesma norma.

Na sistemática recursal do Processo do Trabalho, o Recurso de Revista é recurso de *estrito direito* e cumpre a mesma finalidade: preservar a unidade do direito.

É certo que o Direito Processual do Trabalho tem suas especificidades, mesmo porque é da essência adaptações destinadas a atender a peculiaridades e exigências do direito especial (Direito do Trabalho) e opera numa organização judiciária diversa (trabalhista), mas segue linhas gerais do Processo Civil.

Aliás, revela a síntese histórica de José Augusto Rodrigues Pinto[13], sobre sistema recursal, que o "Recurso de Revista, é, hoje, o equivalente trabalhista do Recurso Especial cível".

Assim, insere-se o Recurso de Revista na ordem dos recursos especiais de fundamentação vinculada, lembrando o professor baiano que o recurso extraordinário "é de cabimento vinculado a certos requisitos especiais essencialmente de direito, que o tornam severamente restrito" e para quem, apoiado na doutrina de José Carlos Barbosa Moreira, "Recurso de Revista não é

---

(3) CAMPOS BATALHA, Wilson de Souza. *Tratado de Direito Judiciário do Trabalho*. 3. ed. rev. aum. e atual. São Paulo: LTr, 1995. p. 610-620.

(4) *Ibidem*, p. 621.

(5) PINTO, José Augusto Rodrigues. *Recursos nos Dissídios do Trabalho*. 3. ed. Rio de Janeiro: Forense, 1993. p. 3.

(6) PINTO, José Augusto Rodrigues. *Manual dos recursos nos dissídios do trabalho*. São Paulo: LTr, 2006. p. 24/25.

(7) GIGLIO, Wagner. *Direito Processual do Trabalho*. 13. ed. São Paulo: Saraiva, 2003. p. 407.

(8) Cláusula do devido processo legal, CF. art. 5º, LV.

(9) CPC/2015, art. 994: "São cabíveis os seguintes recursos: I– apelação; II– agravo de instrumento; III – agravo interno; IV – embargos de declaração; V – recurso ordinário; VII – agravo em recurso especial ou extraordinário; VII – embargos de divergência.

(10) PINTO, José Augusto Rodrigues. Manual dos recursos nos dissídios do trabalho. São Paulo: LTr, 2006. p. 162.

(11) DIDIER JR., Fredie; CUNHA, Leonardo Carnero da. *Curso de Direito Processual Civil*. Meios de impugnação às decisões judiciais e processo nos tribunais. 10. ed. Salvador: Editora JusPodivm, v. 3, p. 270

(12) Sumula n. 126 "Incabível o recurso de revista ou de embargos (arts. 896 e 894, "b", da CLT) para reexame de fatos e provas".

(13) PINTO, José Augusto Rodrigues. *Manual dos recursos nos dissídios do trabalho*. São Paulo: LTr, 2006. p. 165.

um recurso extraordinário, mas sim um recurso de natureza extraordinária na jurisprudência trabalhista"[14].

O Recurso de Revista, próprio do sistema recursal trabalhista, é, pois, de natureza extraordinária, em decorrência de sua finalidade (unificação da interpretação do direito federal de forma que as leis federais sejam observadas e interpretadas de maneira unívoca em todo território nacional) e da possibilidade de tribunal – no caso o Tribunal Superior do Trabalho – exercer formulação uniformizadora da jurisprudência[15].

2. RECURSO DE REVISTA

No Processo do Trabalho os recursos serão interpostos por simples petição[16], mesmo porque a devolução do conhecimento da matéria discutida à instância revisional era, como lembra Wagner Giglio, inerente ao recurso em si, concluindo o citado jurista que se não houvesse especificação ainda assim "considera-se que o apelo abrange todo o pronunciamento adverso ao recorrente, contido no julgado"[17].

Esse entendimento, no entanto, não é mais aplicado, à luz do princípio do contraditório, vez que implica prejuízo à defesa da parte adversa, na medida em que alegações genéricas não permitem impugnação específica, comprometendo, consequentemente, o direito a influir na formação do convencimento do órgão julgador.

A prevalência hoje é do princípio da dialeticidade, conforme expressão das Súmulas n. 393[18] e n. 422[19], do TST. Por outro lado, o Recurso de Revista, devido à sua finalidade e natureza, tem cabimento e requisitos de admissibilidade específicos previstos em lei (art. 896 celetista).

2.1. Cabimento

Estabelece o art. 896 da CLT que "cabe Recurso de Revista para Turma do Tribunal Superior do Trabalho das decisões proferidas em grau de recurso ordinário em dissídio individual de trabalho, pelos Tribunais Regionais do Trabalho"[20], nas hipóteses que menciona: (a) julgado regional der interpretação a lei federal diversa de outro Tribunal Regional ou Seção de Dissídios

---

(14) PINTO, José Augusto Rodrigues. *Manual dos recursos nos dissídios do trabalho*. São Paulo: LTr, 2006. p. 163.

(15) Acerca da uniformização de jurisprudência, a fim de mantê-la estável, íntegra e coerente, de que tata o art. 926, do CPC/2015, colhe-se da doutrina de Cláudio Brandão que da "**Unidade Sistêmica**, introduzida na Lei n. 13.015/2014 e relacionada à imprescindibilidade de fixação de **tese jurídica prevalente** nos tribunais sobre uma mesma questão jurídica. A partir da análise dos novos incidentes processuais por ela criados, ou dos antigos que foram alterados, pode-se concluir que, uma vez provocado, caberá ao tribunal eliminar a diversidade de interpretações possíveis em torno da questão jurídica posta ao seu exame e fixar uma única a qual se imporá, de modo obrigatório, nos planos **horizontal** (internamente ao tribunal) e vertical (instâncias inferiores)" em: BRANDÃO, Cláudio; MALLET, Estêvão (Coords.). "Incidente de julgamento de recursos de revista repetitivos". Processo do Trabalho. Salvador: JusPodivm, 2015. p. 613.

(16) CLT art. 899 – Os recursos serão interpostos por simples petição e terão efeito meramente devolutivo, salvo as exceções previstas neste Título, permitida a execução provisória até a penhora.

(17) GIGLIO, Wagner. *Direito Processual do Trabalho*. 13. ed. São Paulo: Saraiva, 2003. p. 408.

(18) Súmula n. 393 do TST RECURSO ORDINÁRIO. EFEITO DEVOLUTIVO EM PROFUNDIDADE. art. 1.013, § 1º, do cpc de 2015. ART. 515, § 1º, DO CPC de 1973. (Nova redação em decorrência do CPC de 2015) – Res. 208/2016, DEJT divulgado em 22, 25 e 26.04.2016. I – O efeito devolutivo em profundidade do recurso ordinário, que se extrai do § 1º do art. 1.013 do CPC de 2015 (art. 515, § 1º, do CPC de 1973), transfere ao Tribunal a apreciação dos fundamentos da inicial ou da defesa, não examinados pela sentença, ainda que não renovados em contrarrazões, desde que relativos ao capítulo impugnado. II – Se o processo estiver em condições, o tribunal, ao julgar o recurso ordinário, deverá decidir desde logo o mérito da causa, nos termos do § 3º do art. 1.013 do CPC de 2015, inclusive quando constatar a omissão da sentença no exame de um dos pedidos.

(19) **Súmula n. 422 do TST** RECURSO. FUNDAMENTO AUSENTE OU DEFICIENTE. NÃO CONHECIMENTO (redação alterada, com inserção dos itens I, II e III) – Res. 199/2015, DEJT divulgado em 24, 25 e 26.06.2015. Com errata publicada no DEJT divulgado em 01.07.2015. I – Não se conhece de recurso para o Tribunal Superior do Trabalho se as razões do recorrente não impugnam os fundamentos da decisão recorrida, nos termos em que proferida. II – O entendimento referido no item anterior não se aplica em relação à motivação secundária e impertinente, consubstanciada em despacho de admissibilidade de recurso ou em decisão monocrática.

(20) Nos termos da Súmula n. 214, do TST, as decisões interlocutórias não ensejam recurso, mas há exceção, como se infere do seguinte julgado: I. AGRAVO DE INSTRUMENTO EM RECURSO DE REVISTA. CONTRATO NULO. EFEITOS. DECISÃO REGIONAL APARENTEMENTE CONTRÁRIA À SÚMULA 363 DO TST. SÚMULA 214 DO TST. (...) Na forma do § 1º do art. 893 da CLT, no âmbito da Justiça do Trabalho, as decisões interlocutórias são irrecorríveis de imediato, admitindo-se o exame do merecimento correspondente por ocasião do recurso cabível contra a decisão final proferida. No entanto, por imposição dos princípios da celeridade e da economia processuais, a jurisprudência desta Corte flexibilizou o rigor da dicção legal, passando a admitir recursos aviados contra acórdãos regionais que resolvem, em caráter interlocutório, capítulos prejudiciais dos litígios e determinam o retorno dos autos à primeira instância para continuação do julgamento. Tal exceção, no entanto, apenas é admissível nas situações em que a questão jurídica resolvida, em sede interlocutória, é objeto de pacificação mediante inscrição em Súmula ou Orientação Jurisprudencial deste Tribunal Superior do Trabalho. Nesses casos, não se justificaria, evidentemente, permitir a dilação da marcha processual, com a prática – verdadeiramente inútil – de atos pelas partes e pelos órgãos judiciários, em clara afronta aos postulados da economia processual (CPC, art. 125, II), razoável

Individuais do TST ou súmula do TST ou súmula vinculante do STF; (b) o julgado regional divergir de interpretação dada por esses mesmos órgãos a lei estadual, norma coletiva e sentença normativa ou regulamento de empresa de observância obrigatória em área territorial excedente da sua jurisdição; e (c) o julgado regional violar literal disposição de lei federal ou afronta direta e literal à Constituição Federal.

Nos termos do art. 896 da CLT, alínea "a", o cabimento do recurso se restringe a divergência jurisprudencial, desde que o dissenso ocorra entre Tribunais Regionais ou Seção de Dissídios Individuais do Tribunal Superior do Trabalho, ou contrarie Súmula, devendo a jurisprudência indicada para efeito de divergência, se não acostados os textos ou juntada certidão ou cópia autêntica dos acórdãos paradigmas ao apelo, ser extraída de fonte oficial ou repertório autorizado[21].

Embora essa alínea faça referência à lei federal, o cabimento do Recurso de Revista por divergência interpretativa de lei estadual tem previsão na alínea "b", do mesmo dispositivo legal, de forma que, apesar das inúmeras reformas em matéria de recurso de revista[22], foi mantida a previsão de Recurso de Revista tanto em referência à lei federal quanto à estadual.

Também foi mantida pela Lei n. 13.015/2014, a previsão do art. 896, § 7º (antes § 4º do mesmo artigo), da CLT, que exige que o apelo fundado na alínea "a" seja amparado em jurisprudência, a ensejar o recurso de revista, assim considerada a não superada, iterativa e notória.

Esclarece o texto legal que "atual" é a jurisprudência não ultrapassada por súmula do TST e do STF, numa referência a jurisprudência conforme o entendimento predominante no TST. Dessa forma, o requisito é o predomínio, de forma que um tema jurídico pode ter entendimento firmado há muito tempo e ser atual, porque não ultrapassado, enquanto outro tema jurídico firmado mais recentemente pode não ser atual, porque já revisto.

Outro aspecto da exigência legal é a iteratividade e a notoriedade. Mas, o que vem a ser jurisprudência "iterativa e notória" a lei não especificou.

Uma vez mais recorre-se à doutrina de José Augusto Rodrigues Pinto, para quem a compreensão do novo conceito não passa pela noção de cronologia, como vem sugerido, mas de "caducidade por superação, diante da existência de interpretação mais recente do TST, desde que iterativa e notória, ainda não sumulada"[23].

Voltando-se a atenção para a evolução da jurisprudência consolidada do TST, verifica-se que aquele Tribunal já entendeu que jurisprudência "iterativa e notória" seria aquela conforme entendimento consagrado em Orientação Jurisprudencial, posição conforme o teor da OJ-SBDI-2 n. 77, convertida no item II da Súmula n. 83[24].

---

duração dos processos e eficiência (CF, arts. 5º, LXXVIII, e 37). Agravo de instrumento conhecido e provido. [...] (RR – 61000-54.2009.5.09.0666, Relator Ministro: Douglas Alencar Rodrigues, Data de Julgamento: 17.02.2016, 7ª Turma, Data de Publicação: DEJT 26.02.2016). Disponível em: <http://aplicacao5.tst.jus.br/consultaunificada2/inteiroTeor.do?action=printInteiroTeor&format=html&highlight=true&numeroFormatado=RR–61000-54.2009.5.09.0666&base=acordao&rowid=AAANGhAAFAAAM+eAAI&dataPublicacao=26/02/2016&localPublicacao=DEJT&query=>. Acesso em: 24 out. 2016.

(21) Súmula n. 337 do TST: COMPROVAÇÃO DE DIVERGÊNCIA JURISPRUDENCIAL. RECURSOS DE REVISTA E DE EMBARGOS. I – *Para comprovação da divergência justificadora do recurso, é necessário que o recorrente: a) Junte certidão ou cópia autenticada do acórdão paradigma ou cite a fonte oficial ou o repositório autorizado em que foi publicado; e b) Transcreva, nas razões recursais, as ementas e/ou trechos dos acórdãos trazidos à configuração do dissídio, demonstrando o conflito de teses que justifique o conhecimento do recurso, ainda que os acórdãos já se encontrem nos autos ou venham a ser juntados com o recurso. II – A concessão de registro de publicação como repositório autorizado de jurisprudência do TST torna válidas todas as suas edições anteriores. III – A mera indicação da data de publicação, em fonte oficial, de aresto paradigma é inválida para comprovação de divergência jurisprudencial, nos termos do item I, "a", desta súmula, quando a parte pretende demonstrar o conflito de teses mediante a transcrição de trechos que integram a fundamentação do acórdão divergente, uma vez que só se publicam o dispositivo e a ementa dos acórdãos; IV – É válida para a comprovação da divergência jurisprudencial justificadora do recurso a indicação de aresto extraído de repositório oficial na internet, desde que o recorrente: a) transcreva o trecho divergente; b) aponte o sítio de onde foi extraído; c) decline o número do processo, o órgão prolator do acórdão e a data da respectiva publicação no Diário Eletrônico da Justiça do Trabalho. (destaque em itálico acrescido ao item I). Sobre a questão também dispôs a Lei n. 13.015/2014, que acresceu o § 8º, ao art. 896, da CLT: Quando o recurso fundar-se em dissenso de julgados, incumbe ao recorrente o ônus de produzir prova da divergência jurisprudencial, mediante certidão, cópia ou citação do repositório de jurisprudência, oficial ou credenciado, inclusive em mídia eletrônica, em que houver sido publicada a decisão divergente, ou ainda pela reprodução de julgado disponível na internet, com indicação da respectiva fonte, mencionando, em qualquer caso, as circunstâncias que identifiquem ou assemelhem os casos confrontados. (Incluído pela Lei n. 13.015, de 2014)*

(22) Sobre a origem e evolução do Recurso de Revista, conferir Campos Batalha, op. cit.

(23) PINTO, José Augusto Rodrigues. *Manual dos recursos nos dissídios do trabalho*. São Paulo: LTr, 2006. p. 172

(24) Súmula n. 83 do TST – AÇÃO RESCISÓRIA. MATÉRIA CONTROVERTIDA [...] II – O marco divisor quanto a ser, ou não, controvertida, nos Tribunais, a interpretação dos dispositivos legais citados na ação rescisória é a data da inclusão, na Orientação Jurisprudencial do TST, da matéria discutida.

Mas a jurisprudência evoluiu no sentido de também considerar "iterativa e notória" julgados do TST em matéria acerca da qual não haja divergência entre as Turmas, nem entre estas e a Seção de Dissídios Individuais (TST), a ensejar o recurso de revista, considerada atual a não superada. Incide, nestes casos, o teor da Súmula n. 333, na sua atual redação: *Não ensejam recurso de revista decisões superadas por iterativa, notória e atual jurisprudência do Tribunal Superior do Trabalho.*

Mais uma alteração significativa no cabimento do recurso de revista se deu com base na letra "a", do art. 896, da CLT, foi a determinação, de forma obrigatória, aos Tribunais Regionais para a uniformização de sua jurisprudência, com edição de suas próprias súmulas ou teses jurídicas prevalecentes.

Organizadas as súmulas ou tese jurídicas prevalecentes nos Tribunais Regionais, na forma do § 3º do art. 896 da CLT, destas[25] caberá Recurso de Revista se houver atrito.

Se o entendimento consolidado no Tribunal Regional, acerca da matéria, estiver em conformidade com a jurisprudência da Corte superior não caberá recurso.

E para que a uniformização de jurisprudência se efetive, previu a lei que, constatando o Tribunal Superior do Trabalho "a existência de decisões atuais e conflitantes no âmbito do mesmo Tribunal Regional do Trabalho sobre o tema objeto de recurso de revista", determinará o retorno dos autos à Corte de origem, a fim de que proceda à uniformização da jurisprudência. Somente depois do procedimento de uniformização no Tribunal Regional o recurso de revista será apreciado pelo Tribunal Superior do Trabalho, se a súmula do Regional afrontar a jurisprudência do Tribunal Superior.

A intenção é que o TST exerça sua função precípua de uniformização de jurisprudência entre os TRTs, no âmbito nacional, e não mais entre os órgãos fracionários de cada Regional.

Nesse passo, doravante, somente "súmula regional ou a tese prevalente no Tribunal Regional do Trabalho e não conflitante com a súmula ou orientação jurisprudencial do Tribunal Superior do Trabalho servirá como paradigma para viabilizar o conhecimento do recurso de revista, por divergência".[26]

Sendo assim, caso determinada controvérsia já tenha sido objeto de incidente de Uniformização em um TRT, um julgado, ainda que seja específico, tratando de idêntica controvérsia, não servirá de paradigma para cotejo de teses[27].

Caberá ao recorrente indicar, portanto, a súmula ou tese jurídica prevalente respectiva, que sintetiza as razões de decidir do Regional.

Traz o art. 896 da CLT, letra "b", o cabimento de recurso de revista também por divergência jurisprudencial, nos mesmos moldes do da alínea "a", quando os Tribunais Regionais derem "ao mesmo dispositivo de lei estadual, Convenção Coletiva de Trabalho, Acordo Coletivo, sentença normativa ou regulamento empresarial de observância obrigatória em área territorial que exceda a jurisdição do Tribunal Regional prolator da decisão recorrida, interpretação divergente".

Essa alínea é, portanto, desdobramento da anterior (alínea "a") no que diz respeito à divergência de interpretação de normas estaduais, de sentença normativa, e também que originam da autonomia privada (norma coletiva e regulamento empresarial).

Por fim, a última hipótese de cabimento de recurso de revista inserida na regra do art. 896, alínea "c", da CLT: violação literal de dispositivo de lei federal ou afronta direta e literal à Constituição Federal[28].

---

(25) Destas, no caso concreto, e não em tese. Também caberá recurso se divergir de súmula/tese de Incidente de Uniformização de Jurisprudência (IUJ) de outro Regional ou, se ainda não teve IUJ, de paradigma apto e específico. Incide, pois, o § 6º, do art. 896, da CLT. Assim, só para exemplificar, não se pode citar um julgado do Tribunal Regional do Trabalho da 15ª Região como paradigma de divergência sobre um tema que já teve IUJ, quando já existe súmula ou tese prevalecente. Neste caso, só a súmula ou a tese pode ser usada como paradigma, desde que não seja contra a súmula ou orientação jurisprudencial do TST. Tem aplicação o § 7º, do art. 496, da CLT e a súmula n. 333, do TST. Divergência surge quando se começa a defender, com apoio no § 6º, da mesma disposição legal, que o resultado do IUJ não poderia ser contra o entendimento do TST, mas isso importaria conferir efeito vinculante a jurisprudência consolidada, ainda que não oriunda de procedimento qualificado que garante a legitimidade do efeito vinculante. Mas, o entendimento prevalente é no sentido de que isso não procede.

(26) § 6º Após o julgamento do incidente a que se refere o § 3º, unicamente a súmula regional ou a tese jurídica prevalecente no Tribunal Regional do Trabalho e não conflitante com súmula ou orientação jurisprudencial do Tribunal Superior do Trabalho servirá como paradigma para viabilizar o conhecimento do recurso de revista, por divergência. (Redação dada pela Lei n. 13.015, de 2014). Frente à expressão legal a intenção é que o TST não mais sirva para uniformizar a jurisprudência dentro dos próprios TRTs, e passe a uniformizar apenas entre eles.

(27) Nesse caso, apesar de específica, considera-se ultrapassada a jurisprudência pelo teor da súmula.

(28) CLT art. 896, c) proferidas com violação literal de disposição de lei federal ou afronta direta e literal à Constituição Federal. (Redação dada pela Lei n. 9.756, de 1998)

A lei cuja violação possibilita a interposição de recurso de revista é a federal, o que restringe significativamente a hipótese de cabimento. Tal restrição é potencializada ao exigir também a lei que a violação da norma atingida deve, além de literal, ser direta.

Wilson de Souza Campos Batalha, com a atenção voltada para a expressão legal, faz crítica à exigência legal, porque, nas suas palavras, raramente a decisão viola de maneira expressa o direito ou é proferida contra a letra expressa da lei; as violações quase sempre são indiretas, por erros de interpretação ou pela maneira equivocada de aplicar textos legais, nem sempre claros e expressos[29].

Buscando afastar argumentos críticos[30] à exigência da "literalidade" na violação da lei como condição para viabilidade do Recurso de Revista, José Augusto Rodrigues Pinto esclarece que "requisito da literalidade não é o mesmo que seria o requisito da frontalidade"[31], na medida em que é perfeitamente possível estabelecer a *mens legis* de texto de lei malferido sem ser preciso, na percepção do citado jurista, que o "agressor declare sua intenção, detectando-a no interior da ´argumentação viciosa´, que por isso mesmo não resistirá à racionalidade de sua análise"[32].

De fato, o enunciado legal afirma que a violação autorizadora de Recurso de Revista é inerente ao conteúdo normativo, e não ao texto legal. Por essa razão doutrina contemporânea esclarece que:

> Ressalvados os casos em que o dispositivo tem baixo teor valorativo e não dá margem a maior investigação hermenêutica a interpretação passou a ser marcadamente principiológica, expressão linguística do dispositivo (continente) não se confunde com a sua essência normativa (conteúdo); o texto tem o significado linguístico que ganha o significado jurídico que lhe dá o interprete; a figura central da atividade hermenêutica não é o texto, mas o interprete que cria e atualiza o seu sentido e alcance, não de maneira voluntariosa, mas, sim, dentro dos limites que lhe são impostos no próprio ordenamento e na decisão fundada na juridicidade que reveste a força de seus argumentos[33].

A par disso, violação de literal disposição de lei, na percepção de Coqueijo Costa, respaldado pela doutrina de Carlos Maximiliano, ocorre quando:

> ... se deixa de aplicar um texto positivo; quando a sentença abandona a regra evidentemente apta a reger a hipótese em apreço e invoca outra que não a disciplina; ou comete erro flagrante, manifesto, de interpretação; quando contraria a tese, o princípio, que a norma vigente exprime; ou faz invocação desapropriada ou insincera de postulado peremptório; enfim, quando se orienta por um preceito inaplicável à espécie vertente em vez de claramente adequado[34].

Em suma, quando é que a lei é violada? Para Vantuil Abdala é: (I) quando se afirma o que a lei nega; (II) quando se nega o que a lei afirma; (III) quando se aplica a lei à hipótese que ela não rege; e (IV) quando não se aplica a lei à hipótese que ela rege[35].

No âmbito da jurisprudência, quanto ao cabimento do Recurso de Revista com apoio na letra "c", do art. 896, da CLT, exige o Tribunal Superior do Trabalho expressa indicação do dispositivo legal ou da Constituição tido como violado, a teor da Súmula n. 221.

Acerca do referido verbete, em que pese o cancelamento do seu item II, percebe-se, na prática, que a jurisprudência do TST continua a se valer da ideia de "interpretação razoável"[36].

---

(29) BATALHA, Wilson de Souza Campos. *Tratado de Direito Judiciário do Trabalho*. 3. ed. rev. aum. e atual. São Paulo: LTr, 1995. p. 615.

(30) Contraponto feito ao posicionamento do jurista Estêvão Mallet, extraído *Do Recurso de Revista no Processo do Trabalho*. São Paulo: LTr, 1995. p. 116.

(31) PINTO, José Augusto Rodrigues. Manual dos Recursos nos Dissídios do Trabalho. São Paulo: LTr, 2006. p. 175

(32) *Idem*, p. 175

(33) ARRUDA, Katia Magalhães; MILHOMEN, Rubem. *A Jurisdição Extraordinária do TST na Admissibilidade do Recurso de Revista*. 2. ed. São Paulo: LTr, 2014, p. 279.

(34) COSTA, Coqueijo. *Direito Processual do Trabalho*. 4. ed. Revista, atualizada e adaptada à Constituição de 1988. Atualizada por Washington Luiz da Trindade. Rio de Janeiro: Forense, 1995. p. 512.

(35) ABDALA, Vantuil. Pressupostos intrínsecos de conhecimento do Recurso de Revista. *Revista do TST*. Brasília, v. 65, n. 1, p. 41. out./dez. 1999.

(36) Súmula n. 221 do TST: RECURSO DE REVISTA. VIOLAÇÃO DE LEI. INDICAÇÃO DE PRECEITO. (Cancelado o item II e conferida nova redação na sessão do Tribunal Pleno realizada em 14.09.2012) – Res. 185/2012, DEJT divulgado em 25, 26 e 27.09.2012. A admissibilidade do recurso de revista por violação tem como pressuposto a indicação expressa do dispositivo de lei ou da Constituição tido como violado.

Com efeito, ao dispor sobre cabimento de ação rescisória, firmou aquela Corte entendimento no sentido de ser inadmissível corte rescisório se a decisão rescindenda estiver baseada em texto legal infraconstitucional de interpretação controvertida nos Tribunais, apontando como marco final da controvérsia a data da inclusão da matéria discutida em Orientação Jurisprudencial[37].

Se o TST já pacificou o entendimento em relação à determinada controvérsia, inclusive no que concerne a interpretação do direito aplicado à espécie, não cabe Recurso de Revista (jurisprudência em conformidade). Em relação às demais interpretações, por divergirem do entendimento uniformizado pela Corte superior (jurisprudência em desconformidade) serão rechaçadas. As interpretações divergentes, por conseguinte, não serão consideradas "razoáveis"[38].

De outro lado, se a matéria não está pacificada no TST, nos termos da Súmula n. 333, entende-se que a divergência jurisprudencial eventualmente existente é atual, pois não superada. Neste caso, a Revista fundada apenas em violação à lei possui menor probabilidade de êxito em decorrência do princípio do livre convencimento motivado ou fundamentado daquele a quem o sistema jurídico atribuiu competência para dizer sobre o alcance da lei – o Estado/juiz. Isso porque, mesmo na hipótese de o texto legal não deixar grande margem para que o intérprete extraia dele a norma aplicável ao caso, a configuração ou não da ofensa literal à lei dependerá do livre convencimento motivado dos julgadores.

Ou seja, havendo uniformização de jurisprudência do TST (Súmula n. 333) sobre a interpretação do direito, as demais interpretações ensejariam violação literal por "não razoável" interpretação dos dispositivos pertinentes.

Em consequência, a admissibilidade do Recurso de Revista pode se dar por violação, vez que lei tem o sentido que lhe fora conferido pela jurisprudência pacífica do TST, mas não necessariamente provido.

Uma vez admitido o Recurso de Revista, a tese será objeto de exame pala Corte, a ensejar provimento ou não do apelo, ressalvada, contudo, a hipótese de casos em que o texto não deixa significativa margem para o interprete delimitar a norma que dele se extrai (cobrança de custas da União ou Estado, por exemplo).

Assim se a interpretação do dispositivo legal já foi pacificada pelo TST por meio de Orientação jurisprudencial, qualquer outra enseja violação "literal", para efeito de Recurso de Revista e para Ação Rescisória.

Nota-se que a probabilidade de êxito do Recurso de Revista por divergência jurisprudencial é maior, ainda mais se se tratar de controvérsia já uniformizada pelo TST.

De qualquer sorte, seja qual for a hipótese de cabimento, a Revista demanda uma técnica específica de elaboração, sob pena de não conhecimento do apelo, ainda que, em tese, ele preencha os requisitos intrínsecos de admissibilidade acima tratados.

2.2. Requisitos formais

Dispõe a lei que, sob pena de não conhecimento, é ônus da parte indicar o trecho da decisão recorrida e, de forma explícita e fundamentada, contrariedade a dispositivo de lei, súmula ou orientação jurisprudencial e, ainda, expor as razões do pedido de reforma, impugnando todos os fundamentos jurídicos da decisão recorrida.

Trata-se de requisito formal sem o qual o Recurso de Revista não será conhecido.

O encargo é do recorrente, a quem compete também buscar junto ao Tribunal Regional a explicitação de tese, de forma que o Órgão julgador enfrente expressamente a questão – ou questões – que a parte pretende ver reformada.

Mas, se é certo que a parte tem o encargo de buscar explicitar a tese jurídica, como exige a Lei n. 13.015/2014, é certo também que a entrega da prestação jurisdicional deve ser completa, seja em razão da cláusula do devido processo legal[39], seja em razão da

---

(37) Súmula n. 83 do TST AÇÃO RESCISÓRIA. MATÉRIA CONTROVERTIDA: I – Não procede pedido formulado na ação rescisória por violação literal de lei se a decisão rescindenda estiver baseada em texto legal infraconstitucional de interpretação controvertida nos Tribunais. II – O marco divisor quanto a ser, ou não, controvertida, nos Tribunais, a interpretação dos dispositivos legais citados na ação rescisória é a data da inclusão, na Orientação Jurisprudencial do TST, da matéria discutida. (ex-OJ n. 77 da SBDI-2 – inserida em 13.03.2002).

(38) Um referencial nesse contexto é o cabimento de honorários de advogado na Justiça do Trabalho. Já pacificou o TST (súmulas n. 229 e 329, do TST) no sentido de não ser cabível. Mas, inobstante isso, surgiu jurisprudência condenando em honorários, sob o fundamento de que, ao não cumprir o empregador a legislação trabalhista, obrigou o trabalhador recorrer à Justiça. A atitude do empregador foi a causa e, por isso, com base nos arts. 186, 187 e 927, do Código Civil, art. Art. 85 § 2º, do CPC – art. 20 do CPC revogado) devia ressarcir o prejuízo pela contratação de advogado. Essa interpretação não seria "razoável", por afronta à súmula.

(39) Constituição Federal Art. 93. Lei complementar, de iniciativa do Supremo Tribunal Federal, disporá sobre o Estatuto da Magistratura, observados os seguintes princípios:[...] IX todos os julgamentos dos órgãos do Poder Judiciário serão públicos, e fundamentadas todas as decisões, sob pena de nulidade, podendo a lei limitar a presença, em determinados atos, às próprias partes e a seus advogados, ou somente a estes, em casos nos quais a preservação do direito à intimidade do interessado no sigilo não prejudique o interesse público à informação.

exigência legal, expressa no novo CPC (art. 489), de fundamentação, como tal não se considerando a (I) decisão que limitar a indicação, reprodução ou paráfrase de ato normativo, sem explicitar sua relação com a causa ou questão decidida; (II) utilizar de conceitos jurídicos indeterminados, sem explicitar o motivo concreto de sua incidência ao caso; (III) invocar motivos que se prestariam a justificar qualquer outra decisão; e (IV) não enfrentar todos os argumentos deduzidos no processo capazes de, em tese, infirmar a conclusão adota pelo julgador.

Assim, diante de omissão do julgado acerca de questões relevantes ao direito de defesa na instância superior, é obrigação da parte, sob pena de preclusão, opor Embargos de Declaração, buscando a explicitação, de forma fundamentada, da tese que configura violação direta e literal à lei e direta à Constituição.

Opostos Embargos de Declaração de acórdão proferido em Recurso Ordinário[40], se não explicitados os fundamentos como exigido pelo § 1º-A, do art. 496, da CLT, a solução é, no Recurso de Revista, arguir preliminar de nulidade por negativa de prestação jurisdicional, observando-se a restrição imposta pela Súmula n. 459[41] do TST, ante a impossibilidade de obrigar o Órgão, que não vislumbrou omissão, a se manifestar.

Quanto à omissão, há de se destacar que o defeito a ser sanado é tanto aquele inerente à matéria de fato e provas, indispensável à subsunção da lei à espécie (Súmula n. 126), quanto o relacionado à tese jurídica.

No primeiro caso, deverá ser alegada, necessariamente, nulidade da decisão por negativa de prestação jurisdicional, sob pena de incidir o óbice da Súmula n. 126 do TST.

No segundo, desde que embargado, e por não demandar revolvimento de fatos e provas, embora não pacífica a matéria, configura-se prequestionamento ficto (Súmula n. 297, III).

Pode-se valer também o recorrente da exceção prevista teor da OJ-SBDI-I n. 119, quando o vício impugnado surge no próprio acórdão recorrido, como, por exemplo, o julgamento *extra, ultra* ou *citra petita.*

A exigência do prequestionamento deve ser observada, igualmente, no juízo de admissibilidade originário. Pelo que se depreende da Instrução Normativa n. 40/2016, do TST[42], não resta dúvida que a devolutividade no Recurso de Revista é restrita[43], devendo a parte interpor Embargos de Declaração para o Órgão prolator da decisão de admissibilidade a fim de afastar omissão inerente ao tema[44] – ou temas – do apelo não apreciados[45]. Se não afastada a alegada omissão relativa ao tema, compete à parte, sob pena de preclusão, Embargar de Declaração especificamente quanto à omissão da decisão de admissibilidade[46] como forma necessária ao atendimento do requisito especial[47].

A decisão regional que não sanar o vício apontado fica passível de nulidade[48], a ser arguida, também sob pena de preclusão, em Agravo de Instrumento para o TST. Nestes, como solução preliminar, é facultado ao

---

(40) Súmula n. 184 – EMBARGOS DECLARATÓRIOS. OMISSÃO EM RECURSO DE REVISTA. PRECLUSÃO. Ocorre preclusão se não forem opostos embargos declaratórios para suprir omissão apontada em recurso de revista ou de embargos.

(41) Súmula n. 459 do TST. RECURSO DE REVISTA. NULIDADE POR NEGATIVA DE PRESTAÇÃO JURISDICIONAL (conversão da Orientação Jurisprudencial n. 115 da SBDI-1) – Res. 197/2015, DEJT divulgado em 14, 15 e 18.05.2015. O conhecimento do recurso de revista, quanto à preliminar de nulidade por negativa de prestação jurisdicional, supõe indicação de violação do art. 832 da CLT, do art. 458 do CPC ou do art. 93, IX, da CF/1988.

(42) TST INSTRUÇÃO NORMATIVA N. 40/2016. Dispõe sobre o cabimento de agravo de instrumento em caso de admissibilidade parcial de recurso de revista no Tribunal Regional do Trabalho e dá outras providências.

(43) IN n. 40/2016 Art. 1º Admitido apenas parcialmente o recurso de revista, constitui ônus da parte impugnar, mediante agravo de instrumento, o capítulo denegatório da decisão, sob pena de preclusão.

(44) A omissão a ser afastada é quanto ao "tema" e não a argumentos (art. 896, letras "a" e "c", por exemplo). A IN n. 39/2016 prevê que o efeito devolutivo devolve os argumentos não analisados sobre o tema tratado na admissibilidade no TRT: "art. 12. Aplica-se ao Processo do Trabalho o parágrafo único do art. 1034 do CPC. Assim, admitido o recurso de revista por um fundamento, devolve-se ao Tribunal Superior do Trabalho o conhecimento dos demais fundamentos para a solução apenas do capítulo impugnado.

(45) IN n. 40, art. 1º § 1º Se houver omissão no juízo de admissibilidade do recurso de revista quanto a um ou mais temas, é ônus da parte interpor embargos de declaração para o órgão prolator da decisão embargada supri-la (CPC, art. 1024, § 2º), sob pena de preclusão.

(46) A OJ 377 foi cancelada pela mesma IN n.40.

(47) IN n. 40, art. 1º § 2º Incorre em nulidade a decisão regional que se abstiver de exercer controle de admissibilidade sobre qualquer tema objeto de recurso de revista, não obstante interpostos embargos de declaração (CF/88, art. 93, inciso IX e § 1º do art. 489 do CPC de 2015).

(48) IN n. 40, art. 1º § 3º No caso do parágrafo anterior, sem prejuízo da nulidade, a recusa do Presidente do Tribunal Regional do Trabalho a emitir juízo de admissibilidade sobre qualquer tema equivale à decisão denegatória. É ônus da parte, assim, após a intimação da decisão dos embargos de declaração, impugná-la mediante agravo de instrumento (CLT, art. 896, § 12), sob pena de preclusão.

Ministro Relator determinar o retorno do Agravo de Instrumento à origem para que o Tribunal Regional complemente o juízo de admissibilidade, isso se interposto Embargos de Declaração[49].

Em sede de juízo de admissibilidade, o Recurso de Revista pode não ser conhecido exatamente por não preencher requisitos formais do art. 896, § 1º-A, I, da CLT, ou por falta de prequestionamento.

Contudo, na hipótese de a parte sistematicamente, por um lado, requerer a complementação da prestação jurisdicional com a finalidade de explicitar tese (para atender ao requisito formal do apelo), sem êxito, alegando, preliminarmente, nulidade pela negativa, e por outro, prevalecer exigência do Tribunal Regional, em juízo de admissibilidade, para transcrição do trecho do acórdão que prequestiona a controvérsia, evidencia-se erro, sendo, aliás, esse um fundamento para oposição de Embargos de Declaração contra decisão que aprecia pressupostos de admissibilidade de recurso[50].

A par disso, em decorrência da controvérsia contida no apelo, pode a parte se valer dos termos da Súmula n. 297, do TST, por se tratar de matéria de direito invocada no recurso principal sobre a qual o Tribunal se recusou pronunciar, inobstante a oposição de Embargos de Declaração.

Nesse caso, configura-se prequestionamento ficto, capaz de considerar "prequestionada a questão jurídica invocada no recurso principal sobre a qual se omite o Tribunal de pronunciar tese" (Súmula n. 297, III, TST).

Como se vê, há encargo tanto para a parte quanto para o Órgão jurisdicional; este, entregando a prestação jurisdicional por completo; aquela, prequestionando a matéria a fim de explicitar tese jurídica, sob pena de preclusão, mesmo porque aplica-se ao juiz o princípio da inércia da jurisdição, de forma que se a parte não provocar não lhe é dado agir em defesa de interesse da parte.

Não optando o Ministro Relator pelo retorno dos autos para complementação do juízo de admissibilidade, compete a parte pedir o conhecimento do Recurso de Revista em razão de não existir o vício formal apontado e, evidentemente, de estarem presentes os demais pressupostos de admissibilidade.

Quanto à admissibilidade parcial do Recurso de Revista, cabe destacar a possibilidade da coexistência deste apelo com o Agravo. Um, leva à instância extraordinária o conhecimento do "capítulo" admitido; outro, o que não fora admitido.

A possibilidade de a parte interpor Agravo de Instrumento[51] para viabilizar o conhecimento do Recurso de Revista, em relação ao capítulo cujo seguimento foi negado, encontra previsão na regra do art. 1.034 e parágrafo único, do CPC[52], aplicável ao Processo do Trabalho[53], o que levou inclusive ao cancelamento da Súmula n. 285, do TST[54], que dispunha em sentido contrário.

Dessa forma há possibilidade de coexistirem Agravo de Instrumento e Recurso de Revista interpostos pela mesma parte contra acórdão de Tribunal Regional, sendo ônus da parte atender aos requisitos de ambos os apelos.

Em suma, o Recurso de Revista possui fundamentação vinculada e visa à uniformização de jurisprudência. A argumentação deve se limitar aos pressupostos específicos previstos no art. 896 da CLT (violação à Constituição e/ou à lei ou divergência jurisprudencial) e às teses explicitamente adotadas pelo Regional, inclusive sobre os fatos e provas, que devem estar delimitados e valorados pela decisão recorrida[55].

---

(49) IN n. 40, art. 1º § 4º Faculta-se ao Ministro Relator, por decisão irrecorrível (CLT, art. 896, § 5º, por analogia), determinar a restituição do agravo de instrumento ao Presidente do Tribunal Regional do Trabalho de origem para que complemente o juízo de admissibilidade, desde que interpostos embargos de declaração.

(50) CLT, Art. 897-A: Caberão **embargos de declaração** da sentença ou acórdão, no prazo de cinco dias, devendo seu julgamento ocorrer na primeira audiência ou sessão subseqüente a sua apresentação, registrado na certidão, admitido efeito modificativo da decisão nos casos de omissão e contradição no julgado e **manifesto equívoco no exame dos pressupostos extrínsecos do recurso** (destaque acrescido).

(51) CLT art 896, § 12: Da decisão denegatória caberá agravo, no prazo de 8 (oito) dias.

(52) Art. 1.034. Admitido o recurso extraordinário ou o recurso especial, o Supremo Tribunal Federal ou o Superior Tribunal de Justiça julgará o processo, aplicando o direito. Parágrafo único. Admitido o recurso extraordinário ou o recurso especial por um fundamento, devolve-se ao tribunal superior o conhecimento dos demais fundamentos para a solução do capítulo impugnado.

(53) IN/TST n. 39/2016 (Resolução n. 203, de 15.03.2016)

(54) Súmula n. 285 do TST RECURSO DE REVISTA. ADMISSIBILIDADE PARCIAL PELO JUIZ-PRESIDENTE DO TRIBUNAL REGIONAL DO TRABALHO. EFEITO (cancelada) – Res. 204/2016, DEJT divulgado em 17, 18 e 21.03.2016. O fato de o juízo primeiro de admissibilidade do recurso de revista entendê-lo cabível apenas quanto a parte das matérias veiculadas não impede a apreciação integral pela Turma do Tribunal Superior do Trabalho, sendo imprópria a interposição de agravo de instrumento.

(55) **Súmula n. 442 do TST** PROCEDIMENTO SUMARÍSSIMO. RECURSO DE REVISTA FUNDAMENTADO EM CONTRARIEDADE A ORIENTAÇÃO JURISPRUDENCIAL. INADMISSIBILIDADE. ART. 896, § 6º, DA CLT, ACRESCENTADO PELA LEI N. 9.957,

Será irrelevante qualquer argumentação desvinculada dos pressupostos específicos (art. 896 da CLT) ou dos fundamentos adotados pela decisão recorrida, por não observar, neste último caso, o princípio da dialeticidade, nos termos da Súmula n. 422 do TST.

Portanto, a "justiça" do julgamento em grau de Recurso de Revista, assim considerada a que mais se adapte a verdade real dos fatos, é secundária e estará diretamente relacionada com a clareza e especificidade com que o conjunto fático probatório, e as controvérsias de direito sobre estes incidentes, foram tratados no âmbito ordinário.

Sendo um apelo de fundamentação vinculada, voltado a discutir teses, o Recurso de Revista é uma medida que demanda uma técnica específica de argumentação. Como já ressaltado, o objetivo não é demonstrar a justeza ou não da decisão recorrida, mas sim demonstrar o conflito de teses no entre os TRTs. Para tanto, a exposição deve ser analítica.

Deve-se delimitar o tema ou capítulo, definir qual a controvérsia jurídica, transcrever (assim deve ser interpretado o verbo "indicar" constante da lei) a tese firmada pela Turma que prequestiona a controvérsia, e, vinculando-se estritamente aos argumentos da decisão, discorrer sobre os pressupostos intrínsecos pertinentes, demonstrando, de forma clara e sucinta, porque a decisão viola a legislação e porque diverge dos paradigmas colacionados para cotejo de teses.

Quanto à divergência, a exposição demanda uma argumentação comparativa, demonstrando tratar-se da mesma situação (Súmulas 296 e 23) com teses distintas firmadas pelos Tribunais Regionais, além de observar os requisitos formais descritos na Súmula 337 e na OJ-SBDI-I n. 111.

Ademais, os requisitos formais inseridos pelo § 1º-A do art. 896 da CLT apenas explicitam e consolidam a forma como o Recurso de Revista deve ser redigido. Não por acaso, tais requisitos já constavam da IN TST 23/2003.

De igual sorte, qualquer argumento relevante para o deslinde da causa e que caracterize controvérsia recorrível por meio de Recurso de Revista deve ser devolvido por meio do Recurso Ordinário e, em caso de omissão, inclusive sobre argumento fático-probatório, deve ser embargado, para fins de prequestionamento.

Caso mantida a omissão, configura-se prequestionamento ficto (297, III), em caso de matéria de direito, ou negativa de prestação jurisdicional, cuidando-se de fatos e provas, que deverá ser alegada em preliminar no Recurso de Revista, sob pena de incidência da Súmula n. 126 do TST.

Não observadas tais exigências acerca do prequestionamento, não haverá tese a ser levada à uniformização e, por conseguinte, o Recurso de Revista estará desaparelhado.

CONCLUSÃO

O Recurso de Revista possui natureza extraordinária. Por seu caráter de controle do direito objetivo, volta-se, com exclusividade, a interpretação do direito em tese aplicável ao caso concreto e, com essa elevada função, a preservação da unidade do direito.

Unifica a interpretação do direito de forma com que as leis sejam observadas e interpretadas de forma unívoca em todo território nacional. Essa é a razão da estrita via de admissibilidade do recuso, limitado seu cabimento às hipóteses expressamente previstas em lei e condicionado a requisitos formais.

Os requisitos formais, inclusive para o cabimento de agravo de instrumento em caso de admissibilidade parcial de recurso de revista, foram introduzidos pelo novo Código de Processo Civil e pela Lei n. 13.015/2015, o que levou ao cancelamento da Súmula n. 285 e OJ-SBDI-I n. 377, do TST, sobre embargos de declaração em admissibilidade de Recurso de Revista nos Tribunais Regionais, e edição da Instrução Normativa n. 40.

A par disso, não resta dúvida que, na sistemática do Recurso de Revista atual e de acordo com a orientação do Tribunal Superior do Trabalho, há encargo processual tanto para a parte quanto para o Órgão jurisdicional; este, entregando a prestação jurisdicional por completo; aquela, prequestionando a matéria a fim de explicitar tese jurídica, sob pena de preclusão.

Portanto, ante a natureza do Recurso de Revista, não apenas os pressupostos específicos, mas também os requisitos formais devem ser observados na redação do apelo, de modo a devolver, de forma técnica e precisa, a matéria impugnada ao Tribunal Superior do Traba-

---

DE 12.01.2000 (conversão da Orientação Jurisprudencial n. 352 da SBDI-1) – Res. 185/2012, DEJT divulgado em 25, 26 e 27.09.2012. Nas causas sujeitas ao procedimento sumaríssimo, a admissibilidade de recurso de revista está limitada à demonstração de violação direta a dispositivo da Constituição Federal ou contrariedade a Súmula do Tribunal Superior do Trabalho, não se admitindo o recurso por contrariedade a Orientação Jurisprudencial deste Tribunal (Livro II, Título II, Capítulo III, do RITST), ante a ausência de previsão no art. 896, § 6º, da CLT.

lho e, por conseguinte, viabilizar seu conhecimento e a consecução do seu objetivo, que é a uniformização da jurisprudência, tão prestigiada pelas recentes inovações legislativas no âmbito do direito processual.

REFERÊNCIAS

ABDALA, Vantuil. Pressupostos intrínsecos de conhecimento do Recurso de Revista. *Revista do TST*, Brasília, v. 65, n. 1, out./dez. 1999.

ARRUDA, Katia Magalhães; MILHOMEM, Rubem. *A Jurisdição Extraordinária do TST na Admissibilidade do Recurso de Revista*. 2. ed. São Paulo: LTr, 2014.

BATALHA, Wilson de Souza Campos. *Tratado de Direito Judiciário do Trabalho*. 3. ed. rev. aum. e atual. São Paulo: LTr, 1995.

BRANDÃO, Cláudio; MALLET, Estêvão (Coords.). *Incidente de julgamento de recursos de revista repetitivos*. Processo do Trabalho. Salvador: JusPodivm, 2015.

CÔRTES, Osmar Mendes Paixão. *Recursos para os tribunais superiores*. Recurso extraordinário, recurso especial, embargos de divergência e agravos. Rio de Janeiro: GZ, 2012.

COSTA, Coqueijo. *Direito Processual do Trabalho*. Revista, atualizada e adaptada à Constituição de 1988. 4. ed. Atualizada por Washington Luiz da Trindade. Rio de Janeiro: Forense, 1995.

DIDIER Jr., Fredie; CUNHA, Leonaldo Carnero da. *Curso de Direito Processual Civil*. Meios de impugnação às decisões judiciais e processo nos tribunais. 10. ed. Salvador: JusPodivm. v. 3.

FUX, Luiz. O Novo Processo Civil. In: *O novo processo civil brasileiro (Direito em expectativa)*. Rio de Janeiro: Gen/Forense, 2011.

GIGLIO, Wagner. *Direito Processual do Trabalho*. 13. ed. São Paulo: Saraiva, 2003.

FERREIRA, Francisco Jorge Neto; CAVALCANTE, Jouberto de Quadros Pessoa. *Direito Processual do Trabalho*. 3. ed. Rio de Janeiro: Lumen Juris, Tomo II. 2007.

MOREIRA, José Carlos Barbosa. *Novo Processo civil brasileiro*. 22. ed. rev. e atual. Rio de Janeiro: Forense, 2002.

PINTO, José Augusto Rodrigues. *Recursos nos Dissídios do Trabalho*. 3. ed. Rio de Janeiro: Forense, 1993.

_____. *Manual dos Recursos nos Dissídios do Trabalho*. São Paulo: LTr, 2006.

PINTO, Raymundo Antônio Carneiro. *Súmulas do TST comentadas*. 12. ed. São Paulo: LTr, 2011.

_____; BRANDÃO, Cláudio. *Orientações Jurisprudenciais do TST. Comentadas*. 3. ed. São Paulo: LTr, 2011.

TEODORO Junior, Humberto e outros. *Novo CPC Fundamentos e sistematização*. Lei n. 13.105, de 16.03.2015. 2. ed. rev., atual. e ampl. Rio de Janeiro: Gen/Forense, 2015.